【臺灣現當代作家研究資料彙編】39

林文月

國立台灣文學館
出版

部長序

　　文學既是社會縮影也是靈魂核心，累積研究論述及文獻史料，不僅可厚實文學發展根基，觀照當代人文的思想脈絡，更能指引未來的社會發展。臺灣文學歷經數百年的綿延與沉澱，蓄積豐沛的能量，也呈現生氣盎然的多元創作面貌。近一甲子的臺灣現當代文學發展，就是華文世界人文心靈最溫暖的寫照。

　　緣此，國立臺灣文學館自 2010 年啟動《臺灣現當代作家研究資料彙編》，鉅細靡遺進行珍貴的文學史料蒐集研究，意義深遠。這項計畫歷時三年多，由文學館結合學界、出版社、作家一同參與，組成陣容浩大的編輯群與顧問團隊，梳理臺灣文學長河裡的各方涓流，共匯集 50 位臺灣現當代重要作家的生平、年表與作品評論資料，選錄其代表性的評論文章，彙編成冊，完整呈現作家的人文映記、文學成就及相關研究，成果豐碩。

　　由於內容浩瀚、需多所佐證，本套叢書共分三階段陸續出版，先是 2011 年推出以臺灣新文學之父賴和為首的 15 位作家研究資料彙編，接著於 2012 年完成張我軍、潘人木等 12 位作家的研究資料彙編；及至 2013 年 12 月，適逢國立臺灣文學館十周年館慶之際，更纂輯了姜貴、張秀亞、陳秀喜、艾雯、王鼎鈞、洛夫、余光中、羅門、商禽、瘂弦、司馬中原、林文月、鄭愁予、陳冠學、黃春明、白先勇、白萩、陳若曦、郭松棻、七等生、王文興、王禎和、楊牧共 23 位作家的研究資料，皇皇巨著，為臺灣文學之巍巍巨觀留下具里程碑的文字見證。這套選粹體現了臺灣文學研究總體成果中，極為優質的論述著作，有助於臺灣文學發展的擴展化與深刻化，質量兼具。在此，特別對參與編輯、撰寫、諮詢的文學界朋友們表達謝意，也向全世界愛好文學的讀者，推介此一深具人文啟發且實用的臺灣現當代文學工具書，彼此激勵，為更美好的臺灣人文環境共同努力。

文化部部長　龍應台

館長序

　　所有一切有關文學的討論，最終都得回歸到創作主體（作家）及其創作文本（作品）。文本以文字書寫，刊載在媒體上（報紙、雜誌、網站等），或以印刷方式形成紙本圖書；從接受端來看，當然以後者為要，原因是經過編輯過程，作者或其代理人以最佳的方式選編，常會考慮讀者的接受狀況，亦以美術方式集中呈現，其形貌也必然會有可觀者。

　　從研究的角度來看，它正是核心文獻。研究生在寫論文的時候，每在緒論中以一節篇幅作「文獻探討」，一般都只探討研究文獻，仍在周邊，而非核心。所以作家之研究資料，包括他這個人和他所寫的作品，如何鉅細靡遺彙編一處，是研究最基礎的工作；其次才是他作品的活動場域以及別人如何看待他的相關資料。前者指的是發表他作品的報刊及其他再傳播的方式或媒介，後者指的是有關作家及其作品的訪問、報導、著作目錄、年表、文評、書評、專論、綜述、專書、選編等，有系統蒐輯、編目，擇其要者結集，從中發現作家及其作品被接受的狀況，清理其發展，這其實是文學經典化**真正的**過程；也必須在這種情況下，作家研究才有可能進一步開展。

　　針對個別作家所進行的資料工作隨時都在發生，但那是屬於個人的事，做得好或不好，關鍵在他的資料能力；將一群有資料能力的學者組織起來，通過某種有效的制度性運作，想必能完成有關作家研究資料彙編的人文工程，可以全面展示某個歷史時期有關作家研究的集體成就，這是國立臺灣文學館從 2010 年啟動「臺灣現當代

作家研究資料彙編」（50 冊）的一些基本想法，和另外兩個大計畫：「臺灣文學史長編」（33 冊）、「臺灣古典作家精選集」（38 冊），相互呼應，期能將臺灣文學的豐富性展示出來，將「臺灣文學」這個學科挖深識廣；作為文化部的附屬機構，我們在國家文化建設的整體工程中，在「文學」作為一個公共事務的理念之下，我們紮紮實實做了有利文化發展的事，這是我們所能提供給社會大眾的另類服務，也是我們朝向臺灣文學研究中心理想前進的努力。

　　我們在四年間分三批出版的這 50 本臺灣現當代作家研究資料彙編，從賴和（1894～1943）到楊牧（1940～），從割臺之際出生、活躍於日據下的作家，到日據之末出生、活躍於戰後臺灣文壇的作家；當然也包含 1949 年左右離開大陸，而在臺灣文壇發光發熱的作家。他們只是臺灣作家的一小部分，由承辦單位組成的專業顧問群多次會商議決；這個計畫，我們希望能夠在精細檢討之後，持續推動下去。

　　顧問群基本上是臺灣文學史專業的組合，每位作家重要評論文章選刊及研究綜述的撰寫者，都是對於該作家有長期研究的專家。這是學界人力的大動員，承辦本計畫的臺灣文學發展基金會長期致力臺灣文學史料的蒐輯整理，具有強大的學術及社會力量，本計畫能夠順利推動且如期完成，必須感謝他們組成的編輯團隊，以及眾多參與其事的學界朋友。

國立臺灣文學館館長　李瑞騰

編序

◎封德屏

緣起

1995 年 10 月 25 日，在臺灣師範大學教育大樓的 201 室，一場以「面對臺灣文學」爲題的座談會，在座諸位學者分別就臺灣文學的定義、發展、研究，以及文學史的寫法等，提出宏文高論，而時任國家圖書館編纂張錦郎的「臺灣文學需要什麼樣的工具書」，輕鬆幽默的言詞，鞭辟入裡的思維，更贏得在座者的共鳴。

張先生以一個圖書館工作人員自謙，認真專業地爲臺灣這幾十年來究竟出版了多少有關臺灣文學的工具書，做地毯式的調查和多方面的訪問。同時條理分明地針對研究者、學生，列出了十項工具書的類型，哪些是現在亟需的，哪些是現在就可以做的，哪些是未來一步一步累積可以達成的，分別做了專業的建議及討論。

當時的文建會二處科長游淑靜，參與了整個座談會，會後她劍及履及的開始了文學工具書的委託工作，從 1996 年的《臺灣文學年鑑》起始，一年一本的編下去，一直到現在，保存延續了臺灣文學發展的基本樣貌。接著是《中華民國作家作品目錄》的新編，《臺灣文壇大事紀要》的續編，補助國家圖書館「當代文學史料影像全文系統」的建置，這些工具書、資料庫的接續完成，至少在當時對臺灣文學的研究，做到一些輔助的功能。

2003 年 10 月，籌備多年的「台灣文學館」正式開幕運轉。同年五月《文訊》改隸「財團法人台灣文學發展基金會」，爲了發揮更大的動能，開

始更積極、更有效率地將過去累積至今持續在做的文學史料整理出來，讓豐厚的文藝資源與更多人共享。

於是再次的請教張錦郎先生，張先生認為文學書目、作家作品目錄、文學年鑑、文學辭典皆已完成或正在進行，現在重點應該放在有關「臺灣現當代作家評論資料目錄」的編輯工作上。

很幸運的，這個計畫的發想得到當時臺灣文學館林瑞明館長的支持，於是緊鑼密鼓的展開一切準備工作：籌組編輯團隊、召開顧問會議、擬定工作手冊、撰寫計畫書等等。

張錦郎先生花了許多時間編訂工作手冊，每一位作家的評論資料目錄分為：

（一）生平資料：可分作者自述，旁人論述及訪談，文學獎的紀錄。

（二）作品評論資料：可分作品綜論，單行本作品評論，其他作品（包括單篇作品）評論，與其他作家比較等。

此外，對重要評論加以摘要解說，譬如專書、專輯、學術會議論文集或學位論文等，凡臺灣以外地區之報刊及出版社，於書名或報刊後加註，如中國大陸、香港、新加坡等。此外，資料蒐集範圍除臺灣外，也兼及中國大陸、香港、新加坡、日本、韓國及歐美等地資料，除利用國內蒐集管道外，同時委託當地學者或研究者，擔任資料蒐集工作。

清楚記得，時任顧問的學者專家們，都十分高興這個專案的啟動，但確定收錄哪些作家名單時，也有不同的思考及看法。經過充分的討論後，終於取得基本的共識：除以一般的「文學成就」為觀察及考量作家的標準外，並以研究的迫切性與資料獲得之難易度為綜合考量。譬如說，在第一階段時，作家的選擇除文學成就外，先考量迫切性及研究性，迫切性是指已故又是日治時期臺籍作家為優先，研究性是指作品已出土或已譯成中文為優先。若是作品不少而評論少，或作品評論皆少，可暫時不考慮。此外，還要稍微顧及文類的均衡等等。基本的共識達成後，顧問群共同挑選出 310 位作家，從鄭坤五、賴和、陳虛谷以降，一直到吳錦發、陳黎、蘇

偉貞，共分三個階段進行。

　　張錦郎先生修訂的編輯體例，從事學術研究的顧問們，一方面讚嘆「此目錄必然能成為類似文獻工作的範例」，但又深恐「費力耗時，恐拖延了結案時間」，要如何克服「有限時間，高度理想」的編輯方式，對工作團隊確實是一大挑戰。於是顧問們群策群力，除了每人依研究領域、研究專長認領部分作家外（可交叉認領），每個顧問亦推薦或召集研究生襄助，以期能在教學研究工作外，為此目錄盡一份心力。

　　「臺灣現當代作家評論資料目錄」專案計畫，自 2004 年 4 月開始，至 2009 年 10 月結束，分三個階段歷時五年六個月，共發現、搜尋、記錄了十餘萬筆作家評論資料。共經歷了三位專職研究助理，近三十位兼任研究助理。這些研究助理從開始熟悉體例，到學習如何尋找資料，是一條漫長卻實用的學習過程。

接續

　　「臺灣現當代作家評論資料目錄」的專案完成，當代重要作家的研究，更可以在這個基礎上，開出亮麗的花朵。於是就有了「臺灣現當代作家研究資料彙編暨資料庫建置計畫」的誕生。為了便於查詢與應用，資料庫的完成勢在必行，而除了資料庫的建置外，這個計畫再從 310 位作家中精選 50 位，每人彙編一本研究資料，內容有作家圖片集，包括生平重要影像、文學活動照片、手稿及文物，小傳、作品目錄及提要、文學年表。另外每本書分別聘請一位最適當的學者或研究者負責編選，除了負責撰寫八千至一萬字的作家研究綜述外，再從龐雜的評論資料中挑選具有代表性的評論文章，平均 12～14 萬字，最後再附該作家的評論資料目錄，以期完整呈現該作家的生平、創作、研究概況，其歷史地位與影響。

　　由於經費及時間因素，除了資料庫的建置，資料彙編方面，50 位作家分三個階段完成。第一階段出版了 15 位作家，第二階段出版了 12 位作家，此次第三階段則出版了 23 位作家資料彙編。雖然已有過前兩階段的實

務經驗，但相較於前兩階段，此次幾乎多出版將近一倍的數量，使工作小組在編輯過程中，仍然面臨了相當大的困難與挑戰。

首先，必須掌握每位編選者進度這件事，就是極大的挑戰。於是編輯小組在等待編選者閱讀選文的同時，開始蒐集整理作家生平照片、手稿，重編作家年表，重寫作家小傳，尋找作家出版品的正確版本、版次，重新撰寫提要。這是一個極其複雜的工程。還好有認真負責的雅嫺、蕙婷、欣怡，以及編輯老手秀卿幫忙，讓整個專案延續了一貫的品質及進度。

在智慧權威、老練成熟的學者專家面前，這些初生之犢的年輕助理展現了大無畏的精神，施展了編輯教戰手冊中的第一招——緊迫盯人。看他們如此生吞活剝地貫徹我所傳授的編輯要法，心裡確實七上八下，但礙於工作繁雜，實在無法事必躬親，也只好讓他們各顯身手了。

縱使這些新手使出了全部力氣，無奈工作的難度指數仍然偏高，雖有前兩階段的經驗，但面對不同的編選者，不同的編選風格，進度仍然不很順利，再加上此次同時進行 23 位作家的編纂作業，在與各編選者及各冊傳主往來聯繫的過程中，更是有許多龐雜而繁瑣的細節。此時就得靠意志力及精神鼓舞了。我對著年輕的同仁曉以大義，告訴他們正在光榮地參與一個重要的文學工程，絕對不可輕言放棄。

成果

雖然過程是如此艱辛，如此一言難盡，可是終究看到豐美的成果。每位編選者雖然忙碌，但面對自己負責的作家資料彙編，卻是一貫地認真堅持。他們每人必須面對上千或數百筆作家評論資料，挑選重要或關鍵性的評論文章，全面閱讀，然後依照編選原則，挑選評論文章。助理們此時不僅提供老師們所需要的支援，統計字數，最重要的是得找到各篇選文作者，取得同意轉載的授權。在第一階段進度流程初估時，我們錯估了此項工作的難度，因為許多評論文章，發表至今已有數十年的光景，部分作者行蹤難查，還得輾轉透過出版社、學校、服務單位，尋得蛛絲馬跡，再鍥

而不捨地追蹤。有了第一階段的血淚教訓，第二階段關於授權方面，我們更是如臨深淵、如履薄冰，希望不要重蹈覆轍，第三階段也遵循前兩階段的經驗，在面對授權作業時更是戰戰兢兢，不敢懈怠。

除了挑選評論文章煞費苦心外，每個作家生平重要照片，我們也是採高標準的方式去蒐集，過世作家家屬、友人、研究者或是當初出版著作的出版社，都是我們徵詢的對象。認真誠懇而禮貌的態度，讓我們獲得許多從未出土的資料及照片，也贏得了許多珍貴的友誼。許多作家都協助提供照片手稿等相關資料，如王鼎鈞、洛夫、余光中、羅門、瘂弦、司馬中原、林文月、鄭愁予、黃春明及其子黃國珍、白先勇及與其合作多年的攝影師許培鴻、白萩及其夫人、陳若曦、七等生、王文興、楊牧及其夫人夏盈盈。已不在世的作家，其家屬及友人在編輯過程中，也給予我們許多協助及鼓勵，如姜貴的長子王為鐮、張秀亞的女兒于德蘭、艾雯的女兒朱恬恬、陳秀喜的女兒張瑛瑛、商禽的女兒羅珊珊、陳冠學的後輩友人陳文銓與郭漢辰、郭松棻的夫人李渝、王禎和的夫人林碧燕，藉由這個機會，與他們一起回憶、欣賞他們親人或父祖、前輩，可敬可愛的文學人生。此外，還有張默、岩上、閻純德、李高雄、丘彥明、朱雙一、吳姍姍、鄭穎、舊香居書店吳雅慧等作家及研究者，熱心地幫忙我們尋找難以聯繫的授權者，辨識因年代久遠而難以記錄年代、地點、事件的作家照片，釐清文學年表資料及作家作品的版本問題，我們從他們身上學習到更多史料研究可貴的精神及經驗。

但如何在規定的時間內，完成第三階段 23 本資料彙編的編輯出版工作，對工作小組來說，確實是一大考驗。每一冊的主編老師，都是目前國內現當代台灣文學教學及研究的重要人物，因此每位主編都十分忙碌。有鑑於前兩階段的經驗，以及現有工作小組的人力，決定分批完稿，每個人負責 2～4 本，三位組長的責任額甚至超過 4～5 本。每一本的責任編輯，必須在這一年多的時間內，與他們所負責資料彙編的主角──傳主及主編老師，共生共榮。從作家作品的收集及整理開始，必須要掌握該作家一生

作品的每一次的出版，以及盡量收集不同的版本；整理作家年表，除了作家、研究者已撰述好的年表外，也必須再從訪談、自傳、評論目錄，從作品出版等線索，再做比對及增刪。再來就是緊盯每位把「研究綜述」放在所有進度最後一關的主編們，每隔一段時間提醒他們，或順便把新增的評論目錄寄給他們（每隔一段時間就有新的相關論文或學位論文出現），讓他們隨時與他們所主編的這本書，產生聯想，希望有助於「研究綜述」撰寫的進度。

　　以上的工作說起來，好像並不十分困難，身為總策劃的我起初心裡也十分篤定的認為，事情儘管艱困，最後還是應該順利完成。然而，這句雲淡風輕的話，聽在此次身歷其境參與工作的同仁耳中，一定會恨得牙癢癢的。「夜長夢多」這個形容詞拿來形容這件工作，真是太恰當也沒有了。因為整個工作期程超過一年，在這段漫長的歲月中，因等待、因其他人力無法抗拒的因素，衍伸出來的問題，層出不窮，更有許多是始料未及的。譬如，每本書的的選文，主編老師本來已經選好了，也經過授權了，為了抓緊時間，負責編輯的助理們甚至連順序、頁碼都排好了，就等主編老師的大作了，這時主編突然發現有新的文章、新的資料產生：再增加兩三篇選文吧！為了達到更好更完備的目標，工作小組當然全力以赴，聯絡，授權，打字，校對，重編順序等等工作，再度展開。

　　此次第三階段共需完成 23 位作家研究資料彙編，年齡層較上兩個階段已年輕許多，因此到最後的疑難雜症，還有連主編或研究者都不太清楚的部分，譬如年表中的某一件事、某一個年代、某一篇文章、某一個得獎記錄，作家本人絕對是一個最好的諮詢對象，於是幾乎我們每本書都找到了作家本人，對解決某些問題來說，這是一個好的線索，但既然看了，關心了，參與了，就可能有不同的看法，選文、年表、照片，甚至是我們整本書的體例。於是又是一場翻天覆地的大更動，對整本書的品質來說，應該是好的，但對經過一年多琢磨、修改已近入完稿階段的編輯團隊來說，這不啻是一大挑戰。

　　1990 年開始，各地縣市文化中心（文化局），對在地作家作品集的整理出版，以及台灣文學館成立後對日治時期作家以迄當代重要作家全集的編纂，對臺灣文學之作家研究，也有了很好的促進作用。如《楊逵全集》、《林亨泰全集》、《鍾肇政全集》、《張文環全集》、《呂赫若日記》、《張秀亞全集》、《葉石濤全集》、《龍瑛宗全集》、《葉笛全集》、《鍾理和全集》、《錦連全集》、《楊雲萍全集》、《鍾鐵民全集》等，如雨後春筍般持續展開。

　　經過近二十年的努力，臺灣文學的研究與出版，也到了可以驗收或檢討成果的階段。這個說法，當然不是要停下腳步，而是可以從「臺灣現當代作家評論資料目錄」所呈現的 310 位作家、10 萬筆資料中去檢視。檢視的標的，除了從作家作品的質量、時代意義及代表性去衡量外，也可以從作家的世代、性別、文類中，去挖掘還有待開墾及努力之處。因此在這樣的堅實基礎上，這套「臺灣現當代作家研究資料彙編」，每位編選者除了概述作家的研究面向外，均有些觀察與建議。希望就已然的研究成果中，去發現不足與缺憾，研究者可以在這些不足與缺憾之處下功夫，而盡量避免在相同議題上重複。當然這都需要經過一段時間去發現、去彌補、去重建，因此，有關臺灣文學研究的調查與研究，就格外顯得重要了。

期待

　　感謝臺灣文學館持續支持推動這兩個專案的進行。「臺灣現當代作家評論資料目錄」的完成，呈現的是臺灣文學研究的總體成果；「臺灣現當代作家研究資料彙編」套書的出版，則是呈現成果中最精華最優質的一面，同時對未來的研究面向與路徑，做最好的建議。我們可以很清楚的體會，這是一條綿長優美的臺灣文學接力賽，我們十分榮幸能參與其中，我們更珍惜在傳承接力的過程，與我們相遇的每一個人，每一件讓我們真心感動的事。我們更期待這個接力賽，能有更多人加入。誠如張恆豪所說「從高音獨唱到多元交響」，這是每一個人所期待的。

編輯體例

一、本書編選之目的，爲呈現林文月生平、著作及研究成果，以作爲臺灣文學相關研究、教學之參考資料。

二、全書共五輯，各輯內容及體例說明如下：

輯一：圖片集。選刊作家各個時期的生活或參與文學活動的照片、著作書影、手稿（包括創作、日記、書信）、文物。

輯二：生平及作品，包括三部分：

1.小傳：主要內容包括作家本名、重要筆名，生卒年月日，籍貫，及創作風格、文學成就等。

2.作品目錄及提要：依照作品文類（論述、詩、散文、小說、劇本、報導文學、傳記、日記、書信、兒童文學、合集）及出版順序，並撰寫提要。

3.文學年表：考訂作家生平所進行的文學創作、文學活動相關之記要，依年月順序繫之。

輯三：研究綜述。綜論作家作品研究的概況，並展現研究成果與價值的論文。

輯四：重要文章選刊。選收國內外具代表性的相關研究論文及報導。

輯五：研究評論資料目錄。收錄至 2013 年 6 月底止，有關研究、論述臺灣現當代作家生平和作品評論文獻。語文以中文爲主，兼及日文和英文資料。所收文獻資料，以臺灣出版爲主，酌收中國大陸、香港、日本和歐美國家的出版品。內容包含三部分：

1.「作家生平、作品評論專書與學位論文」下分爲專書與學位論文。

2.「作家生不資料篇目」下分爲「自述」、「他述」、「訪談」、「年表」、「其他」。

3.「作品評論篇目」下分爲「綜論」、「分論」、「作品評論目錄、索引」、「其他」。

目次

部長序　　　　　　　　　　　　　　　　　龍應台　　3

館長序　　　　　　　　　　　　　　　　　李瑞騰　　4

編序　　　　　　　　　　　　　　　　　　封德屏　　6

編輯體例　　　　　　　　　　　　　　　　　　　　13

【輯一】圖片集

影像・手稿・文物　　　　　　　　　　　　　　　　18

【輯二】生平及作品

小傳　　　　　　　　　　　　　　　　　　　　　　35

作品目錄及提要　　　　　　　　　　　　　　　　　37

文學年表　　　　　　　　　　　　　　　　　　　　55

【輯三】研究綜述

林文月先生相關研究評述　　　　　　　　　何寄澎　　79

【輯四】重要評論文章選刊

三種文筆　　　　　　　　　　　　　　　　林文月　101

散文的經營　　　　　　　　　　　　　　　林文月　111
　　　　——代序

《擬古》自序　　　　　　　　　　　　　　林文月　117

游於譯　　　　　　　　　　　　　　　　　林文月　125
　　　　——回首譯途

人生不樂復何如　　　　　　　　　　　　　　林文月　139
　　──我與文學的因緣

致 M.N　　　　　　　　　　　　　　　　　　林文月　145
　　──代跋

林文月論林文月　　　　　　　　　　　　　　林文月　149

真幻之際・物我之間　　　　　　　　　　　　何寄澎　151
　　──林文月散文中的生命觀照及胞與情懷

林文月散文的特色與文學史意義　　　　　　　何寄澎　167

她自己的書房　　　　　　　　　　　　　　　陳芳明　175
　　──林文月的散文書寫

溫州街的書房　　　　　　　　　　　　　　　張瑞芬　181
　　──論林文月散文

追憶生命之美好　　　　　　　　　　　　　　林韻文　189
　　──論林文月的散文寫作

婉轉附物，迢悵切情　　　　　　　　　　　　郝譽翔　209
　　──論林文月《飲膳札記》

試論林文月、蔡珠兒的「飲食散文」　　　　　何寄澎　231
　　──兼述臺灣當代散文體式與格調的轉變

林文月飲食散文中的人・情・味　　　　　　　黃宗潔　251
　　──從〈蘿蔔糕〉一文談起

中譯本《源氏物語》試論　　　　　　　　　　朱秋而　257
　　──以光源氏的風流形象為例

林譯源氏物語的和歌（節錄）　　　　　　　　川合康三　277

蓬萊文章陶謝筆　　　　　　　　　　　　金文京　279
　　——謹評林文月教授的日本古典文學譯介
林文月教授的「六朝學」　　　　　　　　王文進　293
命運眷顧+個人才具　　　　　　　　　　蔡詩萍　301
　　——專訪林文月

【輯五】研究評論資料目錄
作家生平、作品評論專書與學位論文　　　　　　311
作家生平資料篇目　　　　　　　　　　　　　　315
作品評論篇目　　　　　　　　　　　　　　　　330

輯一◎圖片集
影像◎手稿◎文物

中學時期的林文月。（臺灣大學圖書館提供）

大學時期的林文月。（臺灣大學圖書館提供）

1956年春天，林文月（前排右三）與臺大中文系四年級同學隨臺靜農
教授（後排左一）赴霧峰北溝參觀故宮文物庫房。後排左四為莊嚴。
（莊靈提供）

1956年，林文月大學畢業照。（臺灣大學圖書館提供）

約1960年代，林文月攝於京都廬山寺，為《源氏物語》作者紫式部之舊居。
（臺灣大學圖書館提供）

1985年6月，林文月應邀出席鄭騫教授（右）八十大壽壽宴。
（臺灣大學圖書館提供）

1985年，應邀於清華大學人文講座演講。（臺灣大學圖書館提供）

約1980年代，林文月與臺靜農（左）合影。（臺灣大學圖書館提供）

約1980年代，與文友合影。左起：楊牧、林文月、胡耀恆、臺靜農、
殷張蘭熙、齊邦媛。（臺灣大學圖書館提供）

約1980年代，與文友合影。
左起：范我存、齊邦媛、
林海音、林文月、殷張蘭
熙。（東華大學數位文化
中心提供）

1994年5月11日，獲國家文
藝獎翻譯成就獎。左起：
林文月、小民。（東華大
學數位文化中心提供）

2001年4月12日，應邀出席臺灣大學圖書館舉辦的「近代名家手稿展——林文月教授手稿資料展」開幕。（東華大學數位文化中心提供）

2007年11月15日，獲頒臺灣大學傑出校友獎。左起：李嗣涔、林文月。（臺灣大學祕書室提供）

2010年4月28日，應邀出席臺北市文化局、國立臺灣文學館、文訊雜誌社
於紀州庵新館舉辦的「穿越林間聽海音——林海音文學展」開幕記者會。
前排左起：林良、林文月、瘂弦、隱地、鍾鼎文。（文訊文藝資料中心）

2012年4月21日，獲頒行政院文化獎，於華山文化園區舉行頒獎典禮。
左起：林文月、陳冲。（行政院文化部提供）

1995年8月，林文月〈路易湖以南〉手稿。
（臺灣大學圖書館提供）

2000年9月，林文月〈京都，我心靈的故鄉〉手稿。
（臺灣大學圖書館提供）

2000年10月，林文月〈兩代友情——夏祖麗《林海音傳》代序〉手稿。（臺灣大學圖書館提供）

林文月〈蘿蔔糕〉手稿。（臺灣大學圖書館提供）

林文月教授贈藏

闇櫻

上

樋口一葉 著
林文月 譯

這兩家之間，只隔着竹籬笆。共用的井水，既深且清。開在屋簷下的梅花，一樹兩家看，連香氣都分享着。這兩家是中村家和園田家。

園田家的主人前年去世，由二十一歲的年輕人良之助繼承，據說是某學校的通學生。中村這一家，只有一個女兒。原來也是有兒子的，但早夭折，就剩下這麼個寶貝，如同掌中之珠一般珍愛著，唯恐風吹拂髮髻上的飾花，但願她能享鶴壽千歲，遂以「千代」命名。可真是天下父母心啊。人說：「白檀雙葉已聞芬香」，當她三葉、四葉地

林文月〈闇櫻〉翻譯稿。（臺灣大學圖書館提供）

No. 1.

第一期 一九九?年

寫在《伊勢物語》譯注之前

林文月

一、何謂「物語」

在日本文学史上，「物語」是個重要的詞彙，但究竟「物語」是甚麼？《廣辭苑》「ものがたり」（即「物語」之和文）下曰：「以作者之見聞或想像為基礎，以散文敘述人物、事件之文学作品。廣義則指小說……」。至於「しょうせつ」（即「小說」之和文）下曰：「文学的一種形式。依作者的想像力而構想，或以事實為腳色，主要採用散文體之物語。」比較二解說，可以看出，於「物語」項用「小說」之詞，於「小說」項則用「物語」之詞。足見「物語」與「小說」十分類近。

1607144

林文月〈寫在《伊勢物語》譯注之前〉手稿。
（臺灣大學圖書館提供）

見知らぬ娘

林文月

見子の十六才の誕生日に、私は「生日礼物」（バースデイ・プレゼント）という随筆を書き、「国語日報」に載せて貰った。「国語日報」は注音符号（一日本のカナに当る）の付いた小・中学生達の逆読されている少年向きの新聞である。

誕生祝日、朝食を喰べながら、見ながら一寸照れたような顔付で文章を読んでいたのを、私は側でちらっと見た。高校二年に進級した彼は、そろそろ大学入試志望の事を気にしていた頃だった。何日か前の或る夜

甦った梅の花

林文月

十数年前のことだった。京都で催された学会が終って、福岡へ新幹線で赴き、プラットホームを踏み出した途端、迎えに来てくれた劉さんの側に九州大学の越智先生が御一緒にみえたのは、やや意外だった。初対面の私に、是非見て欲しいものがある、と仰しゃって、更に意外だったのは、ホテルのチェックインが終るとすぐに劉人の車で大宰府に急いだことだった。車の中で、越智先生は、目的地に菅原道

林文月〈見知らぬ娘〉日文手稿。（臺灣大學圖書館提供）

林文月〈甦った梅の花〉日文手稿。（臺灣大學圖書館提供）

輯二◎生平及作品

小傳◎作品◎年表

小傳

林文月（1933～）

　　林文月，女，籍貫臺灣彰化。1933 年 9 月 5 日生於上海日本租界，1946 年 2 月來臺迄今。

　　臺灣大學中國文學系、臺灣大學中國文學研究所畢業，專攻六朝文學、陶謝詩、中日比較文學。1969 年獲國科會資助，赴日本京都大學人文科學研究所研究比較文學。曾任臺灣大學中國文學系講師、臺灣大學中國文學系副教授、臺灣大學中國文學系教授、臺灣大學中國文學系名譽教授、美國華盛頓大學客座教授、美國史丹福大學客座教授、美國加州大學柏克萊分校客座教授、捷克查埋斯大學客座教授，現已退休，專事寫作。曾獲中興文藝獎散文獎章、時報文學獎散文推薦獎、吳魯芹散文獎、國家文藝獎散文獎、國家文藝獎翻譯成就獎、《聯合報》「讀書人」年度最佳書獎、臺北文學獎、九歌年度散文獎、中華民國斐陶斐榮譽學會傑出成就獎、臺灣大學傑出校友、行政院文化獎、日本人間文化研究機構日本研究功勞獎。

　　林文月創作文類以散文、翻譯為主，兼及論述、傳記。初期作品以論述為主，受其學術研究影響，評論內容大多為六朝文學及日本文學的分析與對比。在散文風格方面，大致上可分三階段：早期受六朝文學影響，文章較多鋪陳，詞藻華美絢爛，擅以細微的觀察力，記錄自身的生活經驗，如《京都一年》、《讀中文系的人》等；中期作品仍以記敘為主軸，風格更

偏向抒情，文字也轉為平實、細膩的敘述，如《作品》、《回首》、《交談》等；後期風格兼容古典與現代，文字質樸而淡雅，內容更趨多元化，有仿陸機擬古詩而作的《擬古》，也有描繪飲食文化的《飲膳札記》。綜觀而言，其散文作品生動自然、情感真摯，不但充分展現出民胞物與的情懷，也蘊含無限的人生哲思。

　　翻譯是林文月另一項重要成就，自大學時期開始，即從事中、日文翻譯工作。1972 年發表日文論文〈桐壺と長恨歌〉，並自譯為中文，另譯〈源氏物語：桐壺〉一文，此為翻譯紫式部《源氏物語》之契機，後續另翻譯多部日本文學作品，如清少納言《枕草子》、和泉式部《和泉式部日記》等。柯慶明認為「林教授以豐富的學識，女性的細膩，典麗的文筆，對紫式部娓娓道來的敘事，做了傳神的中譯，並且詳加注釋與解說，俾便讀者深入了解。對書中七九五首的和歌，亦創出三句式楚騷體的特殊詩型，一一巧妙譯出，更添譯作風韻。」

　　林文月身兼學者、作家與翻譯家三種身分，一生致力於教學與學術研究，同時也未曾停下散文創作與翻譯的筆，她不僅是研究中日比較文學的開拓者，也樹立了散文寫作的典範。誠如何寄澎所言「林氏散文最值得注意的是她對生命的觀照以及對事物的同情與關懷；而更難得的是她把由思辨至體悟的全部過程，加以極精緻而優美的鋪陳，乃使作品情致中有理趣、理趣中有情致，既無單純抒情的俗調，亦無純粹理知的說教，誠可謂突破散文文體之模式。」

作品目錄及提要

【論著】

謝靈運及其詩

臺北：臺灣大學出版中心
1966 年 5 月，25 開，110 頁
臺灣大學文史叢刊 17

本書為作者於臺灣大學中國文學研究所時期的畢業論文，內容主要論述六朝時期的詩人與詩作。全書分「前言」、「謝靈運傳」、「謝靈運詩」、「陶淵明與謝靈運」、「謝靈運與顏延之」共五章。

文星書店 1967

澄輝集——古典詩詞初探

臺北：文星書店
1967 年 6 月，40 開，184 頁
文星叢刊 252

臺北：洪範書店
1983 年 2 月，32 開，221 頁
洪範文學叢書 93

本書集結作者學生時期之作，內容以古典文學論述及作品欣賞為主。全書收錄〈論曹操之為人及其作品〉、〈論曹丕與曹植〉等九篇。正文前有林文月〈序言〉。
洪範版：內容與文星版相同。

洪範書店 1983

純文學出版社 1976　三民書局 1996

三民書局 2012

山水與古典

臺北：純文學出版社
1976 年 10 月，32 開，299 頁

臺北：三民書局
1996 年 6 月，新 25 開，306 頁
三民叢刊 133

臺北：三民書局
2012 年 1 月，新 25 開，304 頁

本書主要探討中國古典詩人與詩作，以及中日文學比較。全書收錄〈從遊仙詩到山水詩〉、〈中國山水詩的特質〉等 13 篇。正文前有林文月〈前記〉，正文後附錄〈桐壺〉。
1996 年三民版：內容與純文學版相同。正文前新增林文月〈新版序言〉。
2012 年三民版：內容與 1996 年三民版相同。正文前新增林文月〈寫於重排版書後〉。

中古文學論叢

臺北：大安出版社
1989 年 6 月，25 開，472 頁

本書集結作者於 1979～1989 年間所撰之論述文章。全書收錄〈蓬萊文章建安骨──試論中世紀詩壇風骨之式微與復興〉、〈阮籍的酒量與酒品〉等九篇。正文後附錄林文月〈唐代文化對日本平安文壇之影響──從日本遣唐使時代到白氏文集之東傳〉。

中國文化對日本文學的影響

臺北：中央研究院
2002 年 12 月，40 開，141 頁
新視界文庫 01

全書分「中國文化之傳入日本」、「日本遣唐使及遣唐留學生」、「中國文化對日本平安時代的影響」、「中國文化對日本五山時代的影響」、「中國文化對日本江戶時代的影響」、「明治維新與日本近代化運動」共六章。正文前有朱敬一〈我們在努力地彌補當年的遺憾〉、王汎森〈啟迪青年思想，豐富文化資源〉、林文月〈作者序〉，正文後有林文月〈結語〉。

【散文】

純文學出版社 1971　　三民書局 1996

三聯書店 2006　　三民書局 2007

京都一年

臺北：純文學出版社
1971 年 4 月，32 開，187 頁

臺北：三民書局
1996 年 5 月，新 25 開，199 頁
三民叢刊 132

北京：生活・讀書・新知三聯書店
2006 年 12 月，新 25 開，207 頁

臺北：三民書局
2007 年 5 月，新 25 開，206 頁
世紀文庫・文學 014

本書內容爲作者於日本京都留學期間的生活
經歷。全書收錄〈奈良正倉院展參觀記〉、
〈京都茶會記〉、〈歲末京都歌舞伎觀賞記〉
等 15 篇。正文前有林文月〈「京都一年」自
序〉。
1996 年三民版正文內容與純文學版相同，
正文前新增林文月〈深秋再訪京都——《京
都一年》新版代序〉，原〈《京都一年》自
序〉改篇名爲〈自序〉。
三聯版：內容與 1996 年三民版相同。
2007 年三民版：內容與 1996 年三民版相
同。正文前新增林文月〈新新版序兼懷悅
子〉，〈自序〉改篇名爲林文月〈初版自
序〉。

遙遠

臺北：洪範書店
1981 年 4 月，32 開，187 頁
洪範文學叢書 68

全書收錄〈遙遠〉、〈春殘〉、〈庭園的巡禮〉等 20 篇。正文前
有琦君〈心靈的契合〉，正文後附錄郭豫倫〈林文月的希
望〉、林文月〈後記〉。

午後書房

臺北：洪範書店
1986 年 2 月，32 開，204 頁
洪範文學叢書 149

全書收錄〈三月曝書〉、〈午後書房〉、〈臺先生和他的書房〉
等 24 篇。正文前有林文月〈散文的經營（代序）〉，正文後有
林文月〈後記〉。

九歌出版社 1988　　九歌出版社 2011

交談

臺北：九歌出版社
1988 年 2 月，32 開，213 頁
九歌文庫 245

臺北：九歌出版社
2011 年 11 月，25 開，222 頁
九歌文庫 1099

全書收錄〈幸會〉、〈再會〉、〈臥病〉等 23
篇。正文前有林文月〈無聲的交談（代
序）〉。

2011 年九歌版：內容與 1988 年九歌版相同。正文前新增林文月〈增訂版序：散
步迷路〉、林文月〈初版序：無聲的交談〉，正文後新增余光中〈特載：成熟而深
永的珍品——淺談《交談》的風格特色〉、林文月〈增訂版跋：深夜的交談——
形，和他的遊戲〉。

九歌出版社 1993　　九歌出版社 2008

作品

臺北：九歌出版社
1993 年 7 月，32 開，294 頁
九歌文庫 361

臺北：九歌出版社
2008 年 6 月，25 開，259 頁
九歌文庫 361

全書分上、下兩卷，收錄〈人生不樂復何
如〉、〈禮拜五會〉、〈風之花〉等 27 篇。正
文前有林文月〈自序〉。
2008 年九歌版：內容與 1993 年九歌版相
同。正文前新增林文月〈重讀的心情——
新版序言〉，原〈自序〉改篇名為〈凝思—
—1993 年出版自序〉。

洪範書店 1993　　文化藝術 2011

擬古

臺北：洪範書店
1993 年 9 月，25 開，228 頁
洪範文學叢書 247

北京：文化藝術出版社
2011 年 1 月，大 32 開，200 頁
林文月作品 2

本書主要集結作者模擬古文所寫成之散
文。全書收錄〈香港八日草——擬《枕草
子》〉、〈江灣路憶往——擬《呼蘭河傳》〉、
〈往事——擬 *My Life at Fort Rose*〉等 14
篇。正文前有林文月〈自序〉。
2011 年文化藝術版：內容與洪範版相同。

飲酒及與飲酒相關的記憶

臺北：洪範書店
1996 年 9 月，50 開，53 頁

全書收錄〈飲酒及與飲酒相關的記憶——擬《我與老舍與
酒》〉、〈傷逝〉等三篇。正文中附錄臺靜農〈我與老舍與
酒〉、臺靜農〈龍坡雜文——傷逝〉。

夏天的會話

天津：百花文藝出版社
1997 年 1 月，新 25 開，287 頁
臺港名家散文自選叢書

本書集結作者探討文學、人際關係及自身感思之文章。全書
分三輯，收錄〈我的讀書生活〉、〈讀中文系的人〉、〈記憶中
的一爿書店〉、〈三月曝書〉等 47 篇。正文前有林文月〈自
序〉，正文後有〈作者著作出版紀要〉。

洪範書店 1999　　廣西師範 2008

飲膳札記

臺北：洪範書店
1999 年 4 月，25 開，164 頁
洪範文學叢書 285

桂林：廣西師範大學出版社
2008 年 5 月，新 25 開，137 頁

全書收錄〈潮州魚翅〉、〈清炒蝦仁〉、〈紅燒蹄參〉等 19 篇。正文前有林文月〈楔子〉，正文後有林文月〈跋言〉、林文月〈附錄：生活其實可以如此美好〉。
廣西師範大學版：內容與洪範版相同。

天地圖書公司 2002

生活可以如此美好──林文月自選集

香港：天地圖書公司
2002 年 3 月，新 25 開，469 頁

北京：龍門書店
2011 年 9 月，32 開，445 頁
名家散文典藏系列

全書分「午後書房」、「手的故事」、「香港八日草」、「遙遠」、「生活其實可以如此美好」五輯，收錄〈我的讀書生活〉、〈我的三種文筆〉、〈讀中文系的人〉、〈在臺大的日子〉、〈記憶中的一爿書店〉等 64 篇。正文前有林文月相關照片七張、林文月〈散文的經營（代序）〉、劉紹銘〈生活其實可以如此美好（導言）〉，正文後有林文月〈寫文章，其實是在跟自己交談（跋語）〉。
龍門版：內容與天地版相同。

龍門書店 2011

林文月精選集／陳義芝主編

臺北：九歌出版社
2002 年 7 月，25 開，312 頁
新世紀散文家 1
全書分「書情」、「歡愁歲月」、「窗外」、「幻化人生」四輯。
收錄〈在臺大的日子〉、〈我的讀書生活〉、〈書情〉、〈記憶中
的一片書店〉等 41 篇。正文前有陳義芝〈編輯前言・推薦林
文月〉、何寄澎〈林文月散文的特色與文學史意義〉、〈林文月
散文觀〉，正文後附錄〈林文月寫作年表〉、〈林文月散文重要
評論索引〉。

林文月散文精選集／陳義芝主編

桂林：廣西師範大學出版社
2003 年 1 月，25 開，267 頁

本書爲九歌版《林文月精選集》重排新版。

洪範書店 2004 年　　文化藝術 2011 年

回首

臺北：洪範書店
2004 年 2 月，25 開，211 頁
洪範文學叢書 316

北京：文化藝術出版社
2011 年 1 月，大 32 開，190 頁
林文月作品 3

本書爲散文結集。全書收錄〈陽光下讀
詩〉、〈路易湖以南〉、〈夜談〉等 29 篇。正
文前有林文月〈十二月，在香港（代序）〉。
2011 年文化藝術版：內容與洪範版相同。

人物速寫

臺北：聯合文學出版社
2004 年 3 月，25 開，167 頁
聯合文學 333・聯合文叢 298

本書爲作者針對自身周遭所遇見過的人物爲主角，敘述相關
見聞與事蹟。全書收錄〈J.L.〉、〈C.〉等 10 篇。

寫我的書

臺北：聯合文學出版社
2006 年 8 月，25 開，296 頁
聯合文學 407・聯合文叢 364

本書爲作者散文作品結集。全書收錄〈莊子〉、〈變態刑罰
史〉等 14 篇。正文前有林文月〈自序〉。

三月曝書／周志文主編

上海：上海人民出版社
2009 年 1 月，25 開，235 頁
臺灣學人散文叢書

本書爲作者散文作品結集。全書收錄〈記憶中的一爿書店〉、
〈三月曝書〉、〈午後書房〉等 33 篇。正文前有周志文〈序一
——「臺灣學人散文叢書」總序〉、何寄澎〈序二——林文月
散文的特色與文學史意義〉，正文後有林文月〈後記——散文
的經營〉。

千載難逢竟逢

臺北：洪範書店
2009 年 9 月，25 開，116 頁

本書為作者紀念紫式部創作《源氏物語》1000 年之作。全書
分兩部分，收錄〈千載難逢竟逢〉、〈我怎麼開始翻譯《源氏
物語》〉等八篇。

有鹿文化 2009

中信出版社 2011

蒙娜麗莎微笑的嘴角

臺北：有鹿文化公司
2009 年 9 月，25 開，252 頁
看世界的方法 003

北京：中信出版社
2011 年 10 月，大 32 開，248 頁

全書收錄〈蒙娜麗莎微笑的嘴角——談文藝欣賞的一種態
度〉、〈視靈七十——莊靈攝影展序〉等 10 篇。正文前有林文
月〈自序〉，正文後附錄林以亮〈翻譯和國民外交〉、何寄澎
〈林文月散文的特色與文學史意義〉、〈林文月著作年表〉。
2011 年中信版：內容與有鹿文化版相同。

最初的讀者

香港：明報月刊社
2009 年 11 月，25 開，407 頁
世界當代華文文學精讀文庫

全書收錄〈散文的經營〉、〈讀中文系的人〉、〈在臺大的日
子〉、〈我的三種文筆〉等 41 篇。正文前有林文月相片、〈林
文月簡歷〉、〈眾手合推的文化巨石——《世界當代華文文學
精讀文庫（總序）〉、何寄澎〈林文月散文的特色與文學史意
義〉，正文後有〈林文月創作年表〉。

【傳記】

河洛出版社 1977　　國家出版社 1982

國家出版社 2008

謝靈運

臺北：河洛出版社
1977 年 5 月，25 開，161 頁
古風叢書 3

臺北：國家出版社
1982 年 5 月，32 開，161 頁
國家古風叢書 10

臺北：國家出版社
2008 年 4 月，25 開，211 頁

本書爲謝靈運傳記，內容主要介紹其生平
事蹟、創作風格與作品。全書收錄〈顯赫
的家世〉、〈闊綽無憂的早年〉等 10 篇。
正文後有〈附論：謝靈運的詩〉。
1982 年國家版：內容與河洛版相同。
2008 年國家版：內容與河洛版相同。

近代中國 1977　　雨墨文化公司 1994

有鹿文化 2010　　廣西師範 2011

青山青史──連雅堂傳

臺北：近代中國出版社
1977 年 10 月，25 開，212 頁
近代中國叢書・先烈先賢傳記叢刊

臺北：雨墨文化公司
1994 年 10 月，25 開，260 頁
名人小說傳記 6

臺北：有鹿文化公司
2010 年 8 月，25 開，255 頁
看世界的方法 012

桂林：廣西師範大學出版社
2011 年 4 月，大 32 開，215 頁

本書爲作者替外祖父連雅堂（連橫）撰寫
之傳記。全書分「馬兵營」、「宜秋山
館」、「劫灰零亂」、「此事古難全」、「吾黨
吾國」、「心聲新聲」、「遍地史蹟無人
識」、「匹馬斜陽」、「書劍飄零」、「名山絕
業」、「著述愈勤」、「青山青史各千年」12

章。正文前有連雅堂先生相關照片共八張、林文月〈前言〉。

雨墨文化版：正文前有連雅堂先生相關照片共 27 張、吳東權〈名人小說傳記總序〉、連戰〈一本至情至性的傳記〉、林文月〈新版序〉、編輯部〈出版序〉。

有鹿文化版：正文前有林文月〈序〉、林文月〈雨墨版序〉、林文月〈中央文物供應社版前言〉。

廣西師範版：正文前有林文月〈序〉、林文月〈雨墨版序〉。

【翻譯】

東方出版社 1960

東方出版社 1988

聖女貞德／林文月譯

臺北：東方出版社
1960 年 9 月，32 開，224 頁
世界偉人傳記叢書

臺北：東方出版社
1988 年 2 月，25 開，199 頁
世界偉人傳記叢書 16

本書爲《聖女貞德》中譯本。全書分「神的呼聲」、「光榮的出發」、「希農城」、「奧爾良的凱歌」、「加冕禮」、「永遠的聖女」六部分，收錄〈夢〉、〈英勇的決心〉、〈仙女之泉〉、〈聖瑪格麗特與聖加德麗〉等 41 篇。正文前有編者〈序〉，正文後有〈聖女貞德年譜〉。

1988 年東方版：內容與 1960 年東方版相同。

東方出版社 1961

東方出版社 1988

居禮夫人／林文月譯

臺北：東方出版社
1961 年 3 月，32 開，235 頁
世界偉人傳記叢書

臺北：東方出版社
1988 年 2 月，25 開，239 頁
世界偉人傳記叢書 3

本書爲《居禮夫人》中譯本。全書分「苦難的少女時代」、
「奮勉向學」、「不滅的星座」三部分，收錄〈雪中的旅行〉、
〈被虐待的人們〉、〈天才少女〉等 24 篇。正文前有編者
〈序〉，正文後有〈居禮夫人年譜〉。
1988 年東方版：內容與 1961 年東方版相同。

東方出版社 1961

東方出版社 1988

南丁格兒（爾）／林文月譯

臺北：東方出版社
1961 年 7 月，32 開，254 頁
世界偉人傳記叢書

臺北：東方出版社
1988 年 2 月，25 開，238 頁
世界偉人傳記叢書 9

本書爲《南丁格爾》中譯本。全書分「幼年時代」、「籠中的
小鳥」、「第一步」、「克里米亞的天使」、「戰後的活動」、「在
榮譽之中」，收錄〈最初的患者〉、〈美麗的名字〉、〈女王的故
事〉、〈與眾不同的朋友〉、〈抱著花朵〉等 57 篇。正文前有編
者〈序〉，正文後有〈南丁格兒年譜〉。
1988 年東方版：內容與 1961 年東方版相同。

小婦人／露依莎・媚・奧爾柯特著；林文月譯

臺北：東方出版社
1990 年 1 月，32 開，296 頁
世界少年文學精選 4

本書為《小婦人》中譯本。收錄〈聖誕節〉、〈鄰家少年〉、〈舞會〉等 21 篇。正文前有林文月〈四個小女人〉、〈書中人物介紹〉。

茶花女／小仲馬著；林文月譯

臺北：東方出版社
1990 年 1 月，32 開，292 頁
世界少年文學精選 11

本書為《茶花女》中譯本。收錄〈茶花姐姐〉、〈父女之誓〉、〈瑪格麗特〉等 24 篇。正文前有林文月〈善與美〉、〈書中人物介紹〉。

基度山恩仇記／亞歷山大・仲馬・彼埃著；林文月譯

臺北：東方出版社
1990 年 1 月，32 開，390 頁
世界少年文學精選 15

本書為《基督山恩仇記》中譯本。全書分「冤獄」、「報恩」、「復仇三部曲」三部，收錄〈暗無天日的黑牢〉、〈挖掘地道〉、〈學識淵博的長老〉、〈鄧蒂斯的身世〉等 35 篇。正文前有林文月〈走過一場恩怨浩劫〉、〈書中人物介紹〉。

南丁格爾——戰火中的護理先鋒／林文月譯

香港：突破出版社
2008 年 3 月，32 開，199 頁
名人小傳

本書為《南丁格爾——戰火中的護理先鋒》中譯本，收錄〈幼年顯愛心〉、〈夢想當護士〉、〈踏出第一步〉、〈勇赴戰場〉、〈克里米亞大使〉、〈愛心的支援〉、〈訪問前線之行〉、〈再見戰場〉、〈再啓各類活動〉共九篇。正文前有〈名人小傳的誕生〉，正文後有〈附錄——南丁格爾大事記〉。

破天而降的文明人／埃烈希・舒曼著；林文月譯

臺北：九歌出版社
1984 年 5 月，32 開，160 頁
九歌文庫 136

本書爲南太平洋島國薩莫亞之椎阿比酋長，在周遊歐洲各國後，回到故鄉所發表的演講稿，內容主要爲歐洲文明的介紹與批評。全書收錄〈腰布與草蓆〉、〈石頭盒以及其他〉等 11 篇。正文前有林文月〈巴巴拉吉翻譯有感〉、林文月〈譯者序〉、埃烈希・舒曼〈原著序〉，正文後有林文月〈校書感想〉。

源氏物語（第一冊）／紫式部著；林文月譯

臺北：中外文學月刊社
1974 年 12 月，32 開，364 頁
中外文學叢書 2

本書爲《源氏物語》中譯本，收錄〈桐壺〉、〈帚木〉、〈空蟬〉等 1～12 帖。正文前有林文月〈《源氏物語》中譯本第一冊序〉。

源氏物語（第二冊）／紫式部著；林文月譯

臺北：中外文學月刊社
1976 年 5 月，32 開，335 頁
中外文學叢書 5

本書爲《源氏物語》中譯本，收錄〈明石〉、〈澪標〉、〈蓬生〉等 13～27 帖。正文前有林文月〈《源氏物語》中譯本第二冊序〉。

源氏物語（第三冊）／紫式部著；林文月譯

臺北：中外文學月刊社
1977 年 3 月，32 開，343 頁
中外文學叢書 9

本書爲《源氏物語》中譯本，收錄〈野分〉、〈行幸〉、〈藤袴〉等 28～37 帖。正文前有林文月〈《源氏物語》中譯本第三冊序〉。

源氏物語（第四冊）／紫式部著；林文月譯

臺北：中外文學月刊社
1978 年 5 月，32 開，292 頁
中外文學叢書 10

本書爲《源氏物語》中譯本，收錄〈夕霧〉、〈御法〉、〈幻〉等 38～48 帖。正文前有林文月〈《源氏物語》中譯本第四冊序〉。

源氏物語（第五冊）／紫式部著；林文月譯

臺北：中外文學月刊社
1978 年 12 月，32 開，300 頁
中外文學叢書 11

本書爲《源氏物語》中譯本，收錄〈寄生〉、〈東屋〉、〈浮舟〉等 49～54 帖。正文前有林文月〈《源氏物語》中譯本第五冊序〉，正文後有〈各帖要事簡表〉。

上冊

下冊

源氏物語（上）、（下）／紫式部著；林文月譯

臺北：中外文學月刊社
1978 年 12 月，25 開，1352 頁

臺北：中外文學月刊社
1982 年 2 月，25 開，1352 頁

臺北：中外文學月刊社
1987 年 3 月，25 開，1352 頁

本書爲《源氏物語》中譯本。全書分上、下兩冊，上冊收錄 1 ～32 帖，下冊收錄 33～54 帖。正文前有〈作者紫式部畫像〉、〈蓬生（詞書）〉、林文月〈《源氏物語》修訂序〉、〈東屋（繪卷）〉，正文後有〈各帖要事簡表〉。
1982 年、1987 年中外文學版：內容與 1978 年中外文學版相同。

源氏物語／紫式部著；林文月譯

臺北：洪範書店
1997 年 9 月，50 開，91 頁
世界文學大師隨身讀 2

本書節選自《源氏物語》中譯本，收錄〈桐壺〉、〈帚木〉、〈夕顏〉、〈若紫〉、〈花散里〉五篇。

源氏物語（四冊）／紫式部著；林文月譯

臺北：洪範書店
2000 年 1 月，25 開，333、339、441、362 頁
洪範譯叢 6

本書爲《源氏物語》中譯本。全書分四冊，第一冊收錄 1～13 帖，第二冊收錄 14～32 帖，第三冊收錄 33～45 帖，第四冊收錄 46～54 帖。正文前有〈《若紫》繪卷〉、林文月〈洪範版新版序〉、林文月〈修訂版序言〉、〈《篝火》繪卷〉、〈《柏木》繪卷（局部）〉、〈《東屋》繪卷（局部）〉，正文後有〈源氏物語重要人物關係表（一～五）〉、〈各帖要事簡表〉。

中外文學 1989　　　洪範書店 2000

枕草子／清少納言著；林文月譯

臺北：中外文學月刊社
1989 年 1 月，25 開，326 頁
中外文學叢書

臺北：洪範書店
2000 年 11 月，25 開，326 頁
洪範譯叢 7

南京：譯林出版社
2011 年 6 月，25 開，362 頁
林譯日本古典

譯林出版社 2011

本書爲《枕草子》中譯本。全書收錄〈春曙爲最〉、〈時節〉、〈正月初一〉、〈語言有別〉、〈愛兒〉等 323 篇。正文前有林文月〈清少納言與枕草子（代序）〉，正文後有林文月〈跋文〉。
洪範版：正文前新增林文月〈洪範新版序〉、〈定子皇后宮中圖〉、〈天子行幸圖〉、〈《枕草子》草抄本（部分）〉。
譯林版：正文前有林文月〈洪範新版序〉。

純文學出版社 1993

三民書局 1997

和泉式部日記／和泉式部著；林文月譯

臺北：純文學出版社
1993 年 7 月，12×20.5 公分，192 頁
純文學叢書 184

臺北：三民書局
1997 年 10 月，12.5×21 公分，184 頁
三民叢刊 155

本書爲《和泉式部日記》中譯本，內容主要以和歌融入散文
的方式，記錄個人生活及感情經驗。全書收錄〈追憶與期
待〉、〈戀情與自省〉、〈偷情〉等 22 篇。正文前有林文月〈和
泉式部及其《和泉式部日記》——代序〉，正文後有林文月
〈譯後記〉。
三民版：正文前新增林文月〈新版序言〉。

洪範書店 1997

譯林出版社 2011

伊勢物語／林文月譯

臺北：洪範書店
1997 年 3 月，25 開，302 頁
洪範譯叢 2

南京：譯林出版社
2011 年 6 月，32 開，244 頁

本書爲日本平安時代和歌短篇小說集。全書收錄〈初冠〉、
〈西京〉、〈鹿尾菜藻〉、〈西廂〉、〈關守〉共 144 篇。正文前
有林文月〈寫在《伊勢物語》譯注之前〉。
譯林版：正文前新增林文月〈簡體版序言〉、林文月〈寫在
《伊勢物語》譯注之前〉。

洪範書店 2004　　　譯林出版社 2011

十三夜／樋口一葉著；林文月譯

臺北：洪範書店
2004 年 2 月，25 開，278 頁
洪範譯叢 11

南京：譯林出版社
2011 年 6 月，大 32 開，255 頁
林譯日本古典

本書為樋口一葉小說選集中譯本。全書收
錄〈暗櫻〉、〈下雪天〉、〈暗夜〉、〈大年
夜〉、〈比肩〉、〈檐月〉、〈濁江〉、〈十三
夜〉、〈吾子〉、〈分道〉共十篇。正文前有
〈古日本最後的女性──樋口一葉及其文
學〉，正文後有〈與一葉對話──代跋〉。
譯林版：正文前新增林文月〈簡體版序
言〉。

【合集】

洪範書店 1978　　　洪範書店 1990

文化藝術 2011

讀中文系的人

臺北：洪範書店
1978 年 9 月，32 開，216 頁
洪範文學叢書 29

臺北：洪範書店
1990 年 3 月，25 開，212 頁
洪範文學叢書 29

北京：文化藝術出版社
2011 年 1 月，大 32 開，208 頁
林文月作品 1

全書依隨筆、評論賞析及翻譯《源氏物
語》相關文章分為三部分，收錄〈偷得浮
生半日閒〉、〈生日禮物〉、〈過年・蘿蔔
糕・童年〉等 24 篇。正文後有林文月
〈後記：一個讀中文系的人〉。
1990 年洪範版：內容與 1978 年洪範版相
同。
2011 年文化藝術版：內容與 1978 年洪範
版相同。

文學年表

1933 年	9 月	5 日，生於上海市日本租界，籍貫臺灣彰化。父親為林伯奏，母親為連夏甸，外祖父為連橫。
1937 年	本年	外祖父連橫逝世。
1946 年	2 月	隨家人來臺，定居臺北東門町。
		就讀萬華老松國小六年級。
	6 月	老松國小畢業。
1946 年	9 月	考入臺北第二女子中學（今中山女高）初中部。
1949 年	6 月	臺北第二女子中學初中部畢業。
	9 月	直升臺北第二女子中學高中部。
1952 年	6 月	臺北第二女子中學高中部畢業。
	9 月	同時考取臺灣大學中國文學系及師範學院藝術系，之後選擇就讀臺灣大學中國文學系。
1956 年	6 月	臺灣大學中國文學系畢業。
	本年	就讀臺灣大學中國文學研究所。
1957 年	1 月	發表〈曹操為人及其作品〉於《文學雜誌》第 1 卷第 5 期。
	2 月	發表〈曹丕與曹植〉於《文學雜誌》第 1 卷第 6 期。
	6 月	發表〈從「不能忘情吟」說到白居易的情感生活〉於《文學雜誌》第 2 卷第 4 期。
	10 月	發表〈讀周邦彥詞〉於《文學雜誌》第 3 卷第 2 期。
	本年	與郭豫倫結婚。

1958 年	9 月	發表〈論陶淵明與謝靈運之爲人及其詩〉於《文學雜誌》第 5 卷第 1 期。
	本年	臺灣大學中國文學研究所畢業。
1959 年	8 月	應聘擔任臺灣大學中國文學系講師。
	12 月	發表〈論謝靈運的山水詩〉於《文星》第 26 期。
1960 年	2 月	6 日，發表〈詩國風中所表現的古代婦女〉於《聯合報》第 7 版。
	9 月	翻譯《聖女貞德》由臺北東方出版社出版。
1961 年	3 月	翻譯《居禮夫人》由臺北東方出版社出版。
	7 月	翻譯《南丁格兒》由臺北東方出版社出版。
	8 月	翻譯《基度山恩仇記》由臺北東方出版社出版。
1962 年	9 月	翻譯《茶花女》由臺北東方出版社出版。
1963 年	8 月	翻譯《小婦人》由臺北東方出版社出版。
1965 年	9 月	發表〈陶謝爲人及其詩之比較〉於《思與言》第 3 卷第 3 期。
1966 年	5 月	《謝靈運及其詩》由臺北臺灣大學出版中心出版。
	8 月	發表〈南朝宮體詩研究〉於《臺灣大學文史哲學報》第 15 期。
		升等臺灣大學中國文學系副教授。
1967 年	1 月	發表〈梁簡文帝與宮體詩〉於《純文學》第 1 卷第 1 期。
	6 月	《澄輝集——古典詩詞初探》由臺北文星書店出版。
1969 年	7 月	主編《注音古今文選註》（第六冊）由臺北國語日報社出版。
	8 月	獲國科會資助，赴日本京都大學人文科學研究所擔任研修員，研究比較文學。
1971 年	3 月	發表〈阿倍仲麻呂（朝衡）事蹟考略〉於《思與言》第

6 卷第 8 期。

4 月　《京都一年》由臺北純文學出版社出版。

1972 年　1 月　發表〈臺灣通史與連橫〉於《中央月刊》第 4 卷第 3 期。

6 月　發表〈唐代文化對日本安文壇之影響──從日本遣唐使時代到白氏文集之東傳〉於《臺灣大學文史哲學報》第 21 期。

8 月　翻譯太田三郎〈川端康成「水晶幻想」論〉於《中外文學》第 1 卷第 3 期。

升等臺灣大學中國文學系教授。

本年　應邀出席於日本京都舉辦的「國際筆會」，提出日文論文〈桐壺と長恨歌〉，之後自譯爲中文，並附〈源氏物語：桐壺〉譯文，發表於《中外文學》，此爲《源氏物語》譯文連載之契機。

1973 年　2 月　發表〈從遊仙詩到山水詩〉於《中外文學》第 1 卷第 9 期。

4 月　發表〈源氏物語桐壺與長恨歌〉於《中外文學》第 1 卷第 11 期。

7 月　主編《注音古今文選註》（第七冊）由臺北國語日報社出版。

8 月　22～23 日，〈源氏物語及其翻譯〉連載於《中國時報》第 12、13 版。

10 月　15 日，發表〈歷史與人物我的外祖父連雅堂先生〉於《中國時報》第 12 版。

1974 年　8 月　發表〈宮體詩人之寫實精神〉於《中外文學》第 3 卷第 3 期。

12 月　翻譯紫式部《源氏物語》（第一冊），由臺北中外文學

月刊社出版。

1975 年	1 月	發表〈中國山水詩的特質〉於《中外文學》第 3 卷第 8 期。
	4 月	29 日，發表〈各說各話我譯源氏物語〉於《聯合報》第 12 版。
1976 年	4 月	7 日，發表〈物語的世界〉於《中國時報》第 12 版。
		發表〈陶謝詩中孤獨感的探討〉於《中外文學》第 4 卷第 11 期。
	5 月	翻譯紫式部《源氏物語》（第二冊），由臺北中外文學月刊社出版。
	7 月	24 日，發表〈漂洋過海到東瀛的中國愛情典範〉於《中國時報》第 12 版。
		發表〈曹操爲人及其作品〉於《中國文選》第 111 期。
	10 月	《山水與古典》由臺北純文學出版社出版。
	12 月	發表〈曹丕與曹植〉於《中國文選》第 116 期。
1977 年	2 月	12～13 日，〈《源氏物語》中的和歌〉連載於《聯合報》第 12 版。
	3 月	翻譯紫式部《源氏物語》（第三冊），由臺北中外文學月刊社出版。
	5 月	3 日，發表〈讀中文系的人〉於《聯合報》第 12 版。
		《謝靈運》由臺北河洛出版社出版。
	9 月	17 日，發表〈《京都一年》以後〉於《聯合報》第 12 版。
	10 月	《青山青史──連雅堂傳》由臺北近代中國出版社出版。
	12 月	發表〈讀《臺灣詩薈》的廣告啓事〉於《書評書目》第 56 期。

1978 年　　1 月　　13 日，發表〈重遊神保町〉於《中國時報》第 12 版。

2 月　　發表〈「悠然見南山」與「池塘生春草」──兼談古典文學欣賞的一種態度〉於《中外文學》第 6 卷第 9 期。

3 月　　20 日，發表〈日本平安貴族的一生行事〉於《聯合報》第 12 版。

26 日，發表〈我怎麼開始翻譯《源氏物語》〉於《中國時報》第 12 版。

30 日，發表〈感春殘〉於《聯合報》第 12 版。

5 月　　翻譯紫式部《源氏物語》（第四冊），由臺北中外文學月刊社出版。

6 月　　20 日，發表〈我所期望於大學生的〉於《民生報》第 6 版。

9 月　　《讀中文系的人》由臺北洪範書店出版。

11 月　　1 日，發表〈遙遠〉於《中國時報》第 12 版。

12 月　　翻譯紫式部《源氏物語》（第五冊），由臺北中外文學月刊社出版，另出版修訂版，分上、下二冊。

1979 年　　1 月　　5 日，〈回顧與自省──關於《源氏物語》中譯本〉於《聯合報》第 12 版。

2 月　　《六朝文人生活特質與六朝文學》由臺北東華出版社出版。

3 月　　4 日，發表〈願君好繼龍門史，藏向名山後代看〉於《中國時報》第 12 版。

20 日，發表〈過北斗〉於《聯合報》第 12 版。

4 月　　發表〈讀陶潛止酒詩〉於《中外文學》第 7 卷第 11 期。

8 月　　發表〈《源氏物語》裡和歌的中譯〉於《中外文學》第 8 卷第 3 期。

	10 月	27 日，發表〈一張壞了的椅子〉於《聯合報》第 8 版。
	12 月	18 日，發表〈翡冷翠在下雨〉於《中國時報》第 8 版。
		24 日，發表〈義奧邊界一瞥〉於《聯合報》第 8 版。
1980 年	1 月	發表〈曹氏兄弟的詩〉於《文學思潮》第 6 期。
	3 月	28 日，發表〈那間社長室——敬悼炎秋世伯〉於《聯合報》第 8 版。
1981 年	4 月	22 日，發表〈逍遙遊〉於《中國時報》第 8 版。
		《遙遠》由臺北洪範書店出版。
	6 月	發表〈日本漢學研究新動向簡介〉於《中外文學》第 10 卷第 1 期。
	9 月	2 日，發表〈我讀〈老屋三十年〉〉於《聯合報》第 8 版。
1982 年	1 月	26 日，發表〈春天與友情〉於《聯合報》第 8 版。
	3 月	18 日，發表〈終點以後——《源氏物語》中譯修訂本出版誌感〉於《聯合報》第 8 版。
	5 月	4 日，《遙遠》獲第五屆中興文藝獎散文獎章，於臺中舉辦頒獎典禮。
		《謝靈運》由臺北國家出版社出版。
	6 月	發表〈蓬萊文章建安骨——試論中世紀詩壇風骨之式微與復興〉於《中外文學》第 11 卷第 1 期。
	7 月	12 日，發表〈人間有美——獻給《遊園驚夢》劇演出的花束〉於《聯合報》第 8 版。
	9 月	20 日，發表〈再見〉於《中國時報》第 8 版。
1983 年	2 月	《澄輝集——古典詩詞初探》由臺北文星書店出版。
	4 月	30 日，發表〈樹〉於《中國時報》第 8 版。
	6 月	發表〈評 Anne Birrell〉於《漢學研究》第 1 期。
	8 月	7 日，發表〈白髮與臍帶〉於《聯合報》第 8 版。

1984 年	1 月	7 日，發表〈夏天的會話〉於《中國時報》第 8 版。
		發表〈人書之間：鄭清茂和他的〈中國文學在日本〉〉於《新書月刊》第 4 期。
	3 月	31 日，發表〈東行小記〉於《中國時報》第 8 版。
	4 月	29 日，發表〈三月曝書〉於《聯合報》第 8 版。
	5 月	翻譯埃烈希·舒曼（Erich Schumann）《破天而降的文明人》，由臺北九歌出版社出版。
	6 月	21 日，發表〈微弱的聲音〉於《中國時報》第 8 版。
	8 月	31 日，發表〈知床旅記〉於《中國時報》第 8 版。
	9 月	19 日，發表〈今之水經注——試評〈幽幽基隆河〉〉（郭鶴鳴著）於《聯合報》第 8 版。
	10 月	發表〈生活散記——蒼蠅與我〉於《幼獅少年》第 96 期。
	11 月	發表〈阿寒湖行〉於《聯合文學》第 1 期。
1985 年	1 月	13 日，發表〈我讀《蘭嶼·再見》〉（王信著）於《中國時報》第 8 版。
	2 月	26 日，發表〈望春〉於《中國時報》第 8 版。
		發表〈關於〈十六歲的日記〉〉（川端康成著）於《聯合文學》第 4 期。
	7 月	2 日，發表〈步過天城隧道〉於《中國時報》第 8 版。
	10 月	7 日，發表〈冷筆寫熱心〈沉痛的感覺〉讀後〉（銀正雄著）於《中國時報》第 8 版。
	11 月	發表〈《洛陽伽藍記》的冷筆與熱筆〉（楊衒之著）於《臺大中文學報》第 1 期。
1986 年	1 月	10 日，發表〈再會〉於《中國時報》第 8 版。
		22 日，發表〈散文的經營〉於《聯合報》第 8 版。
	2 月	26 日，發表〈我為什麼要寫作〉於《聯合報》第 8 版。

《午後書房》由臺北洪範書店出版。

6 月 　發表〈三種文筆〉於《文訊雜誌》第 26 期。

7 月 　1 日，發表〈臥病〉於《聯合報》第 8 版。

8～9 日，〈賣花女及其他〉連載於《中國時報》第 8 版。

發表〈清少納言與《枕草子》〉於《中外文學》第 15 卷第 2 期。

9 月 　13 日，發表〈遊子吟——莊因的漫畫〉於《聯合報》第 8 版。

10 月 　發表〈連雅堂傳〉於《幼獅月刊》第 406 期。

11 月 　9 日，發表〈臉 外一章〉於《聯合報》第 8 版。

29 日，《午後書房》獲第九屆時報文學獎散文推薦獎，於臺北福華飯店舉辦頒獎典禮。

1987 年 　3 月 　15 日，發表〈幸會〉於《中國時報》第 8 版。

4 月 　17～18 日，翻譯曾野綾子〈至福〉於《聯合報》第 8 版。

5 月 　發表〈雖留身後名一生亦枯槁：評《陋巷清士》〉（王詩琅著）於《聯合文學》第 31 期。

10 月 　20～22 日，發表〈香港八日草——擬古之一：《枕草子》〉於《聯合報》第 8 版。

本年 　翻譯紫式部《源氏物語》（修訂三版），由臺北中外文學月刊社出版。

獲香港翻譯學會榮譽會員。

1988 年 　1 月 　22 日，發表〈無聲的交談〉於《中國時報》第 18 版。

發表〈設若取掉「襯裡」——評董橋《跟中國的夢賽跑》〉於《聯合文學》第 39 期。

2 月 　9 日，發表〈我的讀書習慣我的讀書生活〉於《聯合

報》第 21 版。

《交談》由臺北九歌出版社出版。

翻譯《聖女貞德》、《居禮夫人》、《南丁格爾》由臺北東方出版社出版。

4 月	10～12 日,發表〈江灣路憶往——擬古之四:《呼蘭河傳》〉於《中國時報》第 18 版。
7 月	30～31 日,發表〈我譯《枕草子》〉於《聯合報》第 21 版。
10 月	8 日,發表〈〈春茶〉試品〉(陳少聰著)於《中國時報》第 18 版。
	發表〈潘岳的妻子〉於《中外文學》第 17 卷第 5 期。
11 月	27 日,發表〈虛幻而真實〉於《聯合報》第 21 版。
12 月	4 日,發表〈你的心情——致《枕草子》作者〉於《中國時報》第 23 版。
	發表〈赤子心的流露——評傅雷《傅雷家書》〉於《聯合文學》第 50 期。

1989 年	1 月	翻譯清少納言《枕草子》由臺北中外文學月刊社出版。
	2 月	27 日,發表〈我的舅舅〉於《聯合報》第 27 版。
	4 月	13 日,《交談》獲第 14 屆國家文藝獎散文類。
	5 月	發表〈陸機的擬古詩〉於《幼獅學誌》第 20 卷第 3 期。
	6 月	《中古文學論叢》由臺北大安出版社出版。
	本年	應聘擔任美國西雅圖華盛頓大學客座教授。
1990 年	1 月	翻譯《小婦人》、《茶花女》、《基度山恩仇記》由臺北東芳出版社出版。
	3 月	16 日,發表〈尼可與羅杰〉於《聯合報》第 29 版。
		《讀中文系的人》由臺北洪範書店出版。

10 月	15 日，應邀出席書巢舉辦的「名家名作系列講座」，演講「清納少言的《枕草子》」。
11 月	3 日，發表〈人與學問一樣精采的臺老師〉於《中央日報》第 16 版。
	24 日，發表〈臺先生寫字〉於《聯合報》第 29 版。
	25 日，發表〈臺先生的肖像〉於《中國時報》第 31 版。
本年	翻譯《茶花女》由臺北東方出版社出版。
1991 年　4 月	14 日，發表〈風之花〉於《中國時報》第 27 版。
5 月	9 日，發表〈沒有文學，人生多寂寞〉於《聯合報》第 25 版。
	17 日，發表〈有所思——擬古之八：泰戈爾《漂鳥集》〉於《聯合報》第 25 版。
6 月	發表〈康樂詩的藝術均衡美——以對偶句為例〉於《臺大中文學報》第 4 期。
9 月	22 日，發表〈溫州街到溫州街〉於《中國時報》第 27 版。
10 月	21 日，發表〈散文陸則——擬古之九：《東坡志林》〉於《聯合報》第 25 版。
12 月	2 日，發表〈愛臺灣的方法——致允芃兼賀《天下雜誌》十年有成〉於《中國時報》第 27 版。
本年	翻譯紫式部《源氏物語》由臺北遠景出版社出版。
1992 年　1 月	10 日，發表〈坦蕩寬厚的心——因百師《永嘉室雜文》整理後記〉於《聯合報》第 25 版。
	發表〈和泉式部及其《和泉式部日記》〉於《聯合文學》第 87 期。
3 月	30 日，應邀出席行政院文建會舉辦的「中日翻譯界小型

訪問座談」，與談者有山口守、藤井省三、何寄澎等
人。

5 月　15 日，發表〈父親〉於《聯合報》第 25 版。

6 月　13 日，發表〈不見瑠公圳〉於《中國時報》第 43 版。

發表〈潘岳陸機詩中的「南方」意識〉於《臺大中文學
報》第 5 期。

8 月　發表〈人生不樂復何如——我與文學的因緣〉於《幼獅
文藝》第 464 期。

9 月　發表〈省略的主詞——古典詩翻譯上的一項困擾〉於
《中外文學》第 21 卷第 4 期。

10 月　10 日，發表〈白夜——阿拉斯加印象〉於《聯合報》第
25 版。

19 日，發表〈擬古：《洛陽伽藍記》——羅斯堡教堂〉
於《中國時報》第 27 版。

11 月　9 日，發表〈傷逝——擬古之十二：《龍坡雜文》〉於
《聯合報》第 25 版。

1993 年　3 月　3～4 日，〈往事〉連載於《中國時報》第 27 版。

4 月　30 日，發表〈擬古之十四：臺靜農《我與老舍與酒》飲
酒及與飲酒相關的記憶〉於《聯合報》第 25 版。

7 月　《作品》由臺北九歌出版社出版。

翻譯《和泉式部日記》由臺北純文學出版社出版。

自臺灣大學中國文學系教授職務退休。

8 月　應聘擔任為臺灣大學中國文學系名譽教授。

9 月　《擬古》由臺北洪範書店出版。

《風之花》由武漢長江文藝出版社出版。

12 月　《擬古》獲聯合報年度最佳書獎文學類。

本年　移居美國。

應聘擔任美國加州史丹福大學客座教授。

1994 年　　5 月　　10 日，《源氏物語》獲國家文藝基金管理委員會舉辦的
　　　　　　　　　　「第二屆翻譯成就獎」，11 日於臺北晶華酒店舉行頒獎
　　　　　　　　　　典禮。

　　　　　　7 月　　8 日，應邀出席行政院文建會、太平洋文化基金會、中
　　　　　　　　　　央圖書館於中央圖書館國際會議廳共同舉辦的「外國文
　　　　　　　　　　學中譯國際研討會」，擔任綜合討論引言人。

　　　　　　9 月　　發表〈讀陶潛責子詩〉於《中外文學》第 23 卷第 4
　　　　　　　　　　期。

　　　　　　10 月　《青山青史──連雅堂傳》由臺北雨墨出版公司出版。

　　　　　　12 月　5 日，發表〈林文月論林文月──羞澀而恆毅〉於《聯
　　　　　　　　　　合報》第 37 版。

1995 年　　1 月　　4 日，發表〈上海同文書院與愛知大學〉於《聯合報》
　　　　　　　　　　第 37 版。

　　　　　　3 月　　19 日，發表〈陽光下讀詩〉於《聯合報》第 37 版。

　　　　　　8 月　　17 日，發表〈路易湖以南〉於《中國時報》第 39 版。

　　　　　　本年　　應聘擔任美國加州大學柏克萊分校客座教授。

　　　　　　　　　　獲日本東亞同文書院紀念賞。

1996 年　　1 月　　翻譯〈伊勢物語〉連載於《聯合文學》第 135～137
　　　　　　　　　　期。

　　　　　　5 月　　《京都一年》由臺北三民書局出版。

　　　　　　6 月　　《山水與古典》由臺北三民書局出版。

　　　　　　8 月　　發表〈消失在長廊盡處──追憶朱立民先生〉於《聯合
　　　　　　　　　　文學》第 291 期。

　　　　　　9 月　　《飲酒及與飲酒相關的記憶》由臺北洪範書店出版。

　　　　　　10 月　14 日，發表〈飲膳札記──潮州魚翅〉於《中國時報》
　　　　　　　　　　第 19 版。

24 日，發表〈飲膳札記——清炒蝦仁　外一章〉於《中國時報》第 19 版。

11 月　27 日，發表〈飲膳札記——佛跳牆〉於《中國時報》第 19 版。

12 月　1 日，發表〈一首勵志歌——紀念先父百歲冥誕 〉於《聯合報》第 37 版。

1997 年　1 月　2～3 日，〈夜談〉連載於《聯合報》第 37 版。

《夏天的會話》由天津百花文藝出版社出版。

2 月　6 日，發表〈飲膳札記——口蘑湯〉於《中國時報》第 31 版。

3 月　翻譯《伊勢物語》由臺北洪範書店出版。

5 月　4 日，發表〈飲膳札記——椒鹽裡脊〉於《中國時報》第 27 版。

6 月　6 日，發表〈臺灣肉粽〉於《聯合報》第 41 版。

7 月　7 日，發表〈飲膳札記——香酥鴨〉於《中國時報》第 27 版。

發表〈水晶滷蛋〉於《講義》第 124 期。

8 月　21 日，發表〈烤烏魚子〉於《聯合報》第 41 版。

9 月　翻譯紫式部《源氏物語》由臺北洪範書店出版。

10 月　9 日，發表〈校門口的交談〉於《中國時報》第 27 版。

23 日，發表〈扣三絲湯〉於《中國時報》第 24 版。

發表〈佛跳牆〉於《講義》第 127 期。

翻譯和泉式部《和泉式部日記》由臺北三民書局出版。

11 月　10 日，發表〈越過地中海的普羅旺斯風〉於《聯合報》第 45 版。

15 日，發表〈古日本最後的女性——樋口一葉及其文學〉於《聯合報》第 41 版。

	本年	翻譯紫式部《源氏物語》由臺北洪範書店出版。
1998 年	1 月	發表〈古日本最後的女性——樋口一葉及其文學〉於《聯合文學》第 159 期。
		發表〈烤烏魚子〉於《講義》第 130 期。
		《林文月人生情感散文》由長沙湖南文藝出版社出版。
	4 月	發表〈飲膳札記——糟炒雞絲〉於《聯合文學》第 162 期。
	6 月	發表〈飲膳札記——荷葉粉蒸雞〉於《聯合文學》第 164 期。
	7 月	27 日，發表〈記一張黑白照片——懷念莊慕陵先生〉於《聯合報》第 41 版。
		發表〈一位醫師的死〉於《講義》第 136 期。
	8 月	翻譯樋口一葉〈濁江〉，連載於《聯合文學》第 166～167 期。
1999 年	4 月	《飲膳札記》由臺北洪範書店出版。
	8 月	17 日，發表〈窗外〉於《中國時報》第 37 版。
	10 月	25 日，發表〈文字牽引入記憶〉於《中國時報》第 37 版。
	本年	應聘擔任捷克查理斯大學客座教授。
2000 年	1 月	發表〈秋陽似酒風已寒〉於《講義》第 154 期。
		翻譯紫式部《源氏物語》（共四冊）由臺北洪範書店出版。
	2 月	27 日，發表〈懷念一襲黑衣裳〉於《中國時報》第 37 版。
	3 月	19 日，發表〈我的書房〉於《中國時報》第 37 版。
		20 日，發表〈西芳寺的苔庭〉於《中國時報》第 37 版。

4月　8 日，應邀出席於金石堂信義店 5F 文化教室舉辦的「人生採訪——當代作家映像：林文月」座談會，與會者有平路、魏可風、陳芳明、焦桐。

發表〈釋懷暖情：那襲黑衣裳〉於《講義》第 157 期。

8月　24～25 日，發表〈董橋其人其文〉於《中國時報》第 37 版。

發表〈董橋其人其文〉於《文學世紀》第 5 期。

9月　發表〈京都，我心靈的故鄉〉於《文訊雜誌》第 179 期。

10月　4 日，發表〈兩代友情〉於《聯合報》第 37 版。

11月　將著作手稿、著作作品及畫作捐贈臺灣大學圖書館永久典藏。

翻譯清少納言《枕草子》由臺北洪範書店出版。

12月　6 日，應邀至臺灣大學演講「臺大與我」。

23 日，《飲膳札記》獲第三屆臺北文學獎及第 22 屆時報文學獎。

2001 年　1月　3 日，發表〈臺大與我〉於《聯合報》第 37 版。

4月　12 日，臺灣大學圖書館舉辦「林文月教授手稿資料展——臺大近代名家手稿系列展之二」及座談會、專題演講等系列活動，至 6 月 30 日止。

本年　丈夫郭豫倫因肺癌於美國加州逝世。

2002 年　1月　4～6 日，翻譯樋口一葉〈十三夜〉於《聯合報》第 37 版。

2月　27 日，發表〈過程〉於《中國時報》第 39 版。

3月　《生活可以如此美好——林文月自選集》由香港天地圖書公司出版。

4月　24 日，「林文月教授手稿資料展」於中山大學展出，應

邀出席開幕典禮，並演講「文學不死」，展期至 10 月
20 日止。

5 月 翻譯樋口一葉〈大年夜〉於《聯合文學》第 211 期。

7 月 《林文月精選集》由臺北九歌出版社出版。

8 月 發表〈回家〉於《聯合文學》第 214 期。

11 月 28～29 日，〈回首迢遞〉連載於《聯合報》第 39 版。

12 月 《中國文化對日本文學的影響》由臺北中央研究院出版。

本年 《Devet Zastaveni》（捷譯論文集）由捷克 Dnarmagaia出版社出版。

2003 年 1 月 《林文月散文精選集》由桂林廣西師範大學出版社出版。

4 月 28～29 日，〈我的同學鄭清茂〉連載於《聯合報》第39 版。

5 月 翻譯樋口一葉〈闇夜〉、發表〈H〉於《聯合文學》第223 期。

12 月 9～11 日，〈AL〉連載於《聯合報》第 39 版。

2004 年 1 月 27 日，發表〈孫文與東亞同文書院〉於《聯合報》第39 版。

發表〈十二月，在香港〉於《明報月刊》第 457 期。

2 月 《回首》由臺北洪範書店出版。

翻譯樋口一葉《十三夜：樋口一葉小說選》由臺北洪範書店出版。

3 月 《人物速寫》由臺北聯合文學出版社出版。

11 月 發表〈陳獨秀自傳手迹現身臺灣〉於《明報月刊》第467 期。

2005 年 1 月 發表〈手跡情誼：靜農師珍藏的陳獨秀先生自傳稿〉於

《聯合文學》第 21 卷第 3 期。

4 月　發表〈費文書房：遙遠〉於《講義》第 217 期。

6 月　發表〈寫我的書——《莊子》〉於《聯合文學》第 248
期。

7 月　發表〈變態刑罰史〉於《聯合文學》第 249 期。

8 月　25 日，發表〈飲膳往事〉於《中國時報》第 37 版。
發表〈景宋本三謝詩〉於《聯合文學》第 250 期。

9 月　發表〈《文學雜誌》合訂本〉於《聯合文學》第 251
期。

10 月　發表〈《源氏物語》The Tale of Genji〉於《聯合文學》
第 252 期。

12 月　發表〈《日本書紀古訓考證》〉於《聯合文學》第 254
期。

2006 年　1 月　發表〈寫我的書——《論語》〉於《聯合文學》第 255
期。

2 月　發表〈《奈都夫人詩全集》〉於《聯合文學》第 256
期。

3 月　發表〈寫我的書——《巴巴拉吉》〉於《聯合文學》第
257 期。

4 月　發表〈十方小品——最初的讀者〉於《明報月刊》第
484 期。
發表〈寫我的書——*The Poetry of T'ao Ch'ien*〉於《聯
合文學》第 258 期。
22 日，應邀於師範大學博愛樓演講「翻譯經驗與心
得」。
28 日，應邀於臺灣大學東亞文明研究中心一樓演講廳演
講「最初的讀者」。

	5 月	20 日，應邀出席香港翻譯學會於香港中央圖書館地下演講廳舉辦的「翻譯、語言、文化——傑出學者講座系列2006」，演講「最認真的讀者：談談我的翻譯經驗與心得」。
		發表〈郭豫倫畫集〉於《聯合文學》第 259 期。
	8 月	《寫我的書》由臺北聯合文學出版社出版。
	11 月	發表〈人物速寫之「J」〉於《日新》第 7 期。
	12 月	《京都一年》由北京生活・讀書・新知三聯書店。
2007 年	3 月	發表〈山笑〉於《明報月刊》第 495 期。
	4 月	13 日，發表〈生活因寫作而充實〉於《中國時報》第 E7 版。
	5 月	《京都一年》由臺北三民書局出版。
		發表〈身經喪亂——臺靜農教授傳略〉於《聯合文學》第 270 期。
	10 月	發表〈敬悼塞翁〉於《明報月刊》第 502 期。
	11 月	15 日，獲臺灣大學 2007 年度傑出校友獎（人文藝術類）。
		22 日，應邀出席中山女高舉辦的「110 週年校慶紀念活動——林文月文學季」，演講「回家的感覺——談談我的生活與寫作」，引言人爲何寄澎。
2008 年	3 月	26 日，應邀出席臺灣大學文學院於洪建全教育文化基金會於敏隆講堂舉辦的「簡靜惠人文講座」，演講「游於譯——談談我的翻譯經驗與心得」。
		28 日，應邀出席臺灣大學文學院於文學院演講廳舉辦的「簡靜惠人文講座」，演講「平岡武夫教授的《白居易》」。
		翻譯《南丁格爾：戰火中的護理先鋒》由香港突破出版

社出版。

4月　2日，應邀出席臺灣大學文學院於文學院演講廳舉辦的「簡靜惠人文講座」，演講「《擬古》——學術研究與文學創作之結合」。

《謝靈運》由臺北國家出版社出版。

5月　《飲膳札記》由桂林廣西師範大學出版社出版。

6月　發表〈重讀的心情——《作品》新版序言〉於《聯合文學》第284期。

《作品》由臺北九歌出版社出版。

10月　發表〈平岡武夫教授的《白居易》〉、〈〈歸鳥〉幾隻——談外文資料對古典文學研究的影響〉、〈游於譯——回首譯途〉、〈《擬古》——學術研究與文學創作之結合〉、〈蒙娜麗沙微笑的嘴角——談文藝欣賞的一種態度〉於《聯合文學》第288期。

2009年　1月　《三月曝書》由北京世紀文景出版社出版。

4月　5～9日，發表〈千載難逢竟逢——《源氏物語》千年紀大會追記〉於《聯合報》第E3版。

9月　7～8日，〈巨流河到啞口海的水勢〉連載於《中國時報》第E4版。

發表〈蒙娜麗莎微笑的嘴角〉於《文訊雜誌》第287期。

《蒙娜麗莎微笑的嘴角》由臺北有鹿文化公司出版。

11月　《最初的讀者》由香港明報月刊社出版。

2010年　4月　1日，獲中華民國斐陶斐榮譽學會第15屆「傑出成就獎」。

8月　22日，發表〈青山青史各千年〉於《中國時報》第18版。

		《青山青史——連雅堂傳》由臺北有鹿文化公司出版。
2011 年	1 月	《擬古》、《回首》、《讀中文系的人》由北京文化藝術出版社出版。
	3 月	19 日，發表〈細道慢行——讀鄭清茂譯《奧之細道》〉於《聯合報》第 D3 版。
	4 月	《青山青史——連雅堂傳》由桂林廣西師範大學出版社出版。
	6 月	翻譯《伊勢物語》、樋口一葉《十三夜》由南京譯林出版社出版。
	9 月	《生活可以如此美好——林文月自選集》由北京龍門書店出版。
	10 月	17 日，發表〈深夜的交談——形，和他的遊戲〉於《中國時報》第 E4 版。
	11 月	5 日，發表〈散步迷路〉於《聯合報》第 D3 版。
		《交談》由臺北九歌出版社出版。
		翻譯清少納言《枕草子》由南京譯林出版社出版
	12 月	24 日，應邀出席中華民國比較文學學會於臺灣大學圖書館國際會議廳舉辦的「『百年河山』對談講座」，與齊邦媛對談。
		27 日，應邀出席清華大學舉辦的「清華通識講堂暨厚德榮譽講座」，演講「一個讀中文系人的回首」。
2012 年	1 月	《山水與古典》由臺北三民書局出版。
	4 月	6 日，應邀出席紀州庵文學森林、上海商業儲蓄銀行文教基金會主辦，文訊雜誌社協辦的「『我們的文學夢』系列講座」，演講「《擬古》——一種散文書寫的方法」。

21 日，獲第 31 屆行政院文化獎，於華山文創園區舉行頒獎典禮。

10 月　15 日，行政院文化部為第 31 屆文化獎得主拍攝紀錄片，於信義誠品書店視聽室舉辦「林文月、董陽孜──文化成就紀錄片」首映會。

25 日，應邀出席北京大學舉辦的「魯迅人文講座」，演講「擬古──從《江灣路憶往》到《我所不認識的劉吶鷗》」。

11 月　29 日，應邀出席臺灣大學校友總會於臺大校友會館演講廳舉辦的「提升生活品質」系列講座，演講「文學的閱讀和翻譯」。

2013 年　3 月　10 日，應邀參加於沈悅家中舉辦的紫藤書友會，暢談《源氏物語》翻譯歷程與心得。

4 月　17 日，應邀於洪建全基金會敏隆講堂演講「翻譯《源氏物語》的回顧」。

18 日，應邀於洪建全基金會敏隆講堂演講「談《源氏物語》」。

9 月　3 日，臺灣大學圖書館、臺灣大學中國文學系於臺灣大學圖書館特藏資料展覽區舉辦「林文月教授八十回顧展」，展期至 10 月 31 日止。

5～6 日，臺灣大學中國文學系於臺灣大學文學院演講廳舉辦「林文月先生學術成就與薪傳國際學術研討會」。

參考資料：

・臺大近代名家手稿系列展網站──林文月事略。

　http://www.lib.ntu.edu.tw/cg/manuscript/lin/chro2.htm

・柯慶明，〈林文月寫作年表〉，《林文月精選集》，臺北：九歌出版社，2002 年 8 月。

・《臺灣文學年鑑》（1996～2010），臺南：國立臺灣文學館。

・新聞知識庫網站。

・國家圖書館——當代文學史料系統網站、臺灣期刊論文索引系統網站。

・華文文學資訊平臺網站。

輯三◎
研究綜述

林文月先生相關研究評述

◎何寄澎

　　盱衡五四以來中國現代文學之傳統，兼具學者與作家雙重身分之名家，頗不少見[1]，胡適、魯迅、朱自清、許地山……等皆是，固不煩枚舉；而復兼具譯述成就者亦得而可指，如周作人、馮至等是。流衍至 20 世紀 1950 年代以降之臺灣現代文學發展進程，上述現象雖見稍衰而猶有繼者，如梁實秋、余光中、楊牧皆可當之，唯平心而論，其中殆以林文月所展現之形象最爲凸出。蓋其積 60 年之精力，於學術研究、散文創作、日本古典文學名著中譯三者，俱「殫精竭思」持續而爲之，相較各家難免各有偏重而言，儼然鼎足三立，不能不說林氏確實超越眾儕[2]，準此而觀，已不難體認林氏於現代文學傳統中之重要性矣。

　　林氏有「我的三種文筆」[3]一文，清晰揭示其論文寫作、散文創作、日本古典文學譯作三種文筆、三種文學志業，世之論者遂亦躡此三類而發爲品評。本文除按此三類，依序略述相關評論之梗概樣貌外，特立一節略述林氏「夫子自道」部分——蓋就了解林文月其人與其作品而言，此種「林文月論林文月」[4]式的篇章，實具有重要意義，畢竟，諸多評論者的觀點其實正援此而來，甚且大部分評論觸及林氏其人其作的分析，竟尚不及林氏夫子自道來得深切，然則固不可闕而不論。由於上述三類數量之繁簡極爲

---

[1]事實上，兼爲學者與文學創作者本來就是自古以來中國文學傳統的一個特質，只是時至今日愈發不可求而已。

[2]平心而論，林氏學術研究成果之「厚重」似乎略遜另二者，但由於其中亦不乏新意與系統，故可能不宜以量之多寡率爾斷其輕重。

[3]原題稱〈三種文筆〉，載於臺北，《文訊雜誌》第 24 期（1986 年 6 月）。

[4]此處借用林氏文章題稱，該文載《回首》一書（臺北，洪範書店，2004 年 2 月），頁 201。

懸殊，下文評述於三類彼此間之篇幅遂不可求其同量，巧婦難爲無米之
炊，固無可奈何之事。

一、散文創作

　　雖說林文月「三種文筆」的表現均極爲卓然，但無可否認，仍以散文
創作最爲世所重。因之，或繁或簡的相關紹述評論不時迭出，形成琳瑯滿
目的風景。但也許正因太負盛名，致好談者多而深論者少，筆者幾經揀
擇，存如本書錄者，以下即分一般論述、學位論文兩項予以說明。

（一）一般論述

　　前揭〈林文月論林文月〉一文有云：「……自二十歲以來，她已經被大
家談論太多了。」倘若吾人檢索所有有關林氏散文的評述討論，完全可以
套用前述之言，蓋自 1959 年以來，涉及林氏其人其文之品評，確實是「談
論太多了」[5]惜者率爲報刊、雜誌之短章簡語，更不乏賞析性質者，故就
「評論文字」應有之深厚而言，實相去甚遠。最早以近於學術論文之體
式，細剖林文月散文特殊內涵與格調者，厥爲何寄澎所作〈真幻之際・物
我之間──林文月散文中的生命觀照及胞與情懷〉[6]。該文約一萬言，於
1987 年 6 月、7 月刊載於《國文天地》第 25、26 期。相較於後來學術中人
以較嚴謹態度探討林文月散文，何氏之作約早十年，故就事論事，何氏可
謂林文月散文研究之先驅者。該文據以析論者爲當時林氏已然出版之四本
散文集：《京都一年》、《遙遠》、《讀中文系的人》、《午後書房》。何氏綜此
四書，指出林氏散文的主要內涵即爲「生命觀照」與「胞與情懷」；而表現
手法則包含：「時空交錯的布局」、「反覆思辨的鋪陳」，以及「意象運用與
氣氛營造」三種。吾人覽觀林氏後續之作，其內涵雖益爲開闊繁複，然
「對生命的感知思考以及對人、事、物的珍惜珍視」仍時時爲其作品內藏

---

[5]1959 年 12 月出版的《文星》第 26 期，刊登林海音、王鼎鈞二人概述林文月之文，前者述林文月
　之寫作生活，後者稱林文月爲充滿鄉土色彩的臺灣作家。
[6]爲維持就事論事的客觀評述，文中對筆者之文，亦以第三人稱方式稱之。又，文中對筆者論作開
　創性、影響性的正面評價，亦就全面檢閱後如實而言，非自吹自擂，讀者幸明詧之。

的動人底蘊；而「反覆思辨的鋪陳」則又爲林氏一貫之寫作方式，且爲其
作品予人特別委曲、細密之感的重要原因，從而型塑其作品濃厚之敘述性
格。由是而言，何氏所拈，固已觸及林文月作品本質層面之重要成分。

　　何文刊登之後，約自 1990 年起，述論林文月其人其文的文字快速增
加，但直至 1999 年始再見豐實之作品；如郝譽翔〈婉轉附物，怊悵切情──
──論林文月《飲膳札記》〉[7]。進入 21 世紀，學院中人益漸有注意林文月
者，如陳芳明、張瑞芬、林韻文……等是，郝、陳、張、林之論見，下文
將有說明，茲再先述何氏另一論作──〈林文月散文的特色與文學史意
義〉。

　　何氏此文發表於 2002 年 8 月《明道文藝》第 317 期。何氏據以爲論之
作品，除前揭四書外，再加《交談》、《作品》、《擬古》、《飲膳札記》四
本。基本上，何氏所據者爲當時林氏已出版之散文集。何氏認爲前四本爲
一階段，後四本爲一階段，二者之過渡作品即《交談》。何氏論述的重點一
如題目所示：分析林氏作品的特質、闡釋林氏在散文史上的意義。對前
者，何氏舉出思想性、抒情性、記敘性三種特質以概之；對後者，何氏以
題材的創新、體式的突破、風格的塑造、風氣的先導等四個面相凸顯林文
月散文所具有的文學史意義。最後何氏特別強調，林氏雖突破現代散文之
體式，但仍是散文的「正統」，也是逐漸少見的「純散文」。

　　姑不論何氏所論是否皆可成立，卻不能否認何氏爲最早明確詮釋林文
月散文歷史定位的論者──這對後來的評論者、研究者都有啓發作用。

　　類於何氏以總覽全貌的視野討論林文月散文者尚有前揭陳芳明、張瑞
芬、林韻文。陳文題稱〈她自己的書房──林文月的散文書寫〉，原刊於
《中國時報》2000 年 3 月 20～21 日，後收入氏著《深山夜讀》（臺北：聯
合文學出版社，2001 年 3 月）。陳氏所據以論述的八本林氏文集與何氏

---

[7]該文初載於《趕赴繁花盛放的饗宴：飲食文學國際研討會論文集》（臺北：時報文化出版公司，
　1999 年 12 月），後收入氏著，《大虛構時代：當代臺灣文學光譜》（臺北：聯合文學出版社，2008
　年 9 月）。

同；陳氏亦著重歸結林氏散文特色，強調文字始終維持平衡、安詳、寧靜
的狀態，訴諸平淡、樸實的素描；陳氏並爲林氏此種散文性格歸納出三種
構成基礎：一是臺灣歷史餘韻，一是中國傳統薰陶，一是日本文化流風，
而正是這樣的三重文化結構滙淬成林氏散文獨特的風格。平心而論，何氏
與陳氏，雖論述語言不同，但觀點、義涵其實相通，並無扞格。比較特別
的是，陳氏還注意到林文月的傳記書寫──《青山青史──連雅堂傳》，並
認爲可視作一部長篇散文來讀，顯示了陳氏獨具的看法。陳氏所以有這樣
的體會，可能與他出身歷史系而鍾愛文學，又歸趨於文學研究的雙重涵養
有關。事實上，就中國古典文學的傳統而言，傳記本就被視爲散文，陳氏
所見恰恰符應了這個傳統。

　　何、陳之外，張瑞芬、林韻文亦繼踵而有綜論林氏散文之作。2005 年
12 月張氏於《聯合文學》第 254 期發表〈溫州街的書房──論林文月散
文〉一文，其所據以探討的文本較何、陳二氏多出《回首》、《人物速寫》
二書，並分階段敘述林文月散文風格。參較以觀，張氏之作多承前揭何氏
〈林文月散文的特色與文學史意義〉觀點而申說，其分林氏散文有早期、
後期之別，並以《交談》爲過渡，亦承何氏之見，唯張氏頗著力以富形容
與修飾性的語言況林氏各期之風格──此固張氏行文之特色。緣於篇幅不
長，加上觸及之議題甚爲多元，故該文多概括性敘述，探討未盡深入。至
於林韻文，則有〈追憶生命之美好──論林文月的散文寫作〉載於《臺灣
文學研究學報》第 4 期（2007 年 4 月）　　　。林韻文以時間爲主線，探討
林文月隨人生轉折的散文寫作歷程。除亦論及林文月作品追憶傷逝的情調
外，較特別的是，援用「國族認同」以探討林文月這方面情感的斷裂與延
續；又以「多元文化的融合」詮釋林文月作品中所含藏的古典心靈故鄉；
中肯言之，確有其新穎深刻之見。

　　上述綜論總評之外，專論林氏單本文集可稱深入之最早論述厥爲前揭
郝譽翔〈婉轉附物，怊悵切情──論林文月《飲膳札記》〉一文。「婉轉
附物，怊悵切情」出於劉勰《文心雕龍・明詩》，乃劉勰對《古詩十九

首》之品評。郝氏以此爲論文之名，可見其用心與慧見。蓋《飲膳札記》收文 19 篇，必有仿《古詩十九首》之意，林氏藉食物而緬懷人事（此爲婉轉附物），深寄其情懷（此爲怊悵切情）；而林氏作品之語言至此時已迭經錘煉，非復早期之質樸，實爲以樸質爲底而自有風華，其書寫格調與整體風貌，俱符《古詩十九首》之風韻，則郝氏藉劉勰之評語以稱其題，誰曰不宜？郝氏更精心而精采的是，分別藉古詩「今日良宴會」、「努力愛春華」、「所思在遠道」三句，論《飲膳札記》之寫作旨趣與風格。在「今日良宴會」一節裡，郝氏援引何氏前揭〈真幻之際・物我之間〉一文中的觀點與文字，引申發揮云：「物我的感傷，向來是林文月散文的核心主題。……『感慨』與『珍愛』，這兩種生命的情調貫穿起整本《飲膳札記》，也貫穿起林、飲食及他人這三者。飲食是實體，……歡愉卻是抽象的情感，那麼，究竟何者爲實？何者爲虛？……回憶乃是不可捉摸的虛幻之物，烹飪卻是具體實在的動作……兩者何者爲虛？何者爲實呢？《古詩十九首》中〈今日良宴會〉一詩，正可視爲《飲》書最好的註腳。……『感慨』與『珍愛』，林文月筆下的美食，正當如此視之。」在「努力愛春華」一節裡，郝氏說：「人生既是如此短促，何不把握時間，及時行樂？所以《飲》書中多記敘歡樂的宴會、年節，頌揚生命的燦爛美好。然而時光無情，知音日漸凋零遠去，作者面對人世的變遷，也不免發出『一彈再三歎，慷慨有餘哀』的感傷。古詩〈別詩〉云：『努力愛春華，莫忘歡樂時。生當復來歸，死當長相思。』字裡行間的愛與思，足堪說明《飲》書中最令人婉轉低迴的所在。」而在「所思在遠道」一節，則郝氏有云：「飲食是族群共同的語彙與記憶，並非任何人皆可品嚐得之，所以美食也必須有知音共享，才能夠體會其中滋味的奧妙。……所以宴客的樂趣，在於人我之間的會心。可惜『歲月流逝，人事已非』……知音者如今何在？此情亦如《古詩十九首》中〈涉江采芙蓉〉所云：『采之欲遺誰？所思在遠道。』」郝氏最後說：

故人不在，年華已老，在《飲膳札記》樸質的文字底下，其實含藏著綿長的哀傷，對過往人事的感懷，對生命美好的歌詠，互相交織成為動人的篇章。這不但承接林文月「真幻之際・物我之間」的一貫散文基調，並且突破《擬古》格局，上追漢朝古風，文字越見成熟精練，感情也越見醇厚悠遠，為飲食文學的寫作開闢出一番豐美的新天地。

　　行文至此，讀者也許會質疑，筆者何以極「厚愛」地獨於郝文長篇引錄，細加紹述？實因一如文首所言，談論林文月其人其文者雖多，而細膩深刻之作難求，相較而言，郝氏此文謀篇、布局、文字、見解，皆不俗而可喜，堪稱精采，雖其後論《飲膳札記》之作益多，然其重要意義終不可替。

　　在此，可略加申說的是：林氏各散文集之中，除《飲膳札記》最受論者青睞，其次則《午後書房》、《擬古》、《遙遠》；而亦唯《飲膳札記》，前有郝譽翔，後有何寄澎以完全相異的關懷、旨趣，析論《飲》書的重要意義，且恰能互補而相煥發；此外，黃宗潔、吳云代之作亦尚有一得之見，至其他三書固率屬簡評、概述之類。平心而論，《擬古》一書，理當有論者深勘細剖，而畢竟無之。殆能論此書者，一方面須熟悉中國古典文學中之「擬古」傳統，並深體此一傳統背後之美學典律與典範意義；一方面又須對林氏所「擬」之各種文本瞭若指掌；二者俱極不易，則素乏問津者，亦理所當然。質言之，如林氏此種出入於古典、東洋文學而兼具深厚素養之作者，論者之學養若不能差堪與之相埒，固難援筆而論（前文所以高度肯定郝氏，亦以其能窺林氏之「文心」，並以之論《飲》書也）。而筆者亦甚懷疑論《飲》書者所以最多，亦或緣於晚近飲食書寫隨社會時尚而大行其道，除少數論作有其莊嚴旨趣外，殆亦不乏附勢之作——這一點恐怕正是當今文學評論習焉不察之病症，值得吾人嚴肅省思。

　　郝作的成就在精準地詮釋了《飲》書之情調與風格，至 2006 年 2 月，何寄澎續有〈試論林文月、蔡珠兒的「飲食散文」——兼述臺灣當代散文

體式與格調的轉變〉，刊於《臺灣文學研究集刊》第 1 期。何氏鎖定林文月、蔡珠兒二本飲食散文，細剖二書特質：以林氏而言，歸納爲四項：1.入乎「記敘」，超乎「記敘」；2.以得於南朝唯美文學之筆體物，巧構形似，使筆下的烹調翻轉成爲繪畫、音樂、舞蹈、戲劇的展演；3.自我涵養、風度、個性之流現；4.語言素樸、主題憶舊。以蔡氏而言，歸納爲兩項：1.快板、濃彩，文字的魔術表演；2.感官的飲食美學、味覺的人世思索。何氏的結語是：「……二書特質概述如上，明顯可以看出二者體式與格調的差異。扼要而言：《飲》書爲抒情的飲食美學；《紅》書爲感官的飲食美學。《飲》書有體式突破的企圖，《紅》書多文字魔術的熱衷。《飲》書從容、優雅、蘊藉，敘寫細膩、層次井然，屬淡筆；《紅》書迅疾、辛烈、誇飾，敘寫粗獷、不時跳接，屬濃筆。《飲》書看似質實無奇，細品則意味無限；《紅》書初閱使人驚艷，細看不免『套式』，且讀之紛繁。」何氏最後語重心長的說：

　　就我個人對現當代散文之觀察、體會，《飲》書所表現的，無論是作者的信念、態度，或文章的體式、格調，都在「五四」以來現代散文的傳統與軌範中既繼承復求變；也是臺灣散文 1990 年代（確切說應爲八五年）以前的雍容風度。而《紅》書則迥異其趣地極力表現濃妝豔抹，尖新奇突（即使我所深賞的後三輯，相對而言，也時見誇飾、尖銳、躍動的文字與形容）──這其實正是 1990 年代以降日益形成的書寫風尚。1990 年代以降，臺灣散文書寫大抵有二種極端：一種「極經營」之能事，求巧、求工、求奇、求新──總之，務求濃重華麗的形式美；一種則「去經營」之能事，漫漶恣肆，意到筆到。前者或即爲所謂「世紀末之華麗」，後者則或發揮後現代之解構精神；二者俱在「五四」以來的傳統之外。對散文之發展而言，此二種極端的風尚，恐非可喜之事。我昔日曾言，林氏雖不斷求新求變，但仍是散文的「正統」，也仍是近年來逐漸少

見的「純散文」[8]。相對而言，蔡氏雖有可觀，但若不能體會：散文縱使可以濃淡有別、朗密有異，但散文最本質的格調是自然平易，散文最可貴的意境是淳厚真切，文字魔術只能適可而止，不宜一以貫之；則蔡氏散文的進境恐怕有限，這就辜負了她所具有的才華與性情。我亦曾在〈孤寂與愛的美學──綜論簡媜散文及其文學史意義〉[9]一文裏建議簡媜：「古人說：豪華落盡見真淳。這真淳二字或還待簡媜細細去參」，我願再以此言贈蔡氏，也盼當前的散文作者與讀者都能對之深思體會。

由這段話，吾人清晰可見何氏撰寫此文的「終極關懷」──其意義不僅在表彰《飲》書，亦於臺灣當代散文寫作風氣，乃至散文此一文類的「本質」以及散文作者應省思的課題，提出了深刻之見。

郝、何二文之外，前揭討論《飲》書可一述者，尚有黃宗潔、吳云代之作。前者爲〈林文月散文中的人・情・味──從〈蘿蔔糕〉一文談起〉（載《幼獅文藝》第 613 期，2005 年 1 月）。嚴格而言，黃文仍屬簡論，於人、情、味三者俱點到爲止，新意不多，亦殊乏分析，比較有趣的是，黃文指出：「《飲膳札記》一書中最凸出的人物形象無他，就是林文月自己。」此見頗有可參。後者爲〈走出低迴傷逝，細嚐異國滋味──試論從林文月《飲膳札記》到蔡珠兒《紅燜廚娘》的飲食書寫〉（收入《漫遊與獨舞：九〇年代臺灣女性散文論集》，臺北：秀威資訊科技公司，2007 年 10 月）大致而言，吳氏認爲《飲》書是對舊有飲食書寫的承續發揚，《紅》書則代表飲食書寫的轉變與出新；又稱《飲》書爲單一懷舊之情調，《紅》書爲多元雜匯之愉悅。平心而言，吳氏之見雖有可取，惜行文析論時往往未能照應扣合其論旨，對前輩之論述又多不明其旨意，甚且有誤解者，故整體而言，成績有限。

---

[8] 見前揭〈林文月散文的特色與文學史意義〉一文，載陳義芝主編《林文月精選集》（臺北：九歌出版社，2002 年）。

[9] 何寄澎，〈孤寂與愛的美學──綜論簡媜散文及其文學史意義〉，《聯合文學》第 225 期（2003 年 7 月）。

　　有關林文月散文創作之一般論述，較有觀點與價值者殆如上述而已。就綜論總評而言，何寄澎所作仍屬較豐實者，且有先導之功；就分論專著而言，集中於《飲膳札記》一書，其中郝譽翔論《飲》書情調與風格，何寄澎兼取蔡珠兒《紅燜廚娘》比勘，揭示現當代臺灣散文體式與格調之轉變，二者分別於微觀、宏觀中見精采，確具學術意義。陳芳明有見，惜未暇深論、細論；張瑞芬彼時尚初涉現代散文研究，自與其晚近著力之工夫未可同日而語；林韻文之作，當為「國族認同」與「多元文化」論述成為學界顯學下的產物，惟畢竟提供了研究的新視角，論見亦頗有可參，值得肯定。

　　張瑞芬於前揭文中有云：「林文月的散文，在臺灣當代散文中，和許多好作家一樣，被讚譽的程度遠超過被研究。」筆者再引此語，除心有戚戚之外，亦不免油然深惋於往昔臺灣文藝、學術界曾有志一同「期待批評時代的來臨」[10]，彼時亦有《書評書目》之刊行，如今俱邈矣！至於散文之研究，歷經數十年，依然為學者專家所輕忽，有心之士於此亦不知能復何言！

（二）學位論文

　　作家及其作品倘若成為學院中研究生研究之對象，大抵意味其可能具有文學史之地位；而研究生之選題又多受指導教授或當時風氣之影響。以林文月而言，自 1987 年何寄澎首發論述之後，林文月日益成為眾所矚目之作家，而林氏之作品亦漸進入中學、大學之散文教學內容，故 2006 年 7 月起，連續三年均有專研林文月散文之碩士論文出現，嗣後，直至 2013 年仍間續有之，以下略作敘述。

　　許婉姿《林文月散文創作觀及其實踐》（私立東吳大學中國文學系碩士班）與李京珮《林文月散文藝術風格的傳承與新變》（國立成功大學臺灣文學系碩士班）同完成於 2006 年 7 月，為最早研究林文月之學位論文。

---

[10]語出已故學者沈謙《期待批評時代的來臨》（臺北，時報文化出版公司，1979 年 5 月）。

許著可稱者在指出林文月散文中流露的日本古典文學質素有二：一爲季題意識；二爲「物之哀」的審美情調，頗有創見。其次，又申論林文月散文藝術取法中西繪畫速寫瞬間、空間透視、力線律動、抒情渲染等技法與意境，其分析尚稱細膩，甚爲難得。李著則以文學史角度切入，探討之主題置於「傳承與新變」。其所謂「傳承」，一則比勘林文月與臺靜農，而歸之爲魯迅精神的傳承與轉化；一則就林文月具有的中國、日本、臺灣、上海經驗，乃至不同文化背景，解讀其如何融合各種文化並從而建構其散文性格。其所謂「新變」，一則剖析林文月散文書寫歷程中的藝術技巧及美學轉折；一則透過飲食、人物等書寫，自生活美學與人文關懷二面相，見林文月作品特有的藝術風格；最後則取與同世代女性散文家作比較，突顯林文月散文的文學史意義。

2006 年底，又有張少明《林文月散文研究》（國立政治大學國文教學碩士學位班）、簡琪《林文月散文研究》（國立臺師範大學國文學系在職進修碩士班）二本碩士論文。二者內容並無特殊可述之處，惟後者詳細整理林文月散文中重複書寫的人物、事件，並皆製表附錄，一目瞭然，提供有心人參考。簡琪所以如此做，乃認爲此種重複書寫是林文月散文的特質之一，其反映了林文月時時反芻記憶，深恐遺忘的心情。

2007 年 6 月有許芳儒《記憶‧身分‧書寫——林文月散文析論》（國立中央大學中國文學系碩士班）。許著以「時間」、「空間」二角度，闡釋林文月散文創作的主題與範圍。所謂「時間」，即生命文本之探索——從上海到臺北、從學生到教師、從臺北到京都、從學者到作家；所謂「空間」，即書寫版圖之觀測——以上海爲記憶的邊境、以臺北爲認同的國度、以京都爲想像的故鄉、以世界爲觀賞的生命、以文學爲鄉愁的方向。又特立一節專論林文月的女性書寫。

2008 年有關林文月散文研究的碩士學位論文遽增爲五本，分別爲：陳玉蕾《林文月散文的常與變》（國立高雄師範大學國文學系國文教學碩士班）、黃美鳳《林文月散文飲膳經驗之探究》（國立彰化師範大學國文學

系碩士班）、劉香君《林文月散文研究──在樸實中見風采》（國立彰化師範大學國文學系碩士班）、許惠玟《林文月的散文美學》（國立臺北教育大學語文與創作學系語文教學碩士班）、游淑玲《林文月多元散文研究》（私立佛光大學文學系碩士班）。五本論文中可略述者：1.黃美鳳之作爲第一本研究林文月飲膳書寫的學位論文，亦兼及與其他飲食書寫作家的比較。2.劉香君之作以探究林文月散文的女性書寫與敘事特色爲主，並援西方敘事學理論指出林文月散文敘事結構之特點爲：「文學」和「畫」結合的敘述結構、「敘述時間」的交疊、「時間零」的「定鏡」結構。3.許惠玟之作特以美學理論詮解林文月散文，將林氏散文之審美型態分爲「悅耳悅目」、「悅心悅意」、「悅志悅神」，開展了林文月散文研究之新面向。

　　2010 年洪汶珀有《臺灣散文的飲食書寫探析──以林文月、蔡珠兒爲例》（國立新竹教育大學語文教學碩士班）。大致而言，綜承何寄澎、吳云代之見而作補充、發揮。同年尚有林雅瓊《鄉情、國史、世界觀──論林文月、蔡珠兒及李昂的女性跨國飲食書寫》（國立中興大學臺灣文學研究所碩士論文）援身體、時間、空間、符號四視角交互觀察論述三位作者飲食書寫之差異。

　　至 2013 年，吳思穎有《地方的記憶與認同──林文月的「空間」書寫》（國立中興大學中國文學系碩士班），乃以林文月生命歷程、生命實相爲基底，論述林文月的「空間」書寫，內容、觀點略承前揭相關議題之論作，新意不多。

　　準此三論文觀之，後起之研究者或難出前人範疇；或其關心議題已漸非林文月本人之散文創作，而受學界新興議題、理論、方法之影響，轉以作家作品做其主觀意識之註腳。前者固不必論，而後者其得其失亦仍待慢慢觀察。

　　綜觀上揭十餘種學位論文，姑不論其見解之是否深入得當，唯就研究之角度、方法、視野而言，已可概見新生代研究者亟欲推陳出新之用心。

此中不容諱言，亦有受世紀末至新世紀初時興之學界論述風氣之影響[11]，其次，各學位論文仍不乏受前輩論述影響者，如：重視林文月散文文學史意義之探討（李京珮、張少明），重視林文月散文體式、內涵與格調新變之抉發（陳玉蕾），以及強調敘事風格之反覆鋪陳、細膩情思、嚴謹經營（劉香君）等，皆為其例。最後，各學位論文中不乏教學碩士專班者，料其作者殆多為中學教師者——此則反映林文月散文入中學教材後所生發之影響：既開啓中學教師研究現代散文之興趣，亦有益文學鑑賞之教育；而對林氏本人，則更奠定其散文史之重要地位矣。

二、日本古典文學翻譯

　　林文月早於 1961 年起即開始其文學譯作事業，初始以世界文學名著為主，如《茶花女》、《小婦人》、《基督山恩仇記》，皆由臺北東方出版社出版，為少年讀物。1972 年應邀出席於日本京都舉辦之「國際筆會」，提出日文論文〈桐壺與長恨歌〉，並附〈源氏物語：桐壺〉之譯文，是為致力翻譯《源氏物語》之契機，自此之後雖仍間有歐美文學之翻譯，然漸以日本古典文學名著為其著力之焦點，遂成就其在日本古典文學中譯上至高之地位，成為其文學事業不朽之一環。《源氏物語》於 1974 年由臺北中外文學月刊社出版，嗣於 1982 年、1991 年發行修訂二版、三版。1989 年 1 月又譯竟《枕草子》，亦由中外文學月刊社出版。1993 年 7 月，《和泉式部日記》由臺北純文學出版社出版。1997 年 2 月，《伊勢物語》由臺北洪範書店出版。1998 年 8 月起，陸續翻譯樋口一葉之小說，至 2004 年 2 月乃有《十三夜：樋口一葉小說選》，由臺北洪範書店出版。林文月積 40 年之歲月精譯上揭日本文學名著，譽者有口皆碑，然 40 年來，除報章雜誌評介式短文外，求一有功力、有分量之論述竟不可得。直至本（2013）年 9 月臺大中文系舉辦「林文月先生學術成就與薪傳國際學術研討會」，始

---

[11]諸如記憶、身分、認同、時間、空間、性別、敘事結構等術語之琅琅運用，即見證此事實。

有日本京都大學學者川合康三、金文京，以及臺灣大學日文系朱秋而教授提出可觀之論文，填補長久以來令人遺憾之空白。

　　朱秋而〈中譯本《源氏物語》詩論——以光源氏的風流形象爲例〉，基本上係比較林文月與豐子愷二種《源氏物語》譯本中對「色好み」、「好きもの」描寫的翻譯表現和翻譯方法。朱氏雖極力避免評騭二譯之優劣，但字裡行間時時肯定林譯更能掌握原著之情調與風韻。川合康三則針對林譯《源氏物語》中之和文進行分析，其文題爲〈林譯《源氏物語》的和歌〉。基本上，川合認爲「翻譯文學語言」這件事，根本是不可能的，但看了林文月對《源氏物語》和歌的翻譯費盡巧思，不得不由衷表示讚嘆。川合特別指出林譯有三項精采而難能可貴之處：1.和歌爲短詩型的文學創作，林譯採用近似劉邦〈大風歌〉三句即結束的詩型，非常相得，且在詩中加入「兮」字的用法，對應了和歌內在的節點，乃是相當合適的選擇。2.林譯雖然割捨了諸如「掛詞」、「本歌取り」（引用過去和歌的修辭法）等修辭，但林譯之和歌即使視作中國詩，也不存在違和感，可說是相當自然的翻譯。3.林譯和歌是以三行作爲表記詩作的方法，這種方法爲日本近代歌人石川啄木所創始，但林氏並非仿效啄木。而應當是體會到內在於和歌之節奏，同時也發現和歌最適合以三行來書寫。最後川合教授如此禮讚：

　　　林譯《源氏物語》的和歌，……精采地以中文譯詩再現了詩的本質，以
　　　及翻譯中最困難的語言的音樂性層面。

　　至若金文京〈蓬萊文章陶謝筆——謹評林文月教授的日本古典文學譯介〉，主要亦就林譯和歌之精當優美細加分析闡釋。在論述方法與層次上，金氏首先指出近代中譯日本古典文學之名家頗不少見，其中尤以錢稻孫、周作人、豐子愷爲代表，若論譯文之雅俗得宜、註解之嚴謹得詳，固應以林譯爲最（金氏頗鄙豐子愷之譯，亦皆言而有徵）。而後即細密論析

林譯和歌特不同於諸家而採三句三行譯法，深得翻譯當重「異化」之旨，最為難得；續析林譯之押韻，以見其與眾不同，且益添古雅韻味而跌宕有姿；最後還比較錢、豐、林三人《伊勢物語》的翻譯，依然凸顯林譯之優越。此外，值得一提而甚有趣旨的是，金氏拈示林氏散文之作頗有「物語」的元素，特舉《人物速寫》為例，以為其書寫之虛虛實實、撲朔迷離，甚有「物語」風味，而尤似《伊勢物語》之風格——此則言人所未言，確為慧見。

綜合而言，三篇論述皆具有豐富的學術意義，而亦各有精采，尤以川合康三、金文京二作為然。惟或由於屬會議論文，未暇充分發揮，各家所揭林譯特質乃至論述面向，尚頗有可繼續探究者，固有待精深於中、日兩國文學之學者繼踵為之，而就譯述此一文學事業言，金文京所云：

> 當今中譯日本古典文學的第一人，非林教授莫屬。本論題為「蓬萊文章陶謝筆」，下一句應說「中間文月獨清發」吧。那麼，將來如何又把這清輝發揚光大？這要看下一代年輕學者的努力了。[12]

金氏之言，令人深有同感，吾人且拭目以待之。

三、學術論著

林文月先生為六朝文學研究專家，相關論述約 30 篇，數量雖不算多，但於陶淵明、謝靈運、陸機、潘岳諸家，以及山水、宮體、擬古，乃至《洛陽伽藍記》、中國文化對日本文學之影響……等各面向、問題之探討，廣受學界肯定。一般而言，除非特殊關係、特別原因、特定目的，則一學者之學術成果被取為評論，甚為少見，故有關林氏「三種文筆」中學術研究此一「筆」，遂僅有其門生王文進撰〈林文月教授的「六朝學」〉[13]

---

[12] 金氏擬句，乃化李白〈宣州謝朓樓送別校書叔雲〉詩：「蓬萊文章建安骨，中間小謝又清發。」
[13] 第二屆「人文典範的探詢」學術研討會，臺北：臺灣大學中國文學系、東華大學中國文學系，

略加申論。

　　該文就林氏《中古文學論叢》、《山水與古典》、《澄輝集》三本論文集及〈潘岳陸機詩中的「南方」意識〉一文發論。王氏首先指陳：林氏學術風格獨樹一幟者在以學術之嚴謹融鑄作家之才情。王氏頗欣賞林氏學術論文早年「流麗而自信的筆調」，更欣慰於林氏後期撰〈潘岳的妻子〉一文時復再揮灑奔瀲的表現——以筆者對王氏之了解，這其實與王氏個人雅好文藝，又性格偏屬浪漫有關。其次，王氏認定「重視作品本身」一直是林氏治學的重要祕訣，並引林氏所云：「只有切實讀原著原典自我深思，然後再參考文學理論或他家意見，才能建立比較充實而獨立的思想體系」以證。甚且更進一步說林氏所以能明確標示六朝山水詩與唐代山水詩形貌、性質之不同，即緣於其重視文本的直接閱讀。最後王氏再以〈潘岳的妻子〉一文中，對潘詩各種精采解析與深切詮釋為例，說明林氏既能對文獻細膩考證，又能將考證所得以作家的敏銳情感相連結，乃達言而有徵又言而動人的學術論著新境界。

　　王氏此文頗致力闡述者，除前揭〈潘岳的妻子〉一文外，尚有〈洛陽伽藍記的冷筆與熱筆〉、〈洛陽伽藍記的文學價值〉，以及〈潘岳陸機詩中的「南方」意識〉三作。王氏以為論《洛陽伽藍記》之二篇，「實開拓六朝文學研究新領域的重量之作」；而「林氏『冷筆』、『熱筆』此種前所未有但又精確具體的學術術語，貼切地照應出《洛陽伽藍記》的史學性格與『文學性格』」。行文之中，王氏又以極富感性的語言，說明自身於六朝文學之研究如何受林師二文啟發而踏出新徑。至若論潘、陸南方意識一文，王氏認為已在《詩品》、《文心雕龍》品評觀點之外，「別開蹊徑，以潘岳對洛陽富貴的依戀及陸機對吳郡的想望為著力點，舉重若輕的勾勒出兩人政治處境與人格性情的差異。」

　　大略而言，王文進論林文月之「六朝學」，在學術客觀外，頗見其個

2008 年 4 月 25 日。

人（偏好）色彩，故於林氏〈蓬萊文章建安骨──試論中世紀詩壇風骨之
式微與復興〉、〈陸機的擬古詩〉二篇重量之作未稍著墨，就呈現林氏
「六朝學」之重要內涵與貢獻言，終有憾焉。尤其後者，不唯於古典文學
傳統中「擬古」此一特殊性書寫之研究深具代表性，且又與其散文集《擬
古》系列之創作有相互影響、照應之關係[14]，漏而未論，誠可惜也。

四、林文月論林文月

綜理一個作者相關之評述，一般而言，雖以「他述」為主，但「自
述」亦不可忽，而就林文月而言，尤其如此。「林文月論林文月」式的「自
述」文字，亦約 30 篇，讀之對其人、其學、其情、其散文創作與翻譯，乃
至後二者之理念等，必有助於更深刻的了解與更真切的體會。筆者選錄
〈三種文筆〉（《文訊雜誌》第 24 期，1986 年 6 月）、〈散文的經營─
─代序〉（《午後書房》，1986 年 2 月）、〈《擬古》自序〉（《擬
古》，1993 年 9 月）、〈游於譯──回首譯途〉（《聯合文學》第 288
期，2008 年 10 月）、〈人生不樂復何如──我與文學的因緣〉（《幼獅
文藝》第 464 期，1992 年 8 月）、〈致 M.N──代跋〉（《人物速寫》，
2004 年 3 月）、〈林文月論林文月〉（《回首》，2004 年 2 月）七篇為代
表。七文依序呈顯其筆耕的三種類型、散文寫作的理念、《擬古》系列撰
寫的緣由與意義、譯作的苦心、文學的因緣、人物的關心、自己的長處短
處；以下略作說明：

〈三種文筆〉先交代自己於寫作與繪畫間，初始較偏好繪畫，考大學
時，同時考取臺大中文系與師大美術系，結果因美術系老師的一句話選擇

---

[14]1987 年 10 月 20～22 日，《擬古》系列之第一篇〈香港八日草──擬古之一：「枕草子」〉發表於
　臺北《聯合報》；1989 年 5 月，〈陸機的擬古詩〉發表於臺北，《幼獅學誌》第 20 卷第 3 期；
　1993 年 4 月 30 日，《擬古》系列終篇〈飲酒及與飲酒相關的記憶──擬古之十四：臺靜農「我
　與老舍與酒」〉，發表於臺北《聯合報》，同年 9 月《擬古》一書由臺北洪範書店出版，題稱改為
　〈飲酒及與飲酒相關的記憶──擬《我與老舍與酒》〉。案，陸機所擬古詩十四首，而《擬古》亦
　仿此而計十四篇，二者之間奇妙之互動生發，不言可喻。而林氏 2008 年 4 月 2 日乃有「《擬古》
　──學術研究與文學創作之結合」之講演（「簡靜惠人文講座」）。

了中文系，自此放下彩筆拿起文筆。而後分別敘說自己「論文」、「散文」、「翻譯」三種文筆持續不輟的因緣。由於林氏以回顧方式娓娓述說，親切中讀者自能對三種文筆如何運作有平實的掌握。

〈散文的經營〉開章即強調一切的寫作首先要有好的內容，而所謂「好內容」，無非「真摯」二字，所以寫作最忌無病呻吟，矯揉造作。有了好的內容，仍須待好的形式技巧。就散文寫作而言，經營安排是必要的。林氏不相信「靈感」，她認為靈感實來自於日積月累的感思經驗與讀書學養。文中林氏不厭其詳地還論及結構、句法、用典、聲韻、氣勢……等寫作細節的要領，可見其對散文「如何經營」的問題非常重視。最後，林氏強調「最高的境界還是要經營之後返歸自然」──即「由經營而出，達到『行於當行，止於當止』的化境」──顯然，這是林氏信仰的創作最崇高目標。

就筆者的觀察，林氏如上的觀點亦悉踐之於其散文之書寫，而林氏散文質樸平易中實盡經營之能事，看似平實無新意，卻正為普天下所有文學、藝術創作者皆同意之真理，故本文誠為極適合之文學寫作課教材。

〈《擬古》自序〉自陸機〈擬古〉組詩說起，交代寫作此系列作品之緣起，而後簡要而莊重地說明所擬各篇與原作既即又離的關係。雖林氏明言此系列作品「乃一時興起」、「原本是出於一種嚴肅的感性、實驗性」。但由於文中不斷提到「創新為貴」、「擬古而不限於古」；提到陸機〈擬古〉實非「擬之以為式」，而有「個人匠心獨運之處」；提到自我創作，則「多年來雖努力求新求變，但終究不免囿於一己狹隘的天地」，固可知欲藉此系列作品，創當代散文寫作之新徑，拓自我散文體式與風貌之新境。

〈游於譯──回首譯途〉詳細說明林氏投身翻譯文學名著的因緣：其始於就讀研究所時期，應臺北東方出版社之邀，將日人編纂之少年版《世界偉人傳記》及《世界文學名著》譯為中文，而所譯者為《居禮夫人傳》、《茶花女》等六本。1972 年試譯《源氏物語‧桐壺》之文載於《中

外文學》，未料引起廣大迴響，乃在讀者與雜誌社敦促之下，開始全譯《源》書，從此開啓其持續翻譯日本古典文學名著之路。林氏於文中頗詳細交代其所投入之心力，諸如：比較各種譯本，包括三種日譯、兩種英譯，窺其特色與優劣，取長補短，確立自我譯作風貌。事實上，其後譯《枕草子》，乃至樋口一葉之短篇小說，莫不如此，固可概見林氏之莊肅敬慎。林氏又說，翻譯上揭諸書，除外在力量之推動外，更重要的是基於自我的興趣，以及深受感動，亟願分享讀者的那種熱忱。林氏這樣的心情懷抱往往又促使其因譯述而生發寫作相應的散文，如〈終點〉之與《源氏物語》、〈妳的心情〉之與《枕草子》；事實上，《人物速寫》系列的寫作，也多有與其譯作共感共鳴的情況。爲了求譯文能儘可能傳達原作韻味、格調，乃至文化特質，林氏對中譯之語言、句式、節奏、旋律，莫不反覆推敲。至於附加注解、附上插圖，以及各書出版時撰寫較長的序文，都是林氏上述用心的反映。凡此種種，前揭金文京之作亦略致意，可以相互印證，則各家一口齊聲推崇林氏翻譯成就，絕非溢美。

　　〈人生不樂復何如──我與文學的因緣〉內容包含林氏一生從事文學教育、文學研究、文學譯述、文學創作的因緣，以及其對之樂而不悔的心情。大體而言，於前述諸文能相互映照、補充。〈致 M.N──代跋〉頗流露自我雖棄繪畫而就文學，然終究無法忘懷繪畫的心情。或正由於這種心情，使林氏一方面猶時時對作品附以素描插畫外，竟隱約縱此偏好、逞其才情，以文字爲人物「繪像」。文中林氏細剖其寫作人物，必於對象「十分關心」、「仔細觀察」，乃至「鋪采摛文時時無法抽離自己」。林氏亦深知以文字寫人物「不同於線條明暗彩色形象之描繪」，而以文字寫人物勝於繪畫描人物者，端在能夠傳達關乎「主題的感思內涵」，其能爲人物「代言」的功能，更非畫家彩筆所能勝任。質言之，林氏寫人物，既客觀觀之，復主觀體之，進而人我互映交感，終則人我合一。林氏人物書寫之特質，於此可略窺端倪，而有心之讀者亦可體認林氏於人物書寫傳統所開啓之新「書法」。

　　至於〈林文月論林文月〉一文，雖極短而於其人其性有生動傳神之描寫，「夫子自道」，確然可信。而此文珍貴的是，林氏終於提筆爲自己素描，呈形神於讀者面前，求諸以往，這是不可想像的事。

　　最後，筆者願特別一談林氏〈蒙娜麗莎微笑的嘴角──談文藝欣賞的一種態度〉。[15]該文藉往觀米勒畫作而不果，想起日人規範觀賞「蒙娜麗莎的微笑」嚴限 20 秒的往事，進一步思考繪畫的欣賞應求「整體性」，而尤需要「距離」。林氏所謂「距離」，包括時間之從容與心靈之自在，亦包括實際空間的距離。她認爲：書法欣賞的道理亦如此；文學更何嘗不然！遂引陶、謝詩爲例，細加解析以證。林氏此文雖似亦無新奇特出之觀點，但對吾人了解其出入融通於繪畫、寫作間之基本態度、素養，乃至援以爲其寫作「經營」之一端，或有參考價值。

　　綜結而言，筆者仍要強調，欲了解、研究林文月，無論爲內爲外之各種面貌、特質，上揭「林文月論林文月」各篇章，乃爲不可或缺之重要材料；觀諸已有之論述頗多取源於此，可知不誣。

結語

　　有關林文月三種文筆的評論與研究，略如上文所陳。嚴格而言，無論就質、就量、就探討觀照面向的完整而言，都尚有可精進、拓展之處。然若換一角度思之，翻譯與學術論文二者，優秀之評騭本難得一求，固不僅林氏爲然，則似又不宜苛責。至於散文創作，林氏態度矜慎，非隨俗而舞，作品數量本就節制，則雖泛論者多、精論者少，但以前文所拈者觀之，質量亦尚可人意，況已然有不少學位論文取爲研究標的，相較於同代散文作者更遭輕忽而言，亦差強人意矣。質言之，筆者個人的看法是：學術論文部分不必強求論者繼踵；日本文學翻譯部分，則僅能殷盼有心者戮力耕耘，此中林氏對翻譯之態度、之工夫、之情懷，尤可爲後起者之楷

---

[15]《聯合文學》第 288 期（2008 年 10 月），因本書篇幅所限，此文割愛未選。

模；散文創作部分，由於林氏不同階段略有不同風格，不僅爲其自我突破，亦頗有樹立散文寫作新體式而深富文學史意義者，如：《擬古》、《人物速寫》等即是。類此作品，允宜有優秀專家學者精詳論之。又，林氏散文體貌、風格，自《交談》以後變化日多，且漸有去其一貫之本質格調甚遠者，此中曲折，亦尚無人有鞭辟入裏之論。後之秀者若能填補上述空白，則於林氏其文、於現代散文作者讀者當共同關注省思之議題、於現代散文史之建構，蓋俱有功焉。筆者最後要再致意的是：林氏其人、其文、其學、其理念、其情懷，浸染於古典多，具有濃厚傳統氣息，故研究者無須刻求出新，若必欲以時興之理論、思維、議題詮析之，恐張冠李戴，愈失本真，此則來者所當深思者。

　　——本文承女棣譚惠文教授協助資料蒐集與揀擇，特此註明並申謝忱。

輯四◎
重要評論文章選刊

三種文筆

◎林文月

彩筆與文筆

　　這一生，選擇了握筆的生活，大概是沒有錯的；不過，最初也並非沒有猶豫過。從小就喜愛文學與繪畫，又由於個性比較內向，所以覺得一個人躲在房內，不論看書寫文章或信筆塗鴉，都最自在而且充實。

　　但說實在的，在寫作與繪畫之間，初時多少是比較偏好繪畫，尤其是人物畫。我沒有正式拜師習畫過，只是跟一般人同樣，在成長的過程中，很自然的在學校的美術課堂上學過一些基本的繪畫道理而已。或許是幼年時期多得到一些師長的鼓勵與讚賞，令我增加興趣與信心吧；繪畫常常真使我廢寢忘食，興味無窮。

　　我高中時期特別愛看電影，也迷上用鉛筆畫電影明星的像片。班上的同學也多屬影迷，她們見我畫出一張張男女明星的畫像，紛紛都向我索畫。後來預訂的人太多，應接不暇，便只好利用代數課時間，將「范氏大代數」的原冊豎起，裝作用心聽課狀，實則私下急急趕畫許多的人像畫。

　　高二時，學校新聘一位從杭州藝專畢業的美術老師。楊老師既幽默又認真，可惜在升學的壓力之下，高三學生的音樂與美術課都停止了，幸而尚有課外活動，我乃參加美術組，得以向楊老師請益。隨著考期愈近，原先參加的同學逐漸退出，最後竟然只剩下我一人。我堅持每週兩次的習畫，總是從放學後畫到昏暗，楊老師並不因習畫人驟減而稍有懈怠。相反的，他變成了我個人的指導老師，而且總是站在我身後指導到辨不清輪廓

色彩爲止。美術教室中只有一座維納斯的石膏像，我勤習再三，除了背面以外，幾乎什麼角度都畫過。

　　楊老師不僅改正我的錯誤，講解肌肉結構，光影明暗的把握等道理給我聽，又經常把他自己珍藏的畫冊，甚至他自己的作品搬來給我作參考。多年的自我摸索，方始豁然開竅。那一年參加課外活動，實在獲益匪淺。後來我能以素描最高成績考取師大（當時稱師範學院）美術系，楊老師的啓發與指導，應是最大的原因，至今令我感銘於心。但是，我把錄取的好消息向他報告時，楊老師卻勸我選擇進入臺大中文系讀書。他說：「你可以把繪畫當作業餘嗜好，那樣子會更快樂。」他的神情有些落寞。年輕的我，不甚了解楊老師話中深刻的一層，但是終究依從了他的勸告。當時尚未實施大專聯考，考生爲了多一些保障，往往報考兩三所大學。我報考了臺大中文系與師大美術系，僥倖都被錄取，正在猶豫取捨，楊老師的一句話，遂令我有了抉擇。

　　命運有時就是這般不可思議。既選擇讀中文系，便註定我這一生要拿起文筆放下彩筆。雖然，我後來也曾臨摹過一些工筆仕女畫，但時間與精力都不容許我在繪畫方面求專精的進步。至今，偶爾也會畫一些速寫小品一類，但究竟只能當做忙中偷閒的消遣罷了。有時看別人的畫展，不免有些遺憾，也有些許妒羨，卻又無可如何！

論文：冷筆與熱筆

　　在臺大中文系讀書七年，主要的學習方向是古典文學經籍。由於學術訓練的嚴格要求，大學時代，我的主要寫作方向是論文。抒情寫志的創作只能偶一爲之，反而較以往寫得少。其實，也曾經在報章雜誌發表過一些作品，但當時豈敢存敝帚自珍之心，年少時之作，便也隨時光流失而散佚不存留了。

　　透過求學期間許多篇讀書報告，以及學士論文、碩士論文，我習得如何找題目，析理、分類、歸納，和得出結論。並且也懂得在理論上，學術

論文的寫作當有別於創作，宜力求冷靜客觀，表達的方式也須求其簡明有條理。不過，於今回顧往日年少時期的論文，終嫌不免於青春熱情的洋溢，文字也頗有華麗之處。

我讀中文研究所的時候，已故的外文系教授夏濟安先生主編的《文學雜誌》正值創辦期，每個月需要創作與論文。在創作方面，夏先生鼓勵許多外文系的學生投稿，他們日後在文壇上的成就，均是有目共睹。至於論文稿件的來源，除了中文系與外文系的師長經常提供著作之外，有時也會採用研究所學生的文章。我也曾經試投過一些文學賞析的短文，都能獲得刊登。這對我個人而言，不啻是一大鼓勵，因為當時的出版界遠非今日可比，而《文學雜誌》雖出版不久，卻是十分受學界矚目的一份嚴肅可敬的刊物，年輕人的文章能夠得到發表的機會，是一種榮幸。

我又將學士論文〈曹氏父子及其詩〉，以及碩士論文〈謝靈運及其詩〉的部分文字重新改寫為獨立單篇，先後在《文學雜誌》上發表。由於這些研究對象在當時是比較不受人重視的，這方面的論文也較少見，所以日後便有人把我的文章轉載於某些書刊上，也曾有人將我的意見納入論文之中。見自己的名字與意見同古人前輩並列，真是一則以喜一則以憂。愚者千慮或有一得，自己年輕時候的見解能獲得他人肯定，自然是欣慰的；不過，時隔多年，如今若能重新再寫同一個題目，可以補充的資料必定更豐富，可以剖析的論點也必定更精當，可惜，文字既是他人所採納，已無法補救了！

教書多年，我不僅仍繼續學術論文之寫作，也必須負起指導研究生寫論文的責任來。每看到一張張年輕的面孔在認真思考，彷彿就在他們的臉上照見自己昔日的影像。我經常規勸他們：盡量冷靜和收斂，約束自己的熱情與文采。我怕他們在將來更成熟的時候，會遺憾沒有人警告他們寫作論文的正途。然而，我又有時懷疑，在研究一個作者的時候，或剖析一本著述的時候，如果只保持近乎冷峻的客觀平靜心態，又如何能感動於昔人的感動呢？往昔我寫曹操論時，曾設身處境投入了漢末那個亂世的英雄人

物生命之中，所以我看到世人詬詈為一世奸雄的心底的無奈：「月明星稀，烏鵲南飛，繞樹三匝，何枝可依？」、「鎧甲生蟣虱，萬姓以死亡。白骨露於野，千里無雞鳴。生民有遺一，念之斷人腸！」、「老驥伏櫪，志在千里。烈士暮年，壯志不已！」。而狂放傲睨一世的謝康樂，在屢仕屢隱似無常守的多事生命底層，何以復有「美人竟不來，陽阿徒晞髮」、「倘有同枝條，此日即千年」的深沉孤獨感彌漫於全集中呢？讀古人之書，若永遠保持一雙冷淡有距離的眼睛，恐怕不易產生共鳴而真正領會箇中況味的吧。

然則，冷靜須與同情相輔相成，方不偏失入冷漠。《史記》一書之恆常感人處，正在於字裡行間每每有司馬遷個人的生命感思湧動，它絕不只是一堆死寂刻板的文字而已！近來，我則又逐漸了悟，即使寫學術論文，仍然不能完全抹煞情感；至於冷靜與同情之間的歛放不逾矩，又委實是此類文章的高層次標的了。不久前，我完成一篇有感於讀《洛陽伽藍記》的筆調：分析北魏楊衒之於亡國後，化悲憤為著書之力，雖欲極力求客觀詳實，又每不免於熱情澎湃，冷熱筆調交織而成此一奇書瑰寶。我乃定題為：「《洛陽伽藍記》的冷筆與熱筆」其實，冷筆與熱筆的運用自如，也應當是寫作論文的更合情合理的正途吧。

散文：肅嚴的抒情寫景

重拾創作之筆，是在十數年前接受國科會資助單身赴日進修一年的時候。在京都大學人文科學研究所任「研修員」，平時除了偶爾參加所內的「白居易共同研究會」外，我自己計劃寫「唐代文化對日本平安文壇的影響」。異鄉獨處的日子既漫長又寂寞，但京都是日本傳統文化所在的故都，風景人事都深深吸引了我，便將周末假日圖書館關閉的日子，做為四處遊覽之用。當時，林海音女士編《純文學》月刊，我早先曾刊登過幾篇論文，到了京都之後，卻每月寫一篇與京都相關的遊記小品。初時，是因為排遣閒暇而寫作，到後來，卻反變成為寫作而四出尋找題材。為著每月一篇數千字的散文，我的客居生活不唯不再寂寞難耐，竟變得異常忙碌也異

常充實起來。

　　當時，國人出外旅遊的風氣尚未大開，即或偶見一些外國風物描寫之文章，也多屬浮光掠影式的觀光作品。我既有機會在京都住一年，又認識當地學者與尋常鄰居，遂有計劃地每篇選一個主題，做比較深入的介紹與批評。如此一來，我在這個每月一篇的副產品上，也就不得不花費許多的時間與精力了，我記京都近郊的勝地，往往要參考一些相關的歷史文學書籍，寫古刹名庭，也曾到日文部的圖書館去翻閱建築造庭等的紀錄，甚至只為寫一篇古書鋪、或喫食店的隨筆，也蒐集過不少資料，又挨家挨店去實地觀察試嗜，做筆記摘要；所幸，我那一年結交了一些日本好友，他們提供我的見解及代為釋疑，更有莫大的助益。

　　我本來懷著膽怯悲壯的心情赴日，目的只是想完成一篇中日比較文學的論文，卻沒想到由於這個附帶的寫作，而使我認真觀察書本以外的真實世界，也促進了我與異國朋友的深厚友情，這真是始料未及的收穫！我所寫的內容包括：奈良「正倉院展覽會」，我自己出席演講過的「東方學會」，唐代僧侶鑒真所建造的「唐招提寺」等，比較嚴肅的題材，也有都舞、歌舞伎、祇園祭以及日本茶道等，比較輕鬆的風俗節祭。大體而言，我寫作的態度是嚴肅而負責的，所以於抒情寫景的文後，往往附加不少的注解。這些文章，後由純文學出版社輯成《京都一年》。說實在的，我個人覺得在這本遊記所用的心思，絕不下於正業「唐代文化對日本平安文壇的影響」。為寫遊記，我遊歷過的京都近郊名勝古蹟較普通京都居民為多，我對古刹名庭的某些典故來源的認識，有時也超過一般日本人的常識；至於為寫京都的古書鋪，我曾遍訪重要書鋪，又一一考察其特色，甚至研究個別間的經營情況，遂令關西地方的學者大感訝異。當年在京大人文科學研究所的名義指導教授平岡武夫先生，曾戲稱我應當得到京都市的榮譽市民頭銜。

　　從幼年時期便喜愛寫文章自娛，沒有想到第一本散文遊記《京都一年》的出版，反而是在論文集《澄輝集》、《謝靈運及其詩》之後。不過，

於今回看十餘年前的文章，覺得儘管當時採取相當認真的態度記敘，卻未免絮絮叨叨缺乏剪裁，有時頗嫌繁瑣；或許是初履異鄉，對一切都覺得新鮮好奇，唯恐讀者不能分享自己的興奮，故一五一十不厭其詳傾訴的吧。

我早年也曾寫過一些短篇小說，但都以筆名發表，自己又沒有保存下來，所以早已散佚不留。教書以後，大部分的時間用在準備教材、研究工作與指導學生方面，餘下可供自由運用的時間不多，而寫小說所需花費的時間與精力甚夥，便也逐漸將創作的範圍囿限於可長可短、費時較少的散文範圍內。這些年來，雖然寫作的量不多，卻也不曾間斷過。

教研生活中心境的轉換

人過中年，閱歷漸廣，世態人情之能感覺特別新鮮好奇者，彷彿已相對減少，但我仍然未能摒除內向的本性，自覺始終無法臻於與年齡相稱的世故圓潤境界。只是，對於文章的看法，已稍有異於往時，無論執筆為文，或讀別人的作品，不再滿足於華麗誇飾，而逐漸喜愛淡雅、甚至饒富澀味者。所謂「瘠義肥辭、繁雜失統」，總不如結言端直為佳。文章便也越寫越短，往日動輒七、八千字的長文，已絕無僅有；另一方面也逐漸明白，這世界人生、驚天動地之大事並不多，生活周遭日日之凡事，也頗值得深思珍惜。平凡事物，若能寫出真性情或普遍之理趣，未始不可喜。這些道理，古人雖已有過明示，但文章之道則又與人生之道近似，往往要自己一步一步走過，方能實際體悟。

我的正業是教書，所以學術研究乃是生活重心，但寫論文十分費心傷神，雖然偶爾有一得之見，也是極其愉快之事。但長期埋首於許多書籍、資料、索引、卡片，復又將其中之發現整理出一個條理來，這其中的過程既漫長而又緊張。所以完成一篇論文以後，往往急欲轉換心境，其中一途，便是寫抒發感思的散文。不過，生活中有時常有不吐不快亟待宣洩的心情，偏又正值長篇論文在進行，便只得將正業暫時推向一邊，騰出桌面些許空間，或者索性在寫論文的稿紙上疊放新的稿紙，把那稍縱即逝的靈

感納入方格之內，才能安心。

　　我另有一種轉換心境的方法，便即是翻譯。倘若一篇論文剛完成，又無甚創作意念，或者自覺近來所寫的作品重複太多，令人生厭，不如去找別人的文章來閱讀，研究他人如何構思經營。我讀文章的速度極緩慢，常常是一邊讀一邊揣摩作者運筆布局的道理。其實，最好的細讀方法，便是去翻譯文章。由於我小學的早期接受日文教育，所以從事日文書籍之翻譯，最稱方便。

翻譯：千年相隔，文章神交

　　讀大學的時候開始，我就翻譯或改寫過好幾本日文書籍。其中，成系統的有東方出版社的少年讀物及名人傳記，現在仍在坊間出售。後來也斷續譯過一些短篇小說、隨筆、詩歌及論文等日文作品。不過，在一般人心目中，我所翻譯的《源氏物語》可能是最具代表性的工作吧。雖然這本書的完譯已是八年前之事，至今我常被問起：當初是如何開始這個工作的？故而不妨在此也做個簡單的解釋。

　　我從京都回來後二年，日本筆會舉行了一次規模龐大的「日本文化國際研究會議」。我應邀參加，提出一篇以日文書成的論文〈桐壺と長恨歌〉。返國後，將此文譯回為中文〈源氏物語桐壺與長恨歌〉，在《中外文學》第 1 期第 11 卷（民國 62 年 4 月）發表。同時因為實際需要，乃試譯《源氏物語》的第一帖〈桐壺〉，附於論文之後刊出。詎料，讀者們對那篇譯文十分感覺興味，透過編輯部，要求我繼續譯下去。這雖然是一件十分艱難的工作，但是也頗具挑戰性，且極有意義，我便逐帖譯出，每月在《中外文學》連載刊登。從 62 年 4 月號，到 67 年 12 月號，經過五年半，共刊 66 期，終於竣工。

　　老實說，初執譯筆時，我並沒有信心可以堅持到底。我深知自己的啟蒙教育雖為日文，但只學到小學五年級便輟止，而改學中文，所以日本文學的修養並不紮實；何況，《源氏物語》是眾所公認的古典鉅著，困難重重

是可以預料的。不過,我又想:林琴南既然以一個不認識西文的背景而翻譯多種西洋文學名著,我又何必退避不敢前?即使譯得不好,總能盡到拋磚引玉的功用。日本與我國隔海比鄰,中世紀以來,受我國文化之影響極深刻,日人對我國文學經典,早已完成有系統的譯介,而我們對日本文學所做的介紹工作卻極少。近年來雖也有人陸續翻譯日本的近代作品,卻未曾見到古典文學的翻譯。何況《源氏物語》乃日本古典文學作品之瑰寶,其於後代文學,影響不可謂不大,西方文壇如英、德、法已有翻譯,我國人士反而對其冷漠,殊爲不當。

　　一旦開始譯事,我便全神投入其中。從臺大總圖書館的底層借到吉譯義則的古文注釋本,復配合我自己所有的三套日本現代語譯本,及兩種英譯本,並且又從日本訂購相關的許多參考書。翻譯的時候,書桌上總是攤滿各種版本,每一段文字,都要看六種書,然後才斟酌如何迻譯爲中文。我的翻譯工作進行得很緩慢,只能利用教書及家務之餘斷續爲之,所幸,每月刊登一萬字上下,壓力還不算太大。而且,由於此書中引用大量唐代以前的中國詩文典故,是我比較熟悉的範圍,還原起來,便也相當順利,至於書中處處出現的地名與節會行事,則又是我在京都一年滯留期間遊覽過,體驗過的,所以倍感親切。我在京都那一年中,甚至也曾訪問過相傳爲《源氏物語》作者紫式部曾執筆寫作之處「石山寺」,當時雖然尙無翻譯此書的計畫,但冥冥之中似有某種不可思議的因緣存在。隨著翻譯工作的進展,我愈來愈覺得自己參入了紫式部的世界。有時夜深人靜,獨對孤燈,若有紫式部來相伴,雖千年相隔、文章神交,我並不寂寞。

　　自首帖〈桐壺〉之刊登,至全書譯竟出版,前後共歷六載。我從初時的惶懼,漸漸轉入欣然自得的境界。而且,這份額外的工作並沒有妨礙我的日常生活,在寫作方面,也並未因而懈怠其他兩種寫作。這六年之間,我仍然寫過若干篇論文,以及兩本文人的傳記——《謝靈運傳》(臺北:河洛出版社)及《連雅堂傳》(臺北:近代中國出版社)。如今回想起來,那一段時間是異常忙碌的,也是格外充實的。

　　翻譯《源氏物語》也帶給我一些啼笑皆非的後遺症，近來無論在國內外，我的名字經常被人與此書相聯在一起，大家反而不知道我是一個研究中國古典文學的人。去年秋天我獲得一個機會，去英、美、日三地區各大學訪問三個月，有一些西方的日本學專家與我談論之餘，多不免問我何以會譯成《源氏物語》？我每次都得把個人的特殊生長環境及教育背景一再重複。我看到人們臉上的表情，往往是懷疑多於誇許。有一次，在一個比較輕鬆的場合遇著同樣的問題，我便索性開玩笑似的問答一位日本文學教授：「翻譯它，是我的嗜好之一。」

　　然而，說起來真是難以置信，被人一再盤問質疑之後，連我自己的信心也難免搖動起來。事隔八年，這其間，我也曾譯過幾篇，卻沒有打算再去嘗試大部頭的譯事，可是繞過地球一周回來以後，我對自己許下一個諾言：讓我再認真的翻譯一個較困難的作品吧，如果我能把這個工作做好，那麼別人應當不會再用懷疑的眼光看我，而最重要的是，我自己也將更具信心了。

　　此次，我所選的是平安時代另一位女作家清少納言的隨筆《枕草子》。《枕草子》與《源氏物語》並稱為日本平安文壇之雙璧，而二書之作者清少納言與紫式部，亦備受後代文學批評界之重視。但清少納言的文筆，則又稍帶簡勁陽剛之氣，又由於全書並無一貫之故事情節，故翻譯之際，更須切實掌握其語言氣氛。目前《枕草子》已有兩種英文譯本，但都有部分刪節，蓋以其不易為譯文讀者了解欣賞之故。我決心做一個全譯的工作。目前譯事已開始，並且已遭遇到不少困難，前途艱鉅可以預料。人生困難事本不少，這只是其中一端而已。我希望自己這次也能堅持到底，盡力做好這份工作。

　　論文、創作與翻譯，三種不同的文筆，已伴我度過許多歲月，帶給我個人莫大的快樂。今後我仍將攜帶這三支筆，繼續我充實而平凡的生活。

——選自《文訊雜誌》，第 24 期，1986 年 6 月

散文的經營

代序

◎林文月

　　寫散文和寫其他文類一樣，首先要有好的內容。如果沒有好的內容為骨髓，一切外在的經營安排都無意義了。什麼是好的內容呢？在我看來，無非在於「真摯」二字。矯揉造作，無病呻吟，皆不足取法。只要是作者真摯的感情思想，題材小大倒不必分高下，宇宙全人類的關懷固然很值得入文，日常生活的細緻感觸也同樣可以記敘。

　　我不太相信靈感。寫文章的靈感，其實乃是來自日積月累的感恩經驗與讀書學養。讀古今人的文章，不僅能豐富我們的知識，同時也指示我們多樣的寫作方向。

　　散文的題材內容，其實泰半來自日日生活的耳聞目睹諸現象，所以細心的觀察與關懷是寫作的人不可缺的起碼態度。《世說新語・傷逝篇》有言：「聖人忘情，最下不及情；情之所鍾，正在我輩。」聖人已達忘情之最高境界，本無待於文學藝術之感動，最下者不及情，則又不為文學藝術所感動；所幸，這世界上忘情之聖人與不及情之最下者不多，我輩多數人都是在喜怒哀樂愛惡慾的情界浮沉，故而感物吟志莫非自然。但一個有志於寫文章的人，除了要有較常人更敏銳的心思聯想力而外，更需要經常保持非常的好奇心。心如止水無動於衷，不但不能創作，恐怕也有礙於欣賞他人的作品。對於周遭發生的大小事物恆常保持極大關懷與好奇，將日日的感恩經驗貯蓄於方寸之間，復配合勤勉謙虛的讀書心得，一旦而執筆，如有汨汨不竭的靈感泉源，便也庶幾可稱為好內容了。

　　寫散文又和寫其他文類一樣，好的內容須待好的形式技巧，然後才能

骨肉均勻，呈現文質彬彬的完整效果。

白話文草創時期有過一個口號：「我手寫我口」。當初是爲了反對以雕琢造作的文言寫作，才會喊出這樣的口號。事實上，今天任何讀過一點書的人寫出來的文章，都不太可能與口裡說出的話完全一樣。我們時常聽別人稱讚一篇好文章爲：如行雲流水一般自然。但文章如何能像行雲流水一般自然無滯？那無疑是作者把文章寫成如行雲流水一般自然的結果。文章之所以自然流暢，其實與文章之所以雕琢造作一樣，都是通過作者經營安排所致。白居易的詩「老嫗能解」，姑勿論其真實性如何，但傳說中樂天一改再改至老嫗能解而後錄，便知樂天詩的淺白易曉並非天然本成，而是作者苦心經營的結果。

現在大家都用口裡說的白話寫文章，但只要是在白紙上記下黑字，即使是一張普通便條，絕大多數的人都不可能跟講話一樣脫口而出，總會思考之後才動筆。這種或考慮字句先後次序，或猶豫遣辭妥否的過程，其實就是一種經營安排了；何況散文的寫作，經營安排是必要的。

有人認爲散文不同於詩，可以隨便揮灑不拘格律。其實，散文雖篇幅較詩爲大，形成也較詩爲自由，卻也未必是鬆鬆散散毫無組織結構的文體。好的散文，也自應有其結構布局才對。事實上，一切藝術都講究結構，繪畫如此，音樂如此；而散文之佳構，有時可以具備繪畫性的視覺美的結構，乃至於兼具音樂性的韻律美的結構。古人深明此理，乃有起承轉合之要求，甚而八股文章的僵硬規律。古文之道雖然不一定要看做寫散文之唯一標準，但作者心中有了一個好的題材內容之後，如何將其表達出來，是採取正面的平鋪直敘娓娓道來？還是先從結局落筆造成懸宕氣氛再予以追述？文章之道千變萬化，內容與結構之巧妙配合則有賴作者的慧心安排。有時小小一點個人的感喟，卻因爲懂得布局安排之奧妙，而造成引人興味，精緻玲瓏的效果，作者在結構上所費的經營心血最有助益之功；但如果所要表現的是道德氣節學問一類的嚴肅內容，便適合用傳統的正面筆法，起承轉合，甚至八股新用，都有助於文章氣勢之建立，反之，若過

分運用花俏的布局技巧，則徒然干擾讀者認清主旨而弄巧反拙了。

　　剪裁與割捨，也是寫散文時很重要的一端。一般說來，散文的篇幅不宜過長，超過 6000 字便會予人累贅之感，是以在數千字以內，作者便須考慮自己所要表達的主題為何？為了求得凸顯該主題，不相干的部分應予盡量割捨剪裁，否則就會呈現表現過多，或賓主不分，或枝節掩蓋主幹之嫌。畫家在繪製一幅風景畫時，往往會減少幾株樹，拔除多餘的電線桿，或無視於路上的男女行者，那是因為要求畫面的結構美，及凸顯主題所做的安排。攝影家在這方面比較受制於相機鏡頭，不如畫家之任性自由，但他們仍可以自行調整角度，或左或右，或俯或仰，避去無謂的瑣物干擾主題，他們甚至還可以在沖印底片之際切割或沖化以求補救。散文作者在安排文字的時候，也應當有充分的主宰權去一方面佈置我們所需要的部分，另一方面割捨我們認為會干擾主題的一些枝節。所以讀者見到一篇記事的文章或寫景的文章時，不應指責那裡面少了一些人物或一些細節或一些草石等等瑣碎片斷；而作者方面也不必為此耿耿於懷引為歉憾，因為散文的寫作乃是藝術的經營，不是展示日記，也不是向神父告解，所以沒有必要一一全錄。反過來講，不懂得割捨剪裁的散文，往往會呈現蕪蔓不清致主題欠彰明之弊病。

　　散文一詞，在我國早期是相對於駢文而言，所以本來是指不受四六規矩的長短自由句式之文章。我們今天寫白話的散文，當然要靈活運用語言，長短虛實交錯使用，但是偶爾於其間散布適量的對仗整齊之句式，只要不過量而顯得不自然，亦無道理反對，有時更由於對句之羼入，給予極度自由的長短句式做一種適度的收緊調整，無論在視覺上或聽覺上，都能得到美感效果。駢文乃是中國文字的獨到藝術經營，今天以白話寫文章，過度使用，固嫌造作，倘能巧妙活用，則不失為文化遺產之傳承功勞。

　　說到文化遺產之傳承，其實現代人寫白話散文，可以活用古詩文之技巧者正多！譬如引用典故，是最直接明顯的辦法，典故之引用，能夠增加文章深至之美，同時也可以給過於流暢的白話文適度地變換氣氛。然而引

經據典過多，則難免於吊書袋之嫌，古人作詩填詞尚且忌諱，何況寫白話散文。此外，引用古詩文太多，也往往會弄巧成拙，不但顯得酸氣，又易流於油俗。因此詩文典故之引用，必須在自我節制之下妥爲安排，才能收宛轉表意，事半功倍之效。

聲韻氣勢的講究，雖爲古今詩人所注重之事，但散文作者若於此方面小心推敲，也能令文章更臻琅琅上口之目的。譬如平仄字的配合，雙聲詞與疊韻詞的偶然出現，看似無意卻頗具功效，可以提升文章的音樂美感受。即使只是一般口語化的長短句交錯佈置，由於短句易造成急促緊湊的感覺，長句常有綿延不絕的印象，故而配合文章內容，該長則長，宜短則短，掌握其間的性格，更能突顯文意情景。司馬遷在刺客列傳中寫荊軻刺秦王的緊張場面便十分圓熟地駕馭了句式。舉其一例：「左手把秦王之袖，右手持匕首揕之。未至身，秦王驚；自引而起，袖絕；拔劍，劍長，操其室；時惶急，劍堅，故不可立拔。」這裡一連串的短句，或兩字，或三字，讀起來不由得聲音急迫，極能襯托「說時遲那時快」的高潮緊張氣氛，設若換寫爲普通句式，必然遜色不少。

又有時並不改變文義，但是換一個字即能達到文章更順暢，或者反過來，故意製造出澀帶的趣味，則小小一字之爲用，又豈是可以忽略的！散文作者，不僅要在大處經營布局結構，中間又要照顧前呼後應，文氣連貫諸節，小至一句一字都不可掉以輕心，實在是勞心費神之極；但一切的文學藝術豈有不勞心費神的呢！

以上所談，只是散文寫作的一些較重要問題，比較側重於由各文到現代文的傳承。當然，今天我們生活在這個世界，交通發達，視野拓廣，無論在文章的題材內容與形式技巧方面，都不可能不涉及到外國。而語言正不斷地在擴充改變，散文也和其他文類一樣，很自然的會受到外國語法及文學的影響。如何多方妥善地吸收新的外來因素，復將其靈活巧妙地消化運用而表現出新面貌，正是我們這一代作家應該警惕與努力的方向。但這些問題，需要另闢篇幅來討論，此處暫不贅言。

　　散文的經營，是須費神勞心的，作者萬不可忽視這一番努力的過程。但文章無論華麗或樸質，最高的境界還是要經營之復返歸於自然，若是處處顯露雕鑿之痕跡，便不值得稱頌。南朝宋代顏延之與謝靈運俱以華麗的詩風見重於世，江左稱「顏謝」，但南史記載延之嘗問鮑照（一作湯惠休）己與靈運優劣，照曰：「謝五言如初發芙蓉，自然可愛；君詩若鋪錦列繡，亦雕繢滿眼。」顏延之聞後深以為憾！顏謝二家的詩，便足以說明經營的成敗不同結果。至於由經營而出，達到「行於當行，止於當止」的化境，那是切文學家藝術家要窮畢生精力追求的最崇高目標了。

——選自林文月《午後書房》

臺北：洪範書店，1986 年 2 月

《擬古》自序

　　西晉太康詩人陸機曾作摹擬「古詩十九首」的一組詩，題目〈擬古〉。關於其寫作的時間與動機，歷來學界所持的看法並不一致。王瑤在〈擬古與作爲〉一文中提到：擬古是一種學習寫作的主要方法，正如同習字之由臨帖入手。姜亮夫在《陸平原年譜》中更推斷：此組詩寫於陸機入洛以前的青年時期，謂：「審其文義，皆就題發揮，紬繹古詩之義；蓋擬模實習之作，且辭義質直，情旨平弱，即有哀感，哀而不傷，不類壯歲以後飽經人事之作，疑入洛前構也。其中雖不無可以牽合身世際會之語，故國黍離之悲，究難認爲中年後作也。」

　　王、姜二氏之說，皆出於臆測，雖各有道理，卻也未必是絕無疑問的。即以寫作時間而言，若據姜亮夫所論，以爲作品中「情旨平弱」、「哀而不傷」即認爲未「飽經人事」的入洛以前所構，其準則是相當曖昧主觀的；因爲擬古之前題本爲「就題發揮，紬繹古詩」的一種受限制的寫作方式，究竟有別於完全不受拘束的自由創作。不過，即使在如此受到拘束的限制之下，陸機的擬作中仍可以見其巧妙寄託情志的痕跡。試取一例爲證：

　　　明月何皎皎，照我羅床幃。憂愁不能寐，攬衣起徘徊。客行雖云樂，不
　　　如早旋歸。出戶獨彷徨，愁思當告誰？引領還入房，淚下沾裳衣。

　　　　　　　　　　　　　　　　　　　　——古詩〈明月何皎皎〉

安寢北堂上，明月入我牖。照之有餘輝，攬之不盈手。涼風繞曲房，寒
蟬鳴高柳。踟躕感節物，我行永已久。遊宦會無成，離思難常守。

　　　　　　　　　　　　　　　——陸機〈擬明月何皎皎〉

　　比對原作與擬作，雖然別思離緒之情景頗相類似，但古詩的語言辭義
質直、以閨中思婦之口吻詠出，「隱隱衷，澹澹語，令人讀之寂歷自恢。」
（明陸時雍《古詩鏡》語）；至於擬作則采縟詞贍，其「照之有餘輝，攬之
不盈手。涼風繞曲房，寒蟬鳴高柳。」二聯，句法工整，顯然已變漢詩風
貌為太康特質了。陸機生為三國時代吳國的豪門後裔，復以才華見重於
時，故司馬氏滅吳統一天下後，逼于王命，不得不北上入洛，時年 29 歲。
其後便在中原浮沉宦海，雖頻頻南顧而未能遂其返鄉之志，因而他的詩文
集中，常常不克自制地流露思鄉懷舊、羈旅遊宦之歎。前舉的擬古詩中，
雖然其內涵與基調皆蹈襲著古詩原作，僅以「遊宦會無成」五字取代「客
行雖云樂」句，卻一轉泛泛之別思為去國遊宦之具體事實，而巧妙地與作
者的景況、情懷有了一種緊密的聯繫。

　　我曾經仔細檢視陸機的〈擬古詩〉，一一比對其所摹擬對象，發現無論
在內蘊情志，或遣詞謀篇方面，這一組作品都有陸機個人匠心獨運之處，
絕非單純地亦步亦趨於古詩舊跡「擬之以為式」（王瑤〈擬古與偽作〉語）
而已，至於其繁縟精緻的寫作手法，更顯示出相當成熟的藝術修養，亦不
可能是年少入洛以前的摹擬習作。我推想〈擬古詩〉是陸機入洛以後所
作，至於其寫作動機，一者可能藉古詩以寓託情懷；再者亦不妨視為出於
遊戲心態，甚或是與古人一較長短的比賽心態。

　　事實上，陸機所開擬古之風，在六朝詩壇上竟自成一種題材，許多大
家都曾經嘗試寫作。如陶淵明〈擬古〉九首、謝靈運有〈擬魏太子鄴中集
詩〉八首、鮑照的擬代諸篇，乃至於江淹的〈雜體詩〉30 首，都是直接或
間接受到陸機〈擬古詩〉的影響。不過，各家摹擬古人的方式卻未必盡
同，江淹擬陶淵明〈歸園田詩〉，不僅形似而且神似，逼真到了亂真的地

步，後遂竄入陶集；而蘇東坡景仰陶公，蓋亦信以爲真，乃遂有和詩。至於陶淵明的〈擬古〉九首，則每首非專擬一人之作，但求似古而已，後人無法窺測其所摹擬的對象，則其意或在託古以抒懷罷了。

我在授課及研究古典文學之餘，又從事翻譯及創作；創作以散文爲主，已出版者有數冊。多年來雖努力求新求變，但終覺不免囿於一己狹隘的天地，而重複踏襲老調，乃一時興起，想到要倣陸機以降六朝文士的〈擬古〉；詩既然可以擬古，散文又何妨？六朝詩人擬古的對象在於漢、魏；但今日擬古，當然不必設限在遙遠的古代。我所取擬的目標，是已作古的作家風範；而且就自己的閱讀經驗言之，也不必單取中文；是以我的散文擬古，可以包括古今中外，在比較廣大的時空中選擇對象。至於摹擬的態度，則是採取比較自由的方式，無意於呆滯刻板的「擬之以爲式」一途。

寫作對我而言，是嚴肅的，也是寓含遊戲性質的；既是遊戲性質，就必然存在著比賽因素。我喜歡跟自己比賽，希望每一次的比賽都能超越過去，或者至少不要落後太多。所以這種遊戲，往往是相當辛苦的。至於這一次的遊戲，則又有古人參與。我並未敢狂妄到想超越古人，但他們所遺留的典範，是我非常景仰且努力追隨的目標。然而，並不是所有可欽佩的古人篇章，都適合成爲我摹擬的對象，必須要其中的情致趣旨，或形式章法，與我想要表達的，有某種程度上的關聯性，始爲我所選取。而且，我也並不勉強自己爲擬古而擬古，只是在寫作的構思過程中，恰巧想到所讀過的古人篇章中有能夠吻合者，則取之以爲摹擬之標的。不過，有時也會因爲讀古人之作品而啓迪我寫作的靈感。

爲了更具體地說明其間差異，容我在此對於本書所收若干文章的寫作過程略做解釋。

〈香港八日草〉，是我的第一篇擬古之作。六年前赴香港八日，主要目的是去接受香港翻譯學會頒贈榮譽會士銜，但是短暫的停留，所會見的故知與新友頗多，見聞及感思亦不少，撰成一文恐太繁蕪，分別記述又嫌單

薄。當時我剛剛完成日本平安時代隨筆文學《枕草子》的中文翻譯。《枕草子》的行文，兼採「類聚式章段」及「日記式章段」，可長可短、宜繁宜簡、自由自在、無拘無束，正可供我寫作之依憑，遂以爲摹擬之對象。不過，同是隨筆的短製散文，我卻又選擇了蘇軾的《東坡志林》爲另一篇〈散文陸則〉的摹擬對象，原因是《志林》雖亦不拘長短，其間繁簡的差別較少；而且我的隨筆裡特別引用了一篇〈記承天遊〉，那篇文章是我閱讀經驗裡最喜愛者之一。

〈江灣路憶往〉與〈往事〉都是回憶的文章。二文之撰寫，卻相隔五年。人過中年，對於逝去的歲月與事物，彌感珍貴。我寫前文，先是由於法國電影《再見童年》的引發，其後讀蕭紅《呼蘭河傳》，更爲她那淡淡感傷的文字、及井然有序的空間感敘述手法所吸引，便試爲摹倣而作；至於後者，乃因去夏在美國加州 Fort Ross 紀念館中購得的一小冊傳記所觸發而作。*My Life at Fort Ross* 的作者 Laura Call Carr 並不是一個著名的作家，但是她以娓娓的語調記述年少時光，那種平凡而瑣碎、似真又如幻、甜蜜而感傷的往事，恐怕是許多平凡的人在回顧過去時，都會有深獲我心的感動吧。其實，我自己的筆調，本來就有幾分與 Laura 相近之處，即使沒有讀過這本傳記，我相信自己終有一天也會寫出一篇〈往事〉這樣的文章的。

我和兒女之間，一向維持親密的關係，無論在他們年少的時候，或稍長出國留學之後，都習慣用書信往來表達關懷。我們在家書中所談及的範圍，不僅止於母子親情而已，對於讀工科而嗜好文學與音樂的兒子，和讀建築而喜歡美術的女兒，我經常利用書信與他們討論問題、交換意見。《傅雷家書》不僅深深令我感動，同時以之爲擬古的對象，對我而言，也是十分自然的事情。

《洛陽伽藍記》爲我近年來在課堂上取做教材的一本書。作者是北魏一個官階不高、無甚名氣的楊衒之。歷史上找不到其人傳記，但他所留下的這一部冷筆與熱筆交織的書，已足令他永垂不朽。他記寺院、述歷史、傳人物、兼及於志怪謠諺、庭花苑草。以空間爲經、時間爲緯、正文與子

注巧妙配合，完成了頗具特色的書。而鉅細靡遺的《伽藍記》，也是我百讀不厭的好書之一。參觀日本的寺院，甚至美國加州北部一所俄國正教教堂的遺跡，我都取以為行文之範圍。〈平泉伽藍記〉與〈羅斯堡教堂〉二文，也只能效仿楊衒之的筆法，始能容納我所要表達的整體。

〈傷逝〉寫於先師逝世二周年忌日。臺先生在《龍坡雜文》內也收有一篇〈傷逝〉，表面上是追懷他的兩位好友張大千先生與莊慕陵先生，實則那時候，師母方去世一年。文章表面上約制著哀慟，而臺先生的內心是十分悲哀的。去年 11 月 5 日，我的父親於纏綿病榻五年後，終不治而離去。我銜悲寫〈傷逝〉以追念臺先生，遂更深刻地體悟到臺先生當時執筆之際的心情。

追懷臺先生的時候，除了他的品德風範、學問藝術之外，當然也會記得他飲酒時的豪情與趣味。不久以前，我應他人邀稿寫酒事，撰成一篇與飲酒相關的零星記憶之文，一時間快樂的回憶與悲傷的回憶一齊湧上心頭。〈飲酒及與飲酒相關的記憶〉，與其說摹擬臺先生的〈我與老舍與酒〉，倒不如說：撰寫時我一直懷念著老師生前飲酒的模樣，而他那篇文章更引發我想像臺先生早年如何與老舍交往談飲的情形。

一個作家如何同情他人，而將他人的心情轉化為自己的心情，設身處境地說出那種真摯的感受呢？〈你終於走了，孩子〉，是我真正非藉擬古之方式無以寫作的一篇文章。雖然我始終沒有見過那個男孩子和他的母親，但聽到那悲傷的消息後，我寢食難安，直到藉六朝文士代詠或代賤的形式而撰成此文，才稍感釋然。我承認把自己關在書房孤燈之下的當時，已不遑辨認擬古是否寓含遊戲性或比賽性等問題了。於今回想起來，當時執筆寫作，我的心已完全融進那位悲苦的母親心中，既哀痛又肅穆。

我讀臺大中文研究所時，曾選修過「印度文學選讀」課。糜文開先生導引我們去認識一個未知的世界，令我興味盎然。後來，我的書架上也排列著《臘瑪延那》、《瑪哈帕臘達》、以及泰戈爾、奈都夫人等的書籍。對於泰戈爾的《漂鳥集》和《園丁集》，我尤其喜愛，摹擬寫作已有多年，開始

撰寫這個擬古系列的文章之後，逐補足而發表過兩次。《園丁集》應該是屬於詩類，至於《漂鳥集》卻是既像詩，又像格言，有時也像短短的散文。這兩組摹擬泰戈爾的文字附在末尾，也許有些不妥；不過，既然也是擬古，就讓它們有一個歸屬之處所吧。

　　寫此系列的文章，原本是出於一種嚴肅的遊戲性，或者也可以說是實驗性。文學創作在沉思與醞釀之際，實以創新為貴，而所謂創新，是指古人已用之意，謝而去之，古人未述之旨，開而用之，所以陸機〈文賦〉云：「謝朝華於已披，啓夕秀於未振。」我期望達到的目標是：擬古而不柺於古，我並不想因摹擬古人而失卻自己；而且，生為現代人，我可以自由選擇摹擬的對象，而寫作的範圍，當然也不必限制在中國。例如：我以楊衒之《洛陽伽藍記》為摹擬之典範，卻以記日本的平原寺、及美國的羅斯堡教堂；以日本清少納言《枕草子》為借鏡，而寫出在香港的感思。就此言之，我擬古的事實，也與陸機擬古略有不同了。

　　我當初的構想是，寫出 20 篇擬古文章才結集成書。但朋友們頻頻催問，又轉思鍾嶸《詩品》卷上、古詩條下分明寫著：「其體源於國風。陸機所擬十四首。」如今我所擬，也正好有 14 篇，便也找到提前出書的有力依憑了。數年來我所寫的文章當然不只這 14 篇，但我寧願將那些不屬於擬古系列的文章另行結集，而避免二者相聯，是基於一種考量：我希望這兩個孩子是雙胞胎，而不是連體嬰。

　　於出版之際，我把自己所摹擬的對象摘錄一部分附於文後，以供讀者比對之參考。不過，這樣的安排，也只是提供參考而已，這 14 篇文章脫離所擬之對象，應該還是有獨立存在的意義才對。我曾經在美國波士頓博物館看到過一些畫，是將現代畫家的作品與其所摹擬的古畫並列在一起，觀者可以分別欣賞兩幅畫；然而二者比對之下，則又可以發現今人擬古之際的用心與妙趣。可惜我並沒有記下那個畫家的名字，以及他所擬的古畫。至於我所附錄的「古文」，除 *My Life at Fort Ross* 外，均是中文，或者也應在此稍做交代。我所讀的《枕草子》是日本古文，但我既然已將其翻譯成

中文，所以採用了自己的譯文中的若干段。《漂鳥集》，我手頭另有英文原作，但糜先生的譯文極佳，故與《園丁集》同錄自中譯本。這樣的安排，其實是對於終身默默從事印度文學譯介的先師，表示我由衷的追思與崇敬的。

　　在我斷續發表此擬古系列的作品時，曾接到認識與不認識的人來信。有人表示讚許，有人則擔憂如此「摹擬」下去，會失卻我個人的風貌，並勸告我及時回頭寫自己的文章。我感謝那些認識與不認識的人。事實上，這本書內的 14 篇文章仍然是我自己的風貌，我只是將自己的創作與閱讀做一些有趣的比對關聯而已；如果因而有些變化，那也是我所冀盼的。甚麼叫做風貌或風格呢？一個人的生理現象有不同階段不同風貌，創作也理當有不同階段不同風格才是。如果有一天回顧，我大概會欣賞認知自己曾經有過這個「擬古」階段的吧。

——1993 年 4 月 5 日

——選自林文月《擬古》
臺北：洪範書店，1993 年 9 月

游於譯
回首譯途

◎林文月

　　我從沒學過翻譯，我必須坦白，甚至連翻譯理論的文章都很少讀過，我只是因為生長的背景，令我具備了兩種語言的能力，所以很自然地翻譯了一些外文書為中文。我所指的外文是日文。我生於二次大戰時日本占領下的上海日租界。像許多同時代的臺灣人一樣，那時我在法律上是隸屬於日本公民，所以我必須上日本小學。在我讀小學五年級那一年，抗戰勝利，日本投降，臺灣光復了。臺灣人都變回中國人；換言之，我的日本同學和老師都是戰敗國的子弟，而我和我的家人卻忽然是站在戰勝的一邊了。後來，父親帶著我們全家回臺灣。我回到臺灣，一個陌生的家鄉，從小學六年級開始學中國語文和臺灣語。其中，從我開始學中國語文的時候，我的心裡一直都是不自覺地在進行著中譯日、日譯中的自我交談的。

　　我最初的翻譯經驗是在讀研究所時期。當時臺灣的物質環境尚未臻富裕，書籍出版也不是多樣性的。當時東方出版社大概是唯一關心兒童及少年讀物的文化企業了。東方出版社當時的負責人謝東閔先生和游彌堅先生，便邀約了一些懂日文的人，一起將兩套日本人編纂的少年版《世界偉人傳記》和《世界文學名著》翻譯為中文。有幸參加了這工作，我先後翻譯了《居禮夫人傳》、《南丁格爾傳》、《聖女貞德》以及《小婦人》、《茶花女》、《基督山恩仇記》等六本書。在少年讀物比較貧乏的那個時代，這些書曾經陪伴過很多人一同度過少年的時光。相信今日年紀在 40 歲以上的人，或多或少都曾讀過《世界偉人傳記》和《世界文學名著》的幾本書的吧。至於對我而言，翻譯那幾本書是相當自然輕鬆的。因為日本人已經把

那些偉人傳記和文學名著改寫成適合少年閱讀的文體了，所以都比較明白易曉，翻譯起來也就沒什麼困難。

　　1969 年到 1970 年，我得到國科會資助，到日本京都大學人文科學研究所，寫中日比較文學研究的論文〈唐代文化對日本平安文壇的影響〉，內容包含著 11 世紀的重要文學作品《源氏物語》。1972 年，日本在京都舉辦了一次大規模的國際筆會，規定各國參加者所提論文都要與日本相關。我受到「中華民國筆會」的邀約，以日文書成〈桐壺と長恨歌〉一文，在大會裡發表。當時臺大的《中外文學》月刊創辦未幾，需要比較文學研究的論文，我便自己把那篇論文譯成了中文。〈長恨歌〉是唐代白居易的名作，盡人皆知，許多人甚至還會背誦全詩或其中一部分，故無需擔心，但論文中引用了一些《源氏物語》首帖（「帖」相當於「章」）〈桐壺〉裡的文字，而當時無論海峽兩岸都尚有《源氏物語》的中譯本（豐子愷著手譯《源氏物語》雖在 1960 年代初，但由於大陸的政治社會背景關係，其出版遲至 1980 年），許多人甚至於連《源氏物語》是怎樣的一本書？都不了解。為了使中文讀者能看懂論文，我試譯了《源氏物語》的首帖〈桐壺〉大約一萬字的全文，附錄於那篇論文之後，一併刊登於《中外文學》。我的原意是想幫助論文的讀者，了解論文中我所舉例比較的內容。沒想到讀者們對附錄的〈桐壺〉譯文，竟比對我的論文更有興趣，紛紛投書於雜誌社的編輯室，希望我翻譯《源氏物語》全書。我便在那樣子半被動的情況之下開始翻譯《源氏物語》了。《源氏物語》是 11 世紀初日本平安時代宮廷女性作家紫式部所寫的長篇小說，全書百餘萬言的鉅著。我每月譯注一帖，大約一萬字左右（每一帖的長短不一，有時太長，則分為二期、或四期），刊登於《中外文學》，共 66 期，歷時五年半而竣工。於 1978 年由中外文學叢書出版。那是《源氏物語》的第一個中文譯本。

　　《源氏物語》是日本最重要的古典文學作品之一，也是眾所公認最不容易讀的作品之一，而我居然以一個只讀了五年日本小學的背景譯成此書，所以後來有些人對此頗為好奇質疑。我只能說我非常用心，非常認真

地讀那一本書，包括選擇日本學者們所注釋的兩種版本：平凡社、吉澤義則譯注《源氏物語》；小學館日本古典文學全集今井源衛譯注《源氏物語》，以及近、現代作家所翻譯的三種現代日語譯本：與謝野晶子譯《源氏物語》、谷崎潤一郎譯《新新譯源氏物語》、円地文子譯《源氏物語》。此外，我還有兩種英文譯本：Arthur Waley, *The Eale of Genji*（London: George Allen & Unwin Ltd., 1925）、Edward G. Siedensticker, *The Tale of Genji*（New York: Alfred A. Knop, 1976）。在翻譯《源氏物語》的那一段日子裡，我的書桌上一直攤放著這些古今不同版本的書籍，以兩種注釋本為中心，右側是現代日語譯本，左側是英文譯本。每譯一句文字，我都要認真地先閱讀中心部位的原文和注釋，然後讀右側的現代日語譯本，最後，再讀左側的英文譯本。其所以有這樣的先後順序，是想要先從學術的立場了解原文，而後參考日本現代語如何表達，以及觀察外國人如何看待同一句話。在比較二種不同的現代日語譯本時，我其實也掌握了三位作家之間的翻譯特色：大體說來，大正時代的女性和歌作家與謝野晶子版是日本最早的現代語譯本，有其文學史上的創始地位，但以今日的眼光看起來，究竟有些語文上的距離了。谷崎潤一郎的《新新譯源氏物語》，是這位近代文學大師花費 30 年時間和精力，三度修訂的譯作，所以稱「新新譯」。他的譯筆既忠於原著，且又能妥貼地把握典雅的氣氛，最是難能可貴。至於円地文子，是一位曾得過日本天皇賞的傑出女作家，她自己寫作小說已有個人的特殊風格，她翻譯的《源氏物語》，有時會用比較現代式的象徵性技巧，與原作古雅的意趣，稍有距離。至於兩種英譯本，Arthur Waley 的譯本出版於 1925 年，為外文翻譯《源氏物語》最早版本，而且譯出的英文十分典雅，有其重大的意義，然而譯者翻譯的態度卻相當自由，有時候任意刪省，甚至還有整章去除的情形。與此相較之下，Siedensticker 的譯本是全譯，沒有任意跳脫或刪省的情形。不過，他的譯筆稍嫌簡明，失去平安時代那種優雅的趣味，這一點倒是不如 Waley 的地方。

　　以上，不厭其詳地追述翻譯《源氏物語》時參考過的各種版本，是想

要說明我曾用自己所能達到的最認真的態度去閱讀這本書。因為我知道自己的日本古典文學根底不夠充實，所以必須加倍用功努力。但是，有些讀者對於我其實是從事中國文學研究而不是專攻日本文學的背景感到好奇。而被人質疑多了以後，我自己也難免擔心起來。所以我想到最好的方法，就是再去翻譯一本同時代、同樣困難的書，如果能夠譯出來，便可對讀者有所交代；而最重要的，其實是對自己能夠產生信心了。於是，八年之後，於 1986 年，我再度投入與《源氏物語》同時代的另一位女作家清少納言的作品《枕草子》的翻譯。也是連載於《中外文學》上，但這次只有 22 期，共三年。《枕草子》譯完後，我自己似乎已經習慣於休息一段時間便會再去找一本書來翻譯，而別人也會問：「下一本書是什麼？」就這樣子，1993 年出版《和泉式部日記》、1997 年出版《伊勢物語》。這兩本書是先在《聯合文學》連載，而後結集成單行本的。四種日本古典文學作品譯完以後，我跟自己說：「可以了。不必再辛苦了。」可是，2004 年，一不小心竟又出版了近代日本女作家樋口一葉的短篇小說集《十三夜》。在翻譯這幾本書時，我也都盡量參考很多版本，而且除了《和泉式部日記》沒有找到英文譯本，其餘三書也都備妥了英、美學者的英文譯本：《枕草子》（Ivan Morris, *The Pillow Book of Sei Shonagon*. New York: Columbia University Press, 1967）、《伊勢物語》（Helen Craig McCullough, *Tales of Ise*. Stanford, California: Stanford University Press, 1968）、《十三夜》（Robert Lyons Danly, *In the Shad of Spring Leaves*. W. W. Norton & Company, 1981）。

事實上，除了以上五種日本文學之外，在翻譯《源氏物語》與《枕草子》之間，我還譯出過一本南太平洋薩莫亞（Samoa）島酋長椎阿比（Tuiavii）的演講稿《破天而降的文明人》。那本書先是椎阿比酋長的德國朋友 Erich Schulmann 替他以德文記下的講稿（德文書的原名為 *Der Paparagi*），其後被一位日本青年岡崎照男譯為日文（日譯本的原名為《パパラギ》，Rippu Shodo, 1981），因此，我所依據的還是日文。其他的零星譯文，還有川端康成及曾野綾子等日本近、現代作家的短篇文字，但因為

沒有成集，所以現在就以上述六種書來和各位談一談我個人在譯事的實際
經驗中所遭遇的問題，和我試圖解決的方法。在此，我先將自己翻譯的這
六種譯書的出版處和出版時間交代一下：

1.《源氏物語》（初版分五冊，臺北：中外文學月刊社，1978 年；修訂版
分上、下二冊，臺北：中外文學月刊社，1982 年；新版分四冊，臺北：
洪範書店，2001 年）

2.《破天而降的文明人》（臺北：九歌出版社，1984 年）

3.《枕草子》（初版，臺北：中外文學月刊社，1989 年；新版，臺北：洪
範書店，2000 年）

4.《和泉式部日記》（初版，純文學出版社，1993 年；新版，臺北：三民
書局，1997 年）

5.《伊勢物語》（臺北：洪範書店，1997 年）

6.《十三夜》（臺北：洪範書店，2004 年）

　　首先，我想要談自己選擇書對象的考慮。翻譯《源氏物語》的緣起，
前面已經提過了，其實是有些外的不得已的因素存在。但歸根結柢，還是
由於自己很喜歡那本書，欣賞作者紫式部的才華與文筆，否則必不能長期
和她為伴的。對我而言，我翻譯，是因為閱讀了某一篇文章或某一本書，
深受感受，想到把那種感受讓不諳原文的讀者也能分享到。翻譯者與一般
讀者不同之處在於，他必須非常認真地閱讀原著，不能放過一字一句，以
及那些字字句句所顯現出來的氛圍。文學作品的翻譯不同於科學的說明性
文字的翻譯，翻譯者不僅要譯出那些文字所含的內容，而且，同樣重要的
是得注意那些文字是如何被書寫出來的。這個作家和那個作家的文章趣味
不同，譯者要有極高的敏感度去辨別其間的差別才是。因為譯者對原著的
責任，已不是僅止於欣賞感動的層面，而是要透過那一字一句的迻譯，讓
不諳原文的讀者也能像自己當初那樣欣賞和感動，所以翻譯者必得是一個

最認真和敏感的讀者。由於長期持續地認真閱讀和翻譯，我會覺得自己與原著的作者冥冥之間似乎產生了一種默契或了解。在我翻譯《源氏物語》的那一段時間，有時夜深人靜，獨自在書房裡斟酌著那些纏繞費解的詞句，會覺得紫式部好似就站在我的椅子背後，同情地看著我。這也就是在譯完書的一個夏夜，我有一種既滿足又失落的奇怪的感覺。後來我把那種奇特的感覺寫出了一篇短文〈終點〉。六年的譯事不算短，終於完成，有一種如釋重荷的感覺，卻也參雜著如與認識多年的朋友分別的滋味。我還記得翻譯過程中的兩個小插曲：一次是我的老師臺靜農先生在連載期間讀到有一段與評論書法相關的文字，他說：「真是了不起，短短幾句話，簡單扼要，一下子把握到書法的精妙處。」（詳第二帖〈帚木〉）又有一位專事研究中國古代香料的讀者寫信給我：「想不到遍查我們的古籍無所得，竟在你的譯文中找到了答案。」（詳第 32 帖〈梅枝〉）我哪裡懂得精妙的書法或古代的香料呢？我只是很認真地讀紫式部所寫的一字一句，依她的口吻，盡可能地把她筆下的古代日文轉變成中文，而讀者千百人，各有各的不同經驗和領會，想必是那些譯文遇到知音，遂產生了火花。做為一個譯者，能夠得到讀者那樣的反應，比什麼都高興，覺得雖然是我自己所不太熟悉的內容，但由於認真用心譯出，所以竟引發了專家的注意和感動。

　　《枕草子》是一本散文集。其中有許多片段記述著作者清少納言的生活和感恩。字裡行間顯現著她好強逞能，愛惡分明，又多愁善感的性格。由於逐字逐句的迻譯筆談，她的心情，最先進入了我的心房。遂覺得我完全了解她，所以於全書譯完後寫了一篇〈你的心情〉，以表達我對作者的敬意。我把當初在翻譯時無法在譯文、甚或注解裡寫出的種種對於作者清少納言個人的同情、敬佩和諒解寫在那篇文章裡。覺得如果不寫那文章，自己的譯事便沒有一個結束。

　　類似情況也發生於我譯完《十三夜》之後。這位才華甚高而早逝的日本近代女作家樋口一葉，因肺病而死時才 24 歲，正值花樣年華，實在令人惋惜。我一方面翻譯她的小說作品，一方面讀她的日記和當時及後代的人

所寫的相關文字，心裡有所疑問。覺得一葉自己的小說，其實有一些言外之意，她沒有（或不願）說，而他人也沒有觸及。例如關於一葉內心深處隱密的愛情、她不爲人所察知的文學觀和對於時人評論的反應，以及她個人真正的抱負等等問題。這些疑問，我沒有辦法和別人討論分享，只有與樋口一葉本人對談求證。便只好虛擬一場訪問。我讓百年前去世的明治時代女作家，和我相約於她的小說場景（東京本鄉）的虛擬咖啡館內，由我「親口」探訪她一直存在於我心中的一些問題。這些問題，有的是來自我翻譯的文章、有的是來自閱讀她的日記，另有一些，則是來自翻譯之際用以參考佐助的當時文藝界人士所寫有關其小說的評論。當然，已經死去100 年的人是無法「回答」我的。那些「回答」，其實都是我自己所做合理推論的結果。由於長時期認真地閱讀一葉的小說，並且仔細斟酌其中的一字一句，閒其迻譯爲中文，我似乎已經頗爲了解她的個性了。那一段時期，我在散文的寫作上正嘗試著「人物速寫」系列的文章。那是我個人創作的一種新嘗試，取人物爲主題，利用人物對談以發展情節，或迂迴帶出感思，而故意不取一般直接敘述的方式，以呈現人物的個性特色，那是一種介乎小說與散文的書寫方式。我想到，何不讓已經去世的人起死回生，和我「對談」呢？所以就寫出了那一篇〈與一葉對談〉。後來，我把一葉的十篇短篇小說出版爲單行本《十三夜》（臺北：洪範書店，2004 年）時，便以此文做爲該書的代跋，附於書後，算是我個人對於一葉的看法。那篇文章也收入了同年出版的散文集《人物速寫》（臺北：聯合文學出版社，2004 年）中，不過，改題爲〈H〉，以取得與《人物速寫》全書統一的面貌（該書的篇名均以英文字母爲人物代稱）。

　　在執譯筆之初，翻譯者首先須要考慮的是文體。我們讀日文書，雖然也可以看到漢字，但是兩國的語文特質卻不相同。一般說來，日文和中文給人的感覺，就好比音樂的小提琴和鋼琴。同一首曲譜，以小提琴演奏和以鋼琴演奏，予人的感受並不一樣。日文的感受比較接近小提琴，而中文則較近鋼琴。通常日文給人的印象，句子較長，而且比較纏繞迂迴，中文

則較爲簡短；而同爲中文，文言文又比白話文更接近鋼琴趣味。所以雖然我翻譯的都是日本古典文學，卻都用中國的白話文。不過，我又想讓讀者感到有所別於現代的文章，所以一方面避免使用過分現代化的語氣，尤其是西化語氣，另一方面則有時故意放入一些較淺近的文言，造成文白交織的效果。至於原著裡經常出現的和歌（日本古典詩歌），我故意不譯爲白話時，也不採取我國既有的古詩形式，而另創一種類似古詩而又不完全相同的形式，以造成既典雅卻又饒有異國情調的效果。下面舉《源氏物語》第一帖〈桐壺〉中的一首譯詩爲例：

雲掩翳兮月朦朧，
　清輝不及荒郊舍，
　　獨有一人兮懷苦衷。
　　　　　　　　——林譯《源氏物語》第一冊，臺北：洪範書店，頁 10

這樣的形式，有些接近漢高帝的〈大風歌〉，又不盡相同。首句和尾句押韻，以收聲律和諧之美的效果，用「兮」字以求纏綿之趣旨；而且每行的首字在排印時各降一格，以造成視覺上的新鮮感。在《源氏物語》全書之中有 795 首和歌，我都是用這樣的形式譯出來。其後的《枕草子》、《和泉式部日記》、《伊勢物語》中所出現的和歌也沿用同樣的形式，甚至於一葉的《十三夜》裡偶爾出現的和歌，我也採取統一的形式。我在大陸豐子愷所譯的《源氏物語》裡看到他所譯的和歌，有兩種不同的形式，一種是採五言絕句，另一種則用七言二句，如下例：

欲望宮牆月，啼多淚眼昏。
遙憶荒郊里，哪得見光明。
　　　　　　　　——豐譯《源氏物語》上冊，北京：人民文學出版社，頁 11

鏡中倩影若長在，

對此菱花即慰心。

——豐譯《源氏物語》上冊，北京：人民文學出版社，頁266

　　一個譯者應如何對待不同的作者、不同的文字趣味風格，是在《源氏物語》譯成後，另譯《枕草子》時，我所考慮的一個問題。因為二書的作者雖屬同時代，但她們的個性不同，文風有別。紫式部的文字更為委婉纏綿，清少納言則比較剛直簡潔。我想把自己讀二書時的這種感覺在譯文裡表現出來。其實，按原文貼切地譯出，便可以大概把握住其文風了。舉《枕草子》全書一開始的名句「春　曙」為例，其簡勁的風格，我認為只能追隨清少納言的風格而譯為「春，曙為最。」我後來看到大陸周作人的譯本：「春天是破曉的時候最好。」反而覺得有些累贅。此外，我又在用字上面，為紫式部與清少納言稍做區別。譬如前者寫「什麼」，後者則「甚麼」。前者為「大伴兒」，則後者是「大夥兒」。不過，如此的刻意區別，可能也只有我自己知道，普通讀者大概是不會覺察到的。何況，在翻譯《枕草子》時，我並沒有計劃其後還有《和泉式部日記》、《伊勢物語》。而任我怎樣想變化區別，終究中文的同義異詞有限，難免黔驢技窮，所以也就只好放棄，唯一的方法就是認真地閱讀原著，盡可能忠實地、貼切地把原文譯出來罷了。如果，《和泉式部日記》的譯文能夠傳達出原著裡那女子沉醉於愛情中的癡迷情調，而《伊勢物語》能多少顯露出男人世界裡的愛情觀，或平安貴族的優雅友誼，也算是沒有枉費我的苦心用意了。

　　翻譯和教書不同，許多文學作品，尤其是翻譯古典文學作品時，往往會遇到有不同的版本、不同的解說。如果是教書，我可以對學生說清楚這種情形，但翻譯者卻必須在白紙黑字一定的範圍裡寫下字句，不容多所猶豫。讀《源氏物語》譯完後不久，我去東京訪問一位日本著名的女作家，也是譯《源氏物語》為現代日文的円地文子女士，她曾經對我訴說許多有關翻譯的艱辛。我特別記得她說過：「有些專家學者挑剔我的譯文，說這裡

不對那裡不對。待我請教他們時，得到的回答常常是：一說如何如何，另一說如何如何。」她說：「翻譯哪能像他們所說的那樣子呢！」確實是如此。我個人在遇到古典文學作品裡有不同版本、不同解說時，在譯文裡只能選擇其中一種，但在譯文之後會附加注解以為補充說明。我所譯的那幾本書都是日本文學史上的重要作品，《源氏物語》甚至今日已成為世界文學史上的重要作品，所以在翻譯之際，有時不得不附加一些注解。我附加注解的範圍包括：1.譯文無法表達清楚的言外之意；2.文中引用的日本重要的古典詩文；3.文中引用的中國古典詩文；4.原文因不同版本所產生的差異。我把注解置於每一帖的譯文之後，故一般讀者可以只看前面的譯文內容；至於想要追究深一層含義，以及做日本文學研究、或中日比較文學研究的讀者，則可以參考後注。有時，一萬字左右的譯文，竟然會有十幾條、甚至幾十條的注解。所以我常被朋友們揶揄說：「看你翻譯的書，好像在讀國文課本。」中日兩國雖有人稱說「同文同種」，但究竟一千多年前的古代日本貴族，和現代的我們中國人，在衣食住行及文化習俗上是有很大不同的。而那些生活上的枝枝節節，有時用文字並不容易解釋清楚。遇到那樣的情況，文字的注解往往不如圖畫之直接訴諸視覺的效果，所以我會在適當的部位置入插圖。如果原著的某種版本裡是有插圖的，就利用那插圖，如果原著未附插圖，我會想辦法去別處找，或轉用相關的插畫附之。我把插圖看作是文字注解的延伸。有一次，我的譯文被一本雜誌轉載，編輯室誤以 19 世紀江戶時代的浮世繪置入我 11 世紀初平安時代的譯文之中。從此，我便決定自己為譯文繪製插畫，以免不適當的插圖誤導讀者。我從小也很喜愛繪畫，沒想到，這個決定竟為我個人帶來翻譯之餘的另一種愉悅與滿足感，所以在五種日本古典文學作品之中，《和泉式部日記》、《伊勢物語》和《十三夜》的譯本，或多或少都有我自己所畫，幫助讀者了解譯文為目的的插圖。

　　每一本譯書在出版單行本時，我都有較長的序文，介紹其書及作者。由於《源氏物語》是我最早譯出的，而當時臺灣（甚至整個中國）對日本

的古典文學是相當冷漠和陌生的,所以在《源氏物語》的序文裡,我便提到「物語」、「和歌」之特色,以及平安貴族一生之行事等等導讀性的文字,希望那些文字能對於閱讀本文有所助益。而其後的四本書《枕草子》、《和泉式部日記》、《伊勢物語》和《十三夜》,也都有序或跋以為導讀之目的。

在漫長而持續累積的翻譯經驗裡,我很自然地體會到身為譯者,同時也是讀者的矛盾。譯者當然也是讀者,而且如前所說,更應該是一個非常認真又敏銳的讀者,但是譯者也像一般讀者,會有一些心理反應,諸如讚賞、感動、質疑、甚至反感。因為一個讀者在閱讀之際往往會有自己的一些意見的,而那些閱讀之際的意見,有時便會成為一種評論。其實,評論者就是閱讀者,或者也可以說是一個非常認真又敏銳的讀者。同樣的道理,譯者有時不僅是一個讀者,也甚而兼具評論者的心態。然而,當其執譯筆之際,他必須抑制自己對原文或原作者的意見,而只許一字一句忠實、貼切地跟隨下去,不容稍有踰越或任意竄改。在翻譯時,我輒自己的角色身分,所以嚴守著譯者的分寸,未敢踰越身分、竄改原文;頂多只是於譯完之後另寫文章,例如上面提到的〈終點〉、〈你的心情〉、〈與一葉對談〉,把那些譯筆所無法容納的個人的感思發表出來。

在《源氏物語》和《枕草子》之後,我翻譯的《和泉式部日記》,是一位女性的愛情故事,內容比較單純。日人稱此書為「歌物語」。即以和歌為主,敘事的部分著墨不多,所以如果完全依照原著忠實地翻譯出來,即使有注解,仍不容易讓讀者充分了解,所以我便在注解之前另設一段「箋注」,梗概說明其內容。類似的情況也發生於《伊勢物語》。這本比《源氏物語》(《源氏物語》曾引用過《伊勢物語》的文字)和《枕草子》更早的書,無論其作者與寫作背景,至今都存在著許多無法完全定論的疑點。我在序文裡,已盡量參考學界的說法,對中譯本的讀者有所交代了。至於其簡約的文字,則只好留待「箋注」為之補充說明;不過,在寫《伊勢物語》的「箋注」時,卻比《和泉式部日記》多了一些我個人的感思。例如

第 26 段〈唐船〉的「箋注」：

> 此段故事似僅為一首和歌追補背景而設。至於和歌本身則頗見反映平安
> 時代日本文士崇尚唐朝文化之現象。「唐船」為平安時代往來於日本與中
> 國之間的大船，其任務包括朝貢等外交活動，以及吸收中國文化。（詳見
> 拙著《中古文學論叢》所收〈唐代文化對日本平安文壇之影響〉）
>
> ——林譯《伊勢物語》，臺北：洪範書店，頁 81

　　事隔多年，重讀這樣的文字，覺得這也許是多年教書的習慣，使自己
在增設的「箋注」那個比較自由的空間裡表現無遺了。我也看到第 69 段
〈狩使〉的「箋注」竟長達千字，除了補充說明平安時代的制度及男女關
係外，又以譯文內容與元稹的〈會真記〉相印證比較。回頭看這幾本較後
期譯出的書，如今不得不承認，這些地方，我已超過了一個譯者的身分，
而幾乎是一個老師的角色了。不過，我又回想，也許是走過三十餘年的經
驗，逐漸脫離了一板一眼的翻譯「工作」，而有點享受翻譯的「樂趣」。《論
語‧述而篇》說：「游於藝」。「藝」，本是指儒家所重視的士人之技藝：
禮、樂、射、御、書、數，而「游」，則是謂玩物適情的態度。讓我在此大
膽地借用這句話，我現在看待翻譯，幾乎也有些玩物適情的態度，或者可
以說「游於譯」吧。

　　至於《十三夜》，是 19 世紀女作家的短篇小說集，其寫作時間比前此
所譯平安文學晚了 800 年，我從 1997 年到 2003 年之間隨興所至地翻譯，
時間上既不採每月刊登的連載方式，發表的對象也不固定，時則在雜誌
上，時或於報紙副刊上，有一篇譯稿甚至應香港《明報》之邀而在彼地刊
登。在連續四本日本古典文學作品的譯注之後，我譯一葉的短篇小說，在
心情上是比較輕鬆的。雖然我仍很認真地閱讀，也準備了一本美國學者
Robert Lyons Danly 的英譯本 *In the Shad of Spring Leaves*，並且每譯一篇都
有注釋、插畫和箋注，但初時我並不一定想出版單行本，所以時間上倒也

拖了五、六年之久，又於注釋和箋注之外，加了另一項〈譯後小記〉，少者百餘字，多可千餘字，把自己翻譯之際的感思放進去，是一種比較自由的筆調。實際上，這已經和翻譯本身沒有關係，純粹是我個人翻譯之餘的附產品。這裡面的我，有時是讀者，有時是評論者；或者也可以說是譯者的我，在譯文之後借著這個另闢的空間與我的讀者朋友交談。這樣子說也許不容易說清楚，就讓我引一段不算太長的實例，做為這個談話的結束吧：

〈下雪天〉，是明治 26 年（1893 年）一葉 21 歲時所作。採用第一人稱口吻，寫一個背棄姨母和故鄉而私奔的女子的悔憾。日本學界咸認為此小說實基於一葉自身的體驗。在明治 25 年 1 月 8 日的日記中，一葉記述了她雪中訪半井桃水未遇一事。雖然在現實生活裡，一葉聽從師友的勸告而與半井桃水中止交往，但是在這篇文章裡，她卻反其道而安排了女主人公選擇她的老師，離鄉背井，叛逆養育恩人而遠赴他鄉。雖然文中並未詳細交代故事，但讀者可以從後段充滿悔憾的語氣中感知，當年令女主人公欽羨崇拜的男人，一旦結婚之後，也不過只是一個普通的丈夫罷了，而且「無情無義」背逆了感情，遂令她「徒然默默地堅守貞節操行。」

顯然，小說中的薄井珠，是樋口一葉的替身，桂木一郎則為半井桃水之投影。作者把自己的現實生活體驗折射成另一種不同的始末，所欲傳達的意旨為何？不得而知。但無論現實或虛設，人生種種境遇，往往繫乎一念之間，而得失因果卻有時又始料所未及。樋口一葉用虛設之筆寫成與現實經驗相反的情境，或許只是一種紓解，或許竟是一種嘲諷也說不定。

　　——林譯《十三夜》，臺北：洪範書店，頁 30～31

　　——選自《聯合文學》，第 288 期，2008 年 10 月

人生不樂復何如

我與文學的因緣

◎林文月

　　抗戰勝利翌年，我隨著家人乘船回到完全陌生的故鄉。船在大海中搖盪，我的心波也盪漾。腦中不斷設想、揣測著，究竟臺灣是怎樣的地方？臺灣的風俗民情又如何？而船在基隆港靠岸時，眼前所展現的竟是一副異國情調。在上海碼頭候船時，二月的江南，冷風颯颯；但二月底的基隆港口，藍天碧海、陽光豔麗，碼頭上還有人在叫賣著「枝仔冰」。碼頭上面的人所講的臺灣話，也是我們聽不懂的鄉音。

　　我出生在上海的日本租界，啓蒙教育是在日本學校接受的，所以我的母語是日本話，居家外出時則講上海話。這樣的生活方式維持到小學五年級。不過，事實上，五年級只讀了一個學期即因戰爭結束，日本人遣散返歸日本，學校停課，我也因而失學半年多。回到臺北居住停妥，已是春末。那一年的初中招生仍沿日本學制，在春季舉行，臺北市的小學仍保有六年級的，就近只餘老松國小一所學校。於是，我每天要走 40 分鐘的路程，從東門到萬華上學。路遙並非困難，困難的是語言問題。當時政府爲了盡速進行國語運動，禁止說日語，也禁止日文書籍。我們的老師用臺語講解生硬的國語，而這兩種語言我都是完全陌生的。我已經記不清自己是如何克服兩種陌生的語言而逐漸習得國語了，只記得下課後和同學們交談總是偷偷用日本話。

　　經過一年的學習，我們已經知道如何使用國語，但寫文章難免還是要先用日文思考，再轉譯成中文。這種現象普遍存在於當時的臺灣知識界。對於像我一般年少的人而言，阻礙表達的因素也許尚淺，但是對於中年以

上的人，則其困難可想而知。不過，勤勉努力總是可以解決問題。在中學的六年中，我的中文表達能力逐漸趕上水準。我開始代表校際編製壁報，也參與若干次作文比賽而獲獎，一方面也偶爾在報刊的青少年作品版上投稿。對於文學與美術的興趣，大概是與生俱來的性向，語文的中途轉換，一度令我對於文學感到沮喪，不過，在相當自在的六年中學生活中，我似乎又稍稍恢復了興趣與信心。

不過，徘徊在文學與美術的雙樣興趣之間，卻使我在投考大學時倍添困擾。我們那個時代尚未建立聯考制度，我同時考取了臺大中文系與師範學院藝術系。長輩與師長都力勸我選擇中文系，而我的個性也一向比較順和，遂捨美術而就文學。這也許就決定了我這一生的命運：擱置繪畫彩筆而撿取文學素筆。

在我讀中文系及其後又順利考入中文研究所的 1940 年代時期，可是政府大力查禁中國 1930 年代文藝書籍，以及俄國若干作家作品之時，而系所課程也未敢開設現代文學的課程（此與授課取材有關，也與當時大學教育較保守之風氣有關），故而我們終日所接觸的科目都是古籍的經史子集。但我個人在上海失學的半年期間，曾經於無聊之餘大量閱讀日譯本的世界名著；而在中學六年之中，雖然已有「反共抗俄」的口號，學校圖書館中倒是還可以借到高爾基的書，以及魯迅、周作人的一部分著作；在大學研究所的書櫃底層，也被我發現一整套的《小說月報》。於古典研讀之餘，這些現代文學作品及世界文學名著譯本的閱讀，一方面調劑了我比較單調的學生時代生活，同時也引發了我個人的寫作興趣。

於今回想起來，在學生時代對我寫作影響最大的恐怕是高中時的導師蔡夢周先生，和大學時的系主任臺靜農先生。蔡老師是一位隻身在臺的退役軍人。他的宿舍就在我們的教室旁邊一間小屋內。蔡老師的生活十分單純，除了教幾班高中國文外，便是接受我們隨時不定期的課後訪問。我至今無法知悉蔡老師的教育背景，只知道他有很好的國學基礎，以及極大的愛心與包容的器度。他當時的年紀大約已在 60 歲以上，對待我們有如父親

之於女兒，甚或祖父之於孫女兒。他要求我們背誦古文，同時也仔細批改我們的作文，要求我們寫作純正的中文，而痛恨西化的文句。我至今猶記得蔡老師告訴我們的話：「中國人不說『人們』。『人』就是『人』，包括個人、也包括許多人。什麼『我們』、『他們』、『人們』的，狗屁！」從此「狗屁」竟成了蔡老師的綽號。我們背地裡那麼喊他，其實是充滿了愛與敬意的。

知道教授我們中國文學史與楚辭的臺先生青年時期曾經是熱血澎湃的小說家，是經由《小說月報》的閱讀。有時我也在課外把自己寫作的散文和小說請他過目。臺先生認為我的生活環境太過單純，比較適宜於散文寫作，而我年少時候喜歡衒耀華藻麗詞的文風，也頗受到臺先生的規勸：「文章還是要澀一點的好。」什麼是澀的美呢？直到我讀唐宋古文、明代竟陵之文，始知其理；而臺先生晚年的散文，則更是蒼勁之作的典範。臺先生又鼓勵我善加運用我的日文根基，總是勉勵我多從事翻譯方面的寫作。

大學時期，我的同班同學鄭清茂來自貧困的嘉義農家，當時東方出版社的社長游彌堅先生正計劃出版兩大系統的少年讀物──世界名人傳記，及世界名著。那些書都是由日本的專家改寫成為適合少年閱讀的筆調。游先生囑清茂逐本翻譯，以稿費補貼他的學雜費用。由於內容十分龐大，清茂便邀我參與其工作。我利用課餘之暇，翻譯了其中一部分作品。放置多年的日文，遂與我所讀的中文結合。而由淺入深，那些經驗，實在是我日後譯註日本古典文學鉅著《源氏物語》、《枕草子》等的重要奠基訓練。

在臺灣大學中文系讀書的七年，大概是我過去生活中最愉快的一段時光。當時的臺灣，雖然有許多政治上的禁忌，個人所能享有的自由也較有限，但整個的社會習尚樸實真誠。校園裡的人口少，人際關係則比較單純；尤其中文系的師生之間，有一種大家庭似的溫馨氣氛。我們的師長皓首窮經，就是給我們的身教典範。由於我逐漸看清自己將步入學術研究之途，所以在我 20 歲到 30 歲那一段求學與初執教鞭的日子裡，幾乎無暇他顧，雖偶爾也寫作散文及若干篇嘗試性質的小說，刊載於校刊或其他報刊

上，但是都已散佚無蹤，因而早期留下的作品，全部是中國古典文學研究的論文。當時外文系的夏濟安先生主編《文學雜誌》，是一本嚴肅有活力而樸素的刊物。當今卓然而成的小說作者，許多是當年外文系的學生，《文學雜誌》提供了他們創作發表的佳園；至於我們中文系的師生，則亦以古典文學的賞析論著參與其間，使其一本雜誌成爲兼容中外、並蓄古今的充實的讀物。由於我也先後陸續在《文學雜誌》發表過不少篇論文，後來合編成《中國古典文學論著》二冊時，其中一冊竟掛著我的名字在書面上。當時我年紀尚未及 30 歲，卻因此而被人誤以爲是一個年長的學者。

踏出學生生涯，又步上教壇，我的生活始終沒有離開過校園。然而教書、閱卷、寫論文，復又結婚、生育子女，使我遠離創作幾達十年之久。直到我 30 歲的後期，獲得國科會資助，隻身赴日本京都研修中日比較文學一年，才在陡然失去家人環繞的寂寞之下，於研究的正業之外，重拾起創作之筆。我非常認真用心地記下日本的古都——京都的風物人文，以及獨處異鄉遊學的心情。那些文章逐月在《純文學》雜誌發表，其後結輯成爲遊記《京都一年》。

在京都遊學的那一年，或許對於我日後的寫作生活具有頗重要的意義的吧。我不僅重新拾回放置多年的創作之筆，同時也因爲那一整年中，似又回到年少時以日語爲母語的生活，乃重溫、並且自修更高深的日文；而且，由於撰寫中日比較文學論文之需要，我開始認真閱讀平安時代的鉅著《源氏物語》，雖然當時萬萬沒有想到，這個機緣會成爲我兩年以後持續投注六年的時間去譯註那大部頭的書，但冥冥之中，彷彿有什麼神祕的力量在牽引推動著，促令事情完成。人生真不可思議。我常常回想：倘若那一年沒有接受赴日進修的機會，現在的我會是怎樣一個狀況呢？譬如說：我若將過去 20 年來的時間精力專注投入在學術研究中，是否可能會因而有更豐碩的研究成果呢？

然而，我知道這樣的設想是無意義的。如今的我，已經無法將論著、創作與翻譯從生活中抽除了。身爲大學中的教師，自不可怠慢授業解惑之

責任，但授課之餘，我自有使自己在三種不同的寫作領域調適心惰的方法；而且三種寫作可以互激互盪，彼此刺激鼓勵執筆的我。

古典文學研究的論文，需要深思及謹慎蒐集資料。我每年大約只能寫一、兩篇。間亦偶爾寫一些與翻譯相關的心得，卻另成一範疇，未能收入論文集內。創作方面，我以散文為主，已出過五本單行本，另有兩本傳記。我雖然持續地寫著，但因生活忙碌，寫作方向又分散，故產量不能稱為豐多。在寫作的態度上，自問是比較保守而嚴肅的，我堅決不願隨波逐流而迷失自己。近年來，我從六朝文學的教學及研究中獲得靈感，想出「擬古」的散文寫作方式，即將自己的感思配合古人的模式表達出來，希望造成擬古而不泥於古的效果。這是半帶著遊戲性質（文學的發源，本來即有遊戲說），又半帶著自我挑戰性質的。不過，我不否認，這樣的文章寫起來十分困難。所以目前分兩途進行，「擬古」是一系列，有適當的題材內容及模擬對象則寫之；另外一系列仍依我個人的自由創作，但我總是慢慢在要求自我超越，而不願意一再重複故我。

至於翻譯，是我化過去的痛苦代價為今日資源的結果。大學時代，曾經相當輕易地改為翻譯過一些少年叢書，但其後已不再草率執筆。《源氏物語》的譯注，花費了六年的時間；其後隔了六年，我才從事《枕草子》的譯事，前後共計三年；又隔五年，自去年開始，我如今正譯第三種日本古典文學作品──《和泉式部日記》。此書在分量上遠不及《源氏物語》，甚至亦不及《枕草子》，但全書以和歌的情書為中心，展現平安時代一段膾炙人口的愛情故事。我逐首用心翻譯，大量加註，所用的精力並不遜於前二書。有時，我夜深苦思，譯竟一段古文或一首和歌，不免想到：如此辛勤的工作，究竟會有多少人來閱讀這種古典的文學作品呢？然而，隨即又想回來，只要有一位認真的讀者，一切都是值得的了。

提筆寫字，無論是學術論著、散文創作，或文學翻譯，本來就是相當寂寞之事，但我樂此不疲已有年。最近則又於《聯合文學》逐月刊載《和泉式部日記》譯文之際，每月又自己繪製插圖以為內容說明之需要。我在

延續了這許多年以後，又拿起畫筆嘗試自習，彷彿年輕時代的另一個興趣又於此撿回，繪畫時候的執著與喜悅，有時更超過文字斟酌的成就感，遂不自覺的欣欣然自陶。人生不樂復何如！

——選自《幼獅文藝》，第 464 期，1992 年 8 月

致 M.N

代跋

◎林文月

MN：

　　飛越千里，我回來了，帶著少許衣物，和數綑原稿及印就鉛字的文章。

　　通常我旅行只託運一口中型皮箱，拖一隻小小的隨身箱子。較大的行李，放置衣物與零星物件，隨身小箱則收入比較重要的東西，例如證件、牙刷、安眠藥、珍貴書籍。如果旅行之目的是演講或參與學術討論會議，講稿、論文、議程表和相關資料，必要檢查再三後收入小箱內，以免託運的行李萬一轉機或其他原因致損毀，乃至遺失。

　　這次整理行李時，感到困惑。原稿加上印就的文章，難免在分量上重複成倍，小小隨身箱竟然不易容納，若其勉強壓擠，則恐怕紙張毀損，而且小箱分量頗沉重，不便舉置於機位頂上的架內。遂只得將原稿和刊載那些文字的報章剪貼打散鋪排於託運的行李底層。

　　幸而，飛越十數小時，人和行李和文稿都平安回來了，沒有遺失，沒有毀損。你放心。

　　這其中，約莫三分之一的文字，是以人物為對象的主題。

　　我自幼偏好文學與繪畫，作畫綴文往往進入忘我自足且豐饒充沛的境界。你是知道的。

　　其實，在年輕時選擇終生志業之際，你也知道我曾經迷惘彷徨過。文筆與繪筆，究竟取此捨彼，如何而無憾？我問自己無數次，也問別人。當

然問過你的。

　　我讀高中的那所學校，在面臨大學入學考試的最後階段，新聘了一位杭州藝專出身的楊蒙中老師。楊老師年輕，追求藝術的崇高理想，而且教學熱心。可惜，高三時期，校方和學生都單項注意升學的大目標，校方已經不為升學班的我們安排音樂、美術等養性怡心的課程，而督促我們面對文理各類課本。我只好自行報名參加楊老師主持的課外活動美術組。

　　一周兩個下午，上完最後一堂課後，我都雀躍愉快地從三樓的教室奔跑下樓。美術組的課外活動設在一樓走廊盡頭的大教堂。升學壓力之下，參加那一組課外活動者並不多。楊老師教我們使用炭筆畫石膏像。我第一次用比鉛筆鬆軟的炭筆，修正時用掰下的饅頭捏成的小麵糰代替橡皮擦。

　　通常都是先到的先占據一個位置，把畫架立穩，畫紙固定，選擇一個角度面對石膏像。楊老師教我們如何測定畫紙中的石像高低左右空間，以及石膏內容的精確比例。基本失誤必然影響大局。楊老師在我們的背後默默觀察，有時令我們離席，坐下來眯著眼睛從我們作畫的角度仔細看石像，用饅頭塊拭去不妥部分，為我們修正線條，或者調整明暗。原本不甚肖似的畫像，往往經他三數筆變動就形似生動起來了。

　　那是我高三的枯燥生活中，唯一快樂的時光。

　　接近下學期末尾時，那個無須點名的課外活動，出席的學生越來越少。大概是課業壓力所致。終於只剩我一個人堅持到最後。楊老師並未因此稍有懈怠。他專門指導我這唯一的學生，更為細心周全。我經常畫到夏日最後一道光線從窗口褪去、難以辨認石膏像的明暗層次時才停筆作罷。

　　楊老師有時並不急於下課離去。他對我談一些讀杭州藝專的往事，他的師長，他自己習畫的經驗，以及關於畫理美學的問題。我專注地聽他說話。從他的上半身望去，窗外的滿天彩霞斑斕絢麗，年少青春的心彷彿也一片純真充滿著理想。那種感覺，到如今還是記得的。

　　然而，我並沒有選擇從事藝術為終身志業。

　　在文學、藝術兩難捨之際，我去詢問楊老師的意見。

　　「去讀文學吧。學藝術，像我這樣又有什麼好？全校也沒有有幾個真正喜歡美術的學生。」他淡淡笑，帶些無奈和牢騷，「你可以把畫當做一輩子的嗜好。那樣子會比較快樂些。」

　　我果然選擇了文學，以繪畫做爲嗜好。也許是高三那一年專心從楊老師學習石膏炭畫，於有限的時間裡，我偏好人物肖像。你是知道我這個偏好的。

　　我觀察人物、描繪人物、也寫作人物。

　　寫作的主題當然不限於人物。風景、事物皆可入文。然而純粹的寫景、敘事、狀物似乎不易爲，難免於單薄之嫌。景與物與事終究要與人結合才會具體充實豐富起來。至於寫作人物之際，則又難免介入觀察者我，甚或有意凸顯執筆者我。這和繪畫之道理可以相通。譬如同爲婦女之肖像，但畢伽索之作，便與馬蒂斯之作，或莫地格里亞尼之作判然有別。你定會同意。

　　我寫作的人物對象，必然是曾經十分關心過，也曾經仔細觀察過的，因而在鋪詞摛文時無法抽離自己，時或不由得投入參與。這大概與觀察人物的方式或角度有關。好比在一面大鏡前，你去看一個人。你所看到的是這個人物的實體，以及鏡中的這個人物；而鏡子又映現這個鏡面所能包容的人物周遭另一些人，甚至於在一旁觀察人物的你自己；更由於方向角度的些微調整，人物與觀察人物的你自己的主客地位，則又隨時可以轉換變化，於是，你看到你所要觀察的人物對象，彷彿也看到那人所觀察的觀察者你自己。

　　至於使用文字寫作人物，更有不同於線條明暗彩色形象之描繪人物。除了外形之刻畫，復得藉由語言談哇以彰顯那人的個性特色、內蘊氣質，乃至於當下所無法把握的生命軌跡。文學，雖然也書寫在平面的紙張上，形象之外又可狀音聲記語言，與平面畫布上的繪畫相比，更多一些可以揮灑的質素。你不得不承認這一點。再生動的人物肖像，有關主題的感思內涵，畫家卻不能完全傳達。舉梵谷爲例吧。你看他畫普羅旺斯的老農夫，

戴一頂草帽，指甲鑲著泥土污垢的雙手扶著鋤頭上柄，鬢鬚皤白，面龐多紋栩栩欲生。整個畫面似傾訴著老農一生的故事，啓觀者想像而油然感動。不過，畫家的彩筆最多也只能傳達「似傾訴」的境界而已，終究無法爲人物代言。文字刻畫出來的人物雖然在形象上未若繪畫的鮮明強烈，但由於既狀形又狀聲，代人物傳達談吐語言，所以那人物便不再停留於平面的空間，而得以活躍起來。

語言談吐，有時經由獨白呈現，多時更藉交談表出。不是眾人廣坐喧譁之際的雜亂談論，而往往在人生偶得的留白片刻，現實稀有的寧靜一隅。如果你是一個誠懇的傾聽者，那人可能會似水流潺湲，自自然然將心事感思悉數道出。寧靜一隅片刻留白中的悠悠交談，是我最值得珍視的奇妙經驗。全然投入的聆聽，讓我聞所未聞，甚至見所未見。我見到那人澄明的心，聽到那人誠摯深沉的心聲。時則因爲見到對方澄明的心，聽到對方誠摯的聲，不自覺地自己也溶入那情景，而潺湲似水流一般道出了自己的心聲。在那種時刻，交談達到最純美愉悅的境界。你可以體會的吧。

不過，你也許質疑，人間果真有美妙的交談，然則那些人是誰？能與我分享心靈的共鳴。

容我隱其名姓吧。姓與名只不過是一個符號，就如同我姑且也隱沒你的名字，稱你爲 MN。

MN：請相信我的誠意。千里迢遞，我帶回這些文稿，希望你也和我分享共鳴。

很晚了，夜大概已睡，這裡只餘孤燈和我。晚安。

——2003 年冬夜

——選自林文月《人物速寫》

臺北：聯合文學出版社，2004 年 3 月

林文月論林文月

◎林文月

從小生長在堪稱優裕的家庭，一切看來似乎也都順遂，又彷彿經常受人矚目與羨慕；但她似乎天生有一種多愁憂鬱的性格。這種憂鬱多愁的性格，閃現在她矜持的眼神裡。眾人廣坐場合，她多半靜處一隅，不愛說話，亦不擅長言詞。若要勉強她說話，會顯得局促不安，有時會偽裝落落大方，或者有時為了掩飾不安而忽然說很多話，然後為始料未及的狀況十分困窘羞澀。

三兩知己閒談時，她比較自在，也更能表達自己。聲音低弱，語調緩慢，一派溫和閒適的樣子，實則相反，她緊張、性急、腦子裡殊少片刻安靜，總是在思慮著甚麼，計畫著甚麼，否則便是幻想著、聯想著。她最會分心，又時時頗專注於分心。某次演講時，忽見中庭的枯樹嫩芽青青，想到若干年前共眺此景的某人已去，不禁悵惘泫然，一時難以自制，遂背過臉在黑板寫幾個字，以便從記憶回到現實。旁人往往不覺，因為她天生有一種嫻靜莊重的外表。

嫻靜莊重，可是相當糊塗。她最弱在三方面：一曰機械、二曰金錢、三曰方向。退休之後勉強學電腦，以為赴美講學之助。一日螢幕失靈字跡全消，遍尋不得其故，正為前功盡棄沮喪懊惱之際，偶然觸及一條垂落的電線，始知原來是插頭鬆脫，遂欣喜無比。乘坐計程車，她同情司機辛勞，想多付一些小費聊表心意。「這兒 100 元，不用找錢了。」「甚麼？你還欠我五塊錢呢！」方向感遲鈍也是她的專長。想往東進，卻朝西走，是常有事。不過，無論到歐洲或南美洲旅行，都能安然回到家。

　　大概面對自己書房裡的桌子，被眾書圍繞，是她最自然安適的時刻罷。不必介意他人的眼光，不必張惶失措，而文字裡的她，也確實比現實中更勇敢且恆毅。她不喜歡談論女權婦運等大題目，讀書寫作時甚至於忘我、忘了性別，只是勤懇真摯地面對古今最有才質的人物，意欲見賢思齊，提升自我。她希望用實際作為證明：人不僅要求平等，而且應該更求超越。

　　關於林文月的長處和短處，大概還有一些，但她不希望我再談下去，因為 20 歲以來，她已經被大家談論太多了。

——1994 年 12 月

——選自林文月《回首》
臺北：洪範書店，2004 年 2 月

真幻之際・物我之間
林文月散文中的生命觀照及胞與情懷

◎何寄澎[*]

　　截至目前為止，林文月計出版四本散文集——《京都一年》（民國 60年 2 月）、《讀中文系的人》（民國 67 年 9 月）、《遙遠》（民國 70 年 4 月）、《午後書房》（民國 75 年 2 月）[1]。以寫作年代言，林氏之積極投身散文創作，其時甚晚。在民國 60 年以前，琦君早已享譽文壇，而少林氏八歲的張曉風亦已嶄露頭角；以作品數量言，15 年間才 65 篇而已[2]，與前舉二位作家簡直無法相比。但這一切都不能影響林氏的散文成就；反而由於其矜慎的態度，作品一直維持一定的水準，並且與日俱進。去年（民國 75 年），獲時報散文推薦獎，雖為身外之名，但多少反映林氏作品所獲得的肯定。

　　然而，雖獲肯定，但有關林氏作品的評論分析仍極少見，從而其散文的成就遂不易顯現。一般人極可能仍輕忽而主觀地以「女作家」一語論定之，並稱以文字清麗、風格柔美、情思細膩云云。其實林氏散文最值得注意的是她對生命的觀照以及對事物的同情與關懷；而更難得的是她把由思辨至體悟的全部過程，加以極精緻而優美的鋪陳，乃使作品情致中有理趣、理趣中有情致，既無單純抒情的俗調，亦無純粹理知的說教，誠可謂突破散文文體之模式[3]。故不僅在女作家中有明顯凸出的格局，即在現代散

發表文章時為臺灣大學中國文學系副教授，現為臺灣大學中國文學系教授、考試院委員。
[1]所列年月，皆為初版時間。
[2]65 篇這個數字，係根據四本散文集所收篇目統計而來。不過，《讀中文系的人》略去第 2 部、第 3部，計 15 篇；《午後書房》略去末篇與曾野綾子的對談錄。
[3]用楊牧語。《搜索者》前記云：「所謂抒懷和敘事，往往是不可分割的，甚至在這種抒寫和敘述之中，更摻和著物像的描寫和知識思想的解析。現代散文務求文體模式的突破，這是我的信念。」

文發展史上亦堪刮目相看。

以下即分四部分闡述林氏散文：一、二兩項屬內涵探討；三項屬形式探討。四項則為結論。

生命觀照

在林氏散文中，這類作品所占的比例最高。綜合言之，林氏的體驗為：生命是變幻的，也是美好的。人生如夢，世事無常，然而發生過的，經歷過的，卻又無比真實，確可把捉。一切的必然似皆從偶然而來，一切的偶然也都似乎早已注定為必然。面對偶然，自不能不感受生命的奇妙與虛幻；體悟必然，又不免發現生命的具體與真實。人因此是渺小的，卻也是高貴的；生命因此是可感慨的，卻也是可珍愛的。林氏筆下有哀傷，但不是浮泛的悲觀；有積極，但不是童騃的樂觀。她對生命的觀照，頗類蘇東坡的「人生如夢」[4]。（在東坡心目中，包括人類在內的萬物，都由水元素構成，因此世界在本質上沒有固定的形態。隨著視點的移動，事物遂呈現千變萬化的新貌；主體、客體之間的關係經常是相對的、可變的。這種觀點也適用於人世，於是就產生了「吾生如寄」這種經常被他強調的話。這話本來的意思是感歎人生的短促與悲哀，然而東坡卻把它轉化——人生既只是短暫的逆旅，所以人更應該無時無地去追求可能存在的幸福[5]。）

所以在〈步過天城隧道〉一文的結尾，林便很自然的引到蘇氏永遇樂詞中的片段：「古今如夢，何曾夢覺？」並且說道：「我也了悟古今如夢的道理。」

以下就重要作品逐篇闡述。

〈一本書〉寫於民國 67 年元旦。一個陰陰天氣的元旦上午，偶然去了光華商場，偶然瞥見了一本藍綠封皮的書，也偶然隨口問了一下書的價

---

[4] 蘇東坡〈念奴嬌〉詞：「人生如夢，一尊還酹江月。」
[5] 此用日人山之內正彥說法。參見拙譯，《中國文學史》第五章・一・詩（臺北：長安出版社，1979年 9 月），頁 150。

錢，偏偏書的價錢又不貴，構不成拒絕的理由，於是一本 45 年以前，名不見經傳的日本詩集就確確實實放在作者手中了。這一連串偶然所構成的事實，多麼不可思議！卻又似原是註定的。如果天氣晴朗，可能去了郊外；如果下雨，自然會待在家裡。人生的際遇真是無從逆料、何等奇妙！

　　面對這樣不能把捉的人生，又當如何自處呢？「風水相遭，自然成文」，作者經過反覆思辨，體會到以平和寧靜、隨遇而安的態度去接受已成的事實，並欣賞其中的情趣與美，乃能得到最豐富、充實、感動、空靈的人生，她說：「其實今天和昨天沒有什麼不同，與明天也不會有兩樣。一個人要下決心做點事情，只要當機立斷做去就是，又何須特別趕在今天這一天呢？然則，元旦深夜讀這本書又何妨？何況它就在燈下，就在眼前。」讀亦可，不讀亦可；而想讀就讀吧！在這裡林氏顯示了與陶淵明「閑暇輒相思，相思則披衣」[6]相同之任真的旨趣。

　　然後，作者不只讀了這本書，而且感動之餘還選擇了其中的一首詩譯成中文，以表示她對一群不相識的異國詩人的敬意。其實，這確實感動的產生，正來自於她對生命具體事實的接受與欣賞；而譯詩的行為更清晰地反映了她這種接受人生、欣賞人生的態度。

　　同樣藉機緣奇妙表現類似生命觀照的尚有：〈遙遠〉（民國 67 年中秋）、〈過北斗〉（民國 68 年 2 月）、〈在喀喇蚩機場〉（民國 69 年 3 月）、〈翡冷翠在下雨〉（民國 68 年 12 月）、〈再見〉（民國 71 年 9 月）、〈上海故宅〉（民國 71 年 11 月）、〈蒼蠅與我〉（民國 73 年 10 月）等篇。其中，〈過北斗〉，文字太露[7]，不必深論；〈在喀喇蚩機場〉以及〈蒼蠅與我〉則有其更主要的題旨，留待下節討論。

　　〈遙遠〉是林氏散文中極富特殊情趣的一篇。全篇的基礎建立在一連串偶然之中──在安排的十分緊湊的節目當中，意外地撿到一整個下午的

---

[6] 陶詩，〈移居〉二首之二。
[7] 文中明白寫道：「人生際遇委實不可逆料，倘若當年父親沒有受過窮苦生活的刺激，他也許會在這條街上開一爿雜貨店或甚麼的，那麼我們兄弟姐妹說不定也都在此城成長生活下來，就像眼前來來去去的這些人一樣。」

空白；而所有的人忽然全不見了，整個雅禮賓館突然變得空寂無人；更不可思議的是，在臺北經常失眠的作者，居然會跑到香港來午睡。這一連串偶然的累積，終於推動作者走上二樓的陽臺。眺望遠山近水，體驗全新的生命情趣。作者本來似乎具有要捕捉、追尋什麼的識志，卻終於又停駐在怡恍窈冥的境界裡。周遭安靜朦朧，一切似真似幻——

> 好像在想一些甚麼，卻又說不出是在想甚麼，但心中分明不是空洞的；我知道有些情緒自心底深處冉冉升起，但又瞬即飄忽逸去；似乎在懷念著甚麼，然而更像在忘懷著甚麼。

最後作者放棄一切的刻意與推敲——也就是「執著」，說道：

> 這種心情該如何解說呢？一時找不著適當的字眼來形容。也許可以說是遙遠，就稱做「遙遠」吧。

就旨意而言，〈遙遠〉與〈一本書〉並無太大的不同；但就氛圍與理趣而言，〈遙遠〉則更有一種神祕空靈的氣質，彷彿《莊子‧齊物論》所云：

> 昔者莊周夢為胡蝶，栩栩然胡蝶也，自喻適志與，不知周也。俄而覺，則蘧蘧然周也。不知周之夢為胡蝶與？胡蝶之夢為周與？周與胡蝶則必有分矣，此之謂物化。

也許在這裡我們可以再度強調林氏所謂「人生如夢」的特殊意趣以來由了。林氏既深切體認機緣的奇妙與偶然的必然，自當了解人世的一切都是相對而可變的。在相對可變，無從逆料的種種際遇當中，自必升起如夢似幻、既真實又虛妄的感覺。就在這樣的感受與體悟中，發現生命是確實存在的，也是虛幻飄忽的；是確可捕捉的，也是無從追尋的。莊子在覺安

於覺、在夢安於夢的態度，就變成了林氏面對真幻人生的態度了。

如果說〈遙遠〉表現了惝恍窈冥的境界，是生命中充實的虛空；則〈翡冷翠在下雨〉便提示了生命中具體的感動。作者在〈遙遠〉中，漸漸忘掉一切聯想，終於進入窈冥的世界；而〈翡冷翠在下雨〉則透過眾多的聯想（歷史的、文學藝術的）切實掌握具體的感動。二者皆為生命的真相。

試想，「歷史的」翡冷翠「忽」到眼前來，是怎樣的一種奇妙？又是怎樣的如真似幻？「若要訪古，卻得先走經過這些現代裝飾的櫥窗和招牌前」，作者彷彿通過一條時空隧道，走進了 16 世紀的翡冷翠。虔誠的巡禮，不斷歌頌人類智慧的偉大[8]，這是確確實實的感動。而後，導遊的話把作者拉回到現實──確實的感動中遂不能不升起無邊的惆悵。鐘聲響起，意味歷史的時間已逝，現在是 1979 年翡冷翠的黃昏；然而作者的錶是 1 點30 分──這又是臺北的時間。覽讀至此，一種人生似真似幻、時空似隔似通的感覺遂瀰漫全篇矣。

〈再見〉與〈上海故宅〉同樣強烈表現世事難料，人生如幻的主題。童年的故居，歷經 35 年的淘洗，竟依然大致無恙（想想，這是何其變亂的時代）；一句戲言，竟讓時光真的倒流；原以為絕對無從把捉的，竟清晰地呈現在目前！物固如此，人亦相同。與韓菲麗的相識，何能預料？而聚散匆匆，也都不可安排。在這裡，我們的確可以體會冥冥中一股力量的偉大，人生如萍，但能隨波逐流、載浮載沉而已。然而卻也不是完全的無力，畢竟情感不變、想念真實[9]。我們終於能自林氏散文中體悟到「變」、「常」之間的微妙關係。

---

[8]對人類文明的歌頌，正是對生命不朽的肯定。〈一本書〉中也說：「文學是永恆感人的，詩歌是不會死去的。」〈雨遊石山寺〉更說：「人或許也像樹木一樣不朽，藉著堅定的信念，藉被文章大業。……這塔與碑，其實不過是一些無生命的石頭而已，使這些無生命的石頭具有如許無比吸引力的，實在是作者嘔心瀝血的文字。」文內說林氏接受並欣賞人生，這些都是具體例證。

[9]這是林氏的信念。〈記憶中的一爿書店〉有云：「仍有一種如夢似幻的感覺；那種溫馨的情緒也始終存在心底。」〈那間社長室〉亦云：「時光雖不能倒流，但是美好的記憶則永遠不會消逝。」

　　最後，我們也許應該以〈步過天城隧道〉來縮攝林氏作品中所表現的生命觀照。

　　〈步〉文雖同樣寫人生如幻、古今如夢，但已脫去機緣奇妙、際遇難料的安排形式。〈遙遠〉中方生即止的推敲，在這裡急遽地膨脹、強化。事實上在走完隧道以前，作者一直在費神推敲、思考。〈翡冷翠在下雨〉中朦朧的時光隧道，也在這裡完全被具象化，但前者透過實物的聯想，卻在這裡幻化成文學抽象的聯想，乃有與〈遙遠〉同樣神奇、空靈的氣氛。換言之，如果〈遙遠〉與〈翡冷翠在下雨〉可以做爲林氏觀照生命的代表之作，則〈步過天城隧道〉便融化了二者，更圓滿地傳達其旨趣。它讓飄渺的情緒成爲實在的體悟，並讓體悟的獲得過程，清晰地呈現，乃使所有觀照化成極鮮活、確實的感受。在這裡，隧道有著極繁複的象徵意義。它是作者進入虛構（小說）世界的甬道；也是作者由「執」至「悟」的津渡；更是聯繫作者有限自我與無限時空的臍帶[10]。人生如夢，新天城隧道自非舊天城隧道，剎那間，所有驚懼哀喜頓成癡妄，然而——

　　　其實，也無需計較一切虛實真假，我一步一步數了千二百步通過幽暗的新天城隧道，是確確實實的經驗。

作者終於擺脫一切羈絆，對生命獲得超然的體會，所以他「不再計較地名稱呼的由來與讀法」，她「這樣輕快的心境，前所未有。」、「順著路邊劃出的白殺線走下去，真是美妙極了」。

---

[10]林慧真小姐在交給我的課堂筆記中有云：「人的存在若只是限定在自我的時空中，且是閉鎖的時空，則他的心靈必將充滿孤絕、恐怖。因爲在我們渺小有限的時空之外，有一個浩瀚無垠的時間之流與無限延展的空間。有限之我若不能與無限獲得連繫，飄蓬流浪之感始終會在我們心頭縈繞。天城山隧道在此成爲作者以有限之我孤往無限超越界的甬道。藉著通過這隧道時『懷抱古今』的聯想，爲其當下生命與歷史之流匯爲一氣，解除孤絕的深悲。」發揮甚佳，因係其說，特予註明。

胞與情懷

如果說生命觀照的作品形成林氏散文的深刻層面，讓我們看到她的思想性；則胞與情懷的作品便凝鑄了林氏散文的溫馨世界，讓我們看到她心中的愛。

本節所要討論的對象計有：〈在喀喇蚩機場〉、〈義奧邊界一瞥〉（民國 67 年 2 月）、〈蒼蠅與我〉（民國 73 年 10 月）、〈逍遙遊〉（民國 70 年 4 月）、〈知床旅記〉（民國 73 年 8 月）等五篇。其中，〈蒼蠅與我〉最為特殊，單獨討論；餘四篇皆寫人與人之間的關懷與和諧，不妨綜合來看。

飛機停留在喀喇蚩機場，完全是偶然的機緣，作者不經意瞥向窗外，忽然注意到一個擦抹升降階的男人。他每次都在預定的時間出現，穩定規律的步伐，顯示其豐富的經驗以及對工作的崇敬。作者透過對這陌生男人的種種設想，流露出她內心的關懷，全篇因此染上一層溫馨的親切情味；作者更透過泰戈爾短詩的引用——

綠草是無愧於它所生長的偉大世界的。

表達出她對高貴生命的禮讚。這是一篇充滿同胞愛的作品，充分反映出作者溫厚的胸懷。

有這種溫厚的胸懷，自不可能以狹隘的觀點看任何事物。〈義奧邊界一瞥〉裡便藉草的蔓延、牛馬的悠然，慨歎人類的畫地自限。然而人雖有這樣的無知，人情本來卻是美好和諧的。陌生女童終於對作家的微笑做相同的回報，並且不斷揮手道別（最近《聯合》副刊又有一篇〈臉〉，與此情致相同，但更細膩、深刻），正是一例；忘了帶護照的女子，僅以一枝巧克力糖，竟也順利通過檢查的關卡，又是一例。後者在濃郁的人情味後，更有極溫馨的幽默。我們展讀至此，頓感「邊界」何嘗不是多餘？結句——「天空蔚藍，綠草如茵」，一方面襯托溫馨，一方面暗示人情無界。

　　正因爲人情無界，在〈逍遙遊〉裡，才能與胖胖的駕駛有愉悅的筆
談、溝通。文中雖用莊子之意，也確實藉飛翔體會「逍遙」之趣。但給讀
者的感受卻是，整個「逍遙」的產生，實植基於與陌生駕駛親切地溝通；
換言之，因人情之美，乃使一架小小飛機、一次不越萬呎天空的飛行成爲
逍遙之遊。

　　如果我們細心覽讀，不難發現以上三篇雖能充分展現作者的溫厚心
胸，但對人情美好的描繪，仍然只是點的交代，須至〈知床旅記〉裡，才
終於藉涵蓋天地間的生活，體悟不同中的相同，全面展現民吾同胞的情
懷。作者初時猶斤斤否定，眼前所見的白色燈塔不是花蓮的燈塔，不是鵝
鑾鼻的燈塔，而是知床半島、鄂霍次克海的燈塔。也驚異於這海遠非如想
像的天玄水墨、浮冰衝撞，竟像太平洋的海水，巴士海峽的海水，甚至像
臺灣海峽的海水這樣平靜湛藍。然而最後，作者看見遠洋上有漁船點點，
她說：

　　　像金山、像蘇澳，也像安平，像楓港，那景致並無甚分別。

作者終於從固定狹隘的觀見進至廣闊超越的認知，而相信這裡的壯丁必是
個個好漁夫，人類的生活就是這樣子，從天涯走到海角，所看見的無非是
人在生活。作者看到不同之中的相同，感覺無比溫馨，她最後寫道：

　　　這是一個多麼熟悉的地方，知床半島、鄂霍次克海。

　　於是人與人間所有的界線都在作者的包容裡泯除了。

　　最廣大、深厚的愛，當然不僅及於人類，必也被於物類。前舉四篇一
貫展現林氏「民吾同胞」的情懷已略如上述，〈蒼蠅與我〉則獨立展現林氏
「物吾與也」的精神。

　　晚餐桌上突然闖入的蒼蠅是教人厭惡的。趕走牠，甚至想打死牠，都

是任何人很自然會有的心理。在吃完晚餐的二小時後，作者一人坐在飯廳裡細啜茶水，忽然瞥見這隻狡黠的蒼蠅正一動也不動地停在桌面。作者躡手躡足去取來蒼蠅拍子，準備把牠打死，這時作者寫道：

> 我大概是相信人為萬物之靈，一切有害於人者皆可殲滅。

非常明顯的，在此時此刻作者自以為高物一等，因此將物與我分離、對立。然而當面對一個全然不抵抗也不逃避的敵人（蒼蠅似乎並不把作者當作敵人，也不認為作者加害於牠）時，作者的鬥志乃急速地冷卻。終於作者在觀察蒼蠅的過程中體會到人類的自以為是，又從小林一茶的溫厚心境裡，對自我的殘酷感到慚愧，到此，物我已臻平等。在這個夜晚，蒼蠅非但不是作者的敵人，反而是她唯一的伴侶。相濡以沫，何須同類？人與物也可以經由完全無聲的溝通，獲得深刻的啟示，達到和諧的境界。於是當第二天早晨作者在書桌上發現一隻死去的蒼蠅，她寫道：

> 我知道那必是昨夜陪伴我的蒼蠅無疑。

較前此所云「這一隻蒼蠅應該就是晚餐時亂飛亂闖的那一隻罷？」已從猜測轉至肯定，反映了作者與蒼蠅的關係更從平等進至了解。

　　也許在這裡我們還可以再強調一些其他的意義。〈蒼〉文的鋪敘亦開始於一個奇特的夜晚──家中空無一人。鏡中身影，感覺奇異；獨據桌隅，直如夢幻，在在顯示生命的無常。就在這種生命無常的體會中，讓我們深思個體與外在世界關係的契機。人與人間、人與物間，為了求得生存，難免有對立、競爭的狀態出現，但自永恆的觀點來看，萬物莫非過客，共有幻滅無常的命運。就在這樣的體悟下，人我、物我之間的對立乃消失於無形。於是那原被視為敵人的外物，遂可成為我們人生的啟示者，生命路途

中的伴侶，乃至奔赴共同命運的生之戰友[11]。作者最後面對蒼蠅的死亡，有一種唯自己明白的孤寂感襲上心頭，一方面是對生命無常的悲感；一方面正是對伴侶深深的傷悼。

扼要言之，〈蒼蠅與我〉消泯了世俗的隘見，破除了物我的對待，具有莊子齊物的精神。但又非如莊子之超情，故似更有動人的情致。

寫作方式

在《遙遠》一書的〈後記〉裡，林文月這樣寫道：

> 往時寫作，喜歡鋪張緣飾，唯恐心中感知交代不夠清楚，故而一提筆便洋洋灑灑不可收拾，《京都一年》那本記遊散文集中所收諸文，仍不脫此風。近來則自覺豪情與好奇已不如前，寧取平實而不慕華靡，又覺得許多枝枝節節去之可矣，文章便也越寫越短，卻比較注意篇量結構與布局韻律，這或即是步入中年的一種心態吧。

這段話頗有重要意義。作者自己意識到她的寫作方式可分兩期，《京都一年》是一期，這以後是另一期；前者「鉅細靡遺」，難免枝蔓，後者重剪裁營構，愈寫愈短。我們證諸作品，的確如此。然而需要補充的是，二期之間的過渡作品為《讀中文系的人》，其中如〈偷得浮生二日閑〉，平鋪直敘、鉅細靡遺，猶為《京都一年》之風；〈一本書〉起筆用倒敘法，繼則藉心中種種感覺托出主題描寫，已見經營工夫。本節討論，以《遙遠》及《午後書房》二集為主。冀能顯示林氏散文的精緻性。

時空交錯的布局

在〈步過天城隧道〉一文裡，作者摘錄川端康成《伊豆的踊子》的片段以及松本清張《天城山夜》的部分情節，穿插於自身遊歷過程的鋪敘當

---

[11]此段文字間錄前註林文。

中，使這篇作品以一今一昔、一人一我兩條線索交錯的方式進行。藉著這種方式，作者不斷來往於古今迥異的時空之中，深切體驗虛構世界人物的情感，增添全篇強烈虛實真幻的氛圍。我們不能不說，全文最精釆的便是這種寫作方式的運用，因爲這種的寫作方式，使我們忽今忽昔，亦驚亦喜，「人生如夢，而確實經驗的必非虛妄」這種生命觀照的主題，也賴這種寫作方式得到圓滿的呈現。

事實上，交錯的寫法，本即是林氏擅場。在〈步〉文以前的一年半，她寫〈東行小記〉也用外在風景（客觀世界）與內在思維（主觀世界）交錯的手法，使一篇不及二千字的短文充滿可堪品味的韻致。配合〈步〉文並觀，敍遊記覽而能如此，誠令人歎爲觀止。在這裡，林氏亦已爲現代遊記散文拓出新境界。

另如〈在喀喇蚩機場〉及〈遙遠〉亦均爲著例。前者交錯地呈現窗外、窗內、窗外的世界，讓天地由小而大、讓意識由不覺而覺、讓情意由漫不經心而關懷祝福；後者先寫已上樓坐觀，次寫何以上樓，再寫坐觀之前的立觀。都能妥貼襯映主題、醞釀氣氛。

反覆思辨的鋪陳

〈遙遠〉一文一開始便是一段一段的思辨：「我坐在這張室外用的塑膠椅上眺山望海，恐怕已經有好一會兒工夫了。」「因爲原先那一片一片在陽光下耀眼的波浪，現在看起來已柔和得多，……」「這張椅子的高度有些不對勁，或者是那新漆過的白色鐵欄干有些不對勁，……」林文月散文細膩的風格，從類似這種反覆思辨的交代，最能感知清楚。它是早期「鉅細靡遺」方式的轉化、昇華，同時也是作者深思與善感的流露。當然，表現這種特色最具體而精釆的是〈蒼蠅與我〉及〈步過天城隧道〉二文。

「我大概是有一會兒功夫心不在焉的罷，抑或是太專注在想一些什麼事情，所以沒有注意到蒼蠅的存在；也可能是牠太安靜，沒有什麼我的注意。」「我大概是相信人爲萬物之靈，一切有害於人者皆可殲滅，卻又有些欺小怕大之嫌。」「這一隻蒼蠅應該就是晚餐時亂飛亂闖的那一隻罷？……

我發現自己對於蒼蠅的認識實在太少，如何辨別兩隻蒼蠅之間的異同呢？」「這種微不足道的昆蟲，其實或許也有各自的面貌身段特色，只是大部分的人都像我這般自以為是，把牠們看做一個樣子也說不定。」「蒼蠅一動也不動……許是飛累了，需要休息的罷？」以上擷取〈蒼〉文中的五段文字，明顯可見作者不厭其詳地交代其內心思辨過程。它們都是有意義的：1、2 兩段表現作者的自我意識、自以為是；在這種意識心態下，對外物自不可能有認識或了解——此即 3 段之意；到 4、5 兩段，則作者已漸能反省，故對蒼蠅開始有種種同情的設想。所以在此文之末，作者已無庸思辨，對書桌上死去的蒼蠅可以直截確定即昨夜陪伴的蒼蠅。

〈步過天城隧道〉中的思辨更豐多，為節省篇幅，不一一舉例，大致說來，從觀察巴士的乘客開始，一直到結尾，思辨不斷。辨乘客的目的、辨植物的名稱、辨語言之功用、辨地名之奇異、辨人物之心性、辨新舊之不同……。經由不斷思辨，終於由「執」至「悟」，由「辨」而「不辨」。

〈蒼〉文與〈步〉文的主題分別思考物我關係與人生真幻，以反覆思辨貫串洵屬適當。但林氏其他作品，此種手法之運用亦多所見，可知是林氏一貫作風，限於篇幅，只好從略不論。

意象運用與氣氛營造

意象的運用在林氏作品中，並非大量，但都自然而無痕跡，有意若似無意，可謂寫作高境。在林文月筆下，有象徵生命——也竟或是姨母化身的蝴蝶蘭（〈姨父送的蝴蝶蘭〉——在細心的照顧下，蝴蝶蘭終於開花，姨母的病也漸好轉。）有織成惆悵、織成時空之網，同時又象徵侵蝕摧折的雨（〈翡冷翠在下雨〉——人在雨中興思古幽情、做時空聯想；而翡冷翠的人們恆與雨抗爭，讓祖先智慧的光芒永照人寰。）有意味一種醒覺，一種驚悟，更是由幻返真之催化的鐘聲（〈翡冷翠在下雨〉）或電話鈴（〈蒼蠅與我〉），還有象徵蔽障的霧（〈逍遙遊〉——藉有霧寫人與人有隔閡，而當人我之間如手足時，天空已晴朗無霧。）此外，巧克力糖包含了人情的甜美（〈義奧邊界一瞥〉）、窗子聯繫了兩個不同的世界（〈在喀拉蚩機場〉、〈東

行小記〉），而譯書的過程猶如生命歷程、譯書的種種滋味猶如生命的種種
體會（〈終點〉），都是林氏巧妙運用意象的例子。這些意象的創造，加強了
林氏散文的深刻與縝密。

　　至若氣氛之營造，〈終點〉、〈遙遠〉、〈蒼蠅與我〉均表現精采，可爲好
例。

　　〈終點〉中描寫書桌陡然出現的空白、關掉燈光讓黑暗掩蓋空白、獨
自站在滿天星斗，車聲依稀，而空氣微涼的院中。確能勾出時空浩瀚與一
己有限的對比，並渲染出孤獨、悲淒的氛圍。於是配合一本譯著具體完成
的踏實感受，終於作結到：「從來沒有這樣滿足過，卻也從來沒有這樣寂寞
過。」〈遙遠〉，一開始便讓客觀景致漸漸呈現朦朧的狀態──「原先那一
片一片在陽光下耀眼的波浪，現在看起來已柔和得多，而從左右兩側延伸
過來的層層山巒，方才分明是清清楚楚，此刻竟有些煙霧朦朧起來。」接
下去則是大段安靜無聲、空寂無人的描寫，這些正爲了造成全文空虛、朦
朧、寂靜的氣氛，以襯現主題──惝恍窈冥的思慮感受。

　　而〈蒼蠅與我〉也與〈遙遠〉一樣，極力安排一個自己獨處的夜晚，
並且藉特別的巧合（家人都有事要出門，連女傭都輪到去廟裡拜佛），暗示
這是一個特別的夜晚，讓讀者依稀感覺有不尋常的事將會發生。接下去，
打開所有電燈、瞥見穿衣鏡中自己影像彷彿伴侶的描寫，一方面凝造如夢
似幻之境，一方面呼應後面蒼蠅之終成伴侶，以及自我通明的啓示。實在
曲折多變、至堪玩味。

　　以上三種爲林氏寫作方式的重要特色，時空交錯的布局使其作品充滿
躍動的變化，故平順溫淡中自有波瀾；反覆思辨的鋪陳則又使其作品具有
深曲的思考及纖細的感受，在感性與理性的融合中別見細膩風格；而意象
運用、氣氛營造也都促進了作品意境的深刻，結構的完整，以及藝術性的
精緻程度。除此之外，林氏在修辭上亦頗陶鑄前人文字，例如〈樹〉：「人
事代謝，本無可奈何，但『霜露榮悴』，老樹獨超然於人事外」、「時運邁
邁，有風自南」；〈關於秋天〉：「『翼彼新苗』的景象」，皆用陶詩；〈東行小

記〉中「連障疊巘的山脈從遠方雜沓逶迤而來，忽呈絕嶝蹲踞車窗邊」、「極目睞左闊，迴顧眺右狹」則用謝筆。（此文中亦穿插連雅堂《臺灣通史·序》中句）。凡此，雖不甚多見，但龐大林氏的學者散文風貌，也反映她似乎愈來愈受研究陶謝的影響。而林氏作品中的段落通常不長（雖然她反覆思辨），尤其一句或數句即成一段的情形頗不在少，更值吾人注目。〈遙遠〉、〈春殘〉、〈庭園的巡禮〉、〈姨父送的蝴蝶蘭〉、〈在喀喇蚩機場〉、〈翡冷翠在下雨〉、〈義奧邊界一瞥〉、〈雨遊石山寺〉、〈三月曝書〉、〈樹〉、〈望春〉、〈關於秋天〉、〈白髮與臍帶〉、〈蒼蠅與我〉、〈逍遙遊〉、〈東行小記〉，幾乎無篇無之。這其中有些兼具首尾呼應之效——如：〈關於秋天〉、〈逍遙遊〉，也有甚至可形成種種不同韻味者：但就整體而言，或許最重要的是，它正反映了林氏散文的簡明風格。

結論

《遙遠》一書後有云：

> 在我校閱文章，書寫後記時，卻不由得驚悟時光匆匆人生幻化之理。給母親梳理頭髮，才只是一年多以前的事情，如今母親的骨灰已深埋在冷冷的泥土下。探望姨母，猶似昨日之事，而姨母竟也已作不歸之人。稍縱即逝是時間。「當時只道是尋常」，許多的人與事，情緒與思維，其實轉瞬便已遙遠！人生這般不可思議，如何教人能不感歎，而一時一刻的眼前現在，又怎能不珍惜愛護呢。

頗能幫助我們清晰掌握林氏的生命觀照。同書附其夫郭豫倫短文——〈林文月的希望〉，其中有云：

> 又問她，那妳為甚麼只寫美好的一面？她說她也沒辦法，她只寫好的一面，讓別人去寫其他的，大家分工不是很好？

> 她常覺得她的運氣很好，處處都有人推動和照顧她。……其實，我覺得
> 她對人很和善，也常常為別人著想。

也頗能幫助我們切實了解林氏溫厚的心胸。前者大體得自經驗，後者率應緣於天性。它們構成了林氏散文中的兩大內涵。值得加以補充的是，林氏的生命觀照在感懷上，類於陶淵明；在體悟上，同於蘇東坡。所以我們讀其抒發無常幻化之感的作品，如讀淵明〈形影神〉、〈歸園田居〉等詩；而她不斷強調人生如夢，由此轉出積極與珍惜，又全是東坡格調。由是可知其生命觀照亦有得於學養，這恐怕與她在大學講授陶謝詩不無密切關係。

其次，無論生命觀照或胞與情懷，又頗顯示於其記遊性作品中。可見經常的旅行訪問對林氏的創作有極大益處。而也正因為記遊作品中加入深刻的思考，乃使林氏在遊記體散文中別開新境。

平心而論，林氏部分作品已堪為現代散文中之精品甚或典範，如〈蒼蠅與我〉、〈步過天城隧道〉等是。近代小品散文大師周作人亦有關乎蒼蠅之作[12]，但林氏較之結構更有機、內涵更深刻，成績已明顯超越前人；至〈步〉作則寫法精緻高妙，尚無見可出其右者。

綜合而言，無論內涵或形式，林氏自民國 67 年以後（〈一本書〉）有明顯轉變，愈趨深刻精美。民國 68 年以後因遭前所未有的種種變故（如親人、師長的先後去世），加速了其作品的脫胎換骨。近年以來，創作力益趨豐盛，象徵了林氏正步入圓熟、顛峰之境。《午後書房‧後記》寫道：

> 散文的寫作，大概是今生不會放棄的。

我們衷心期待繼續看到林氏更多、更好的作品。

──選自《國文天地》，第 25～26 期，1987 年 6～7 月

---

[12]周作人有〈蒼蠅〉一文，收入《雨天的書》（臺北：里仁書局，1982 年）。

林文月散文的特色與文學史意義

◎何寄澎

　　林先生有三種文筆，一是學術論著，二是散文創作，三是日本古典文學的翻譯。雖然林先生早期曾寫過小說，但創作主要在散文，因此可說是位純粹的散文作家。我第一次談論林先生的散文是在民國 76 年，題稱〈真幻之際‧物我之間——林文月散文中的生命觀照及胞與情懷〉，刊登於《國文天地》第 25～26 兩期，那是國內首次以較學術性的方式談林先生作品的文章。十多年來，林先生的散文作品續有不斷的自我突破與進境，如今再談林先生的作品，自然不再只是多年前那篇文章已論之內容；不過，林先生所關心的主題、特殊的寫作方式以及本色神貌，卻仍可謂一以貫之。

　　為方便大家了解，在此先扼要說明林先生的作品：若去除一些不相關的枝節，林先生最早的散文集應屬《京都一年》——林先生受國科會補助至京都大學進行為期一年的訪問、研究，因之寫下各種觀察、感懷。其時，林先生已三十餘歲，而琦君早已享譽文壇，張曉風亦已嶄露頭角，她的前、後輩都已卓著名聲，而她才剛開始寫作。但回顧三人的文學成就，林先生頗有與琦、張二人不同之處，於二者亦不遑多讓。話說回來，《京都一年》、《遙遠》、《讀中文系的人》、《午後書房》四本書，可說是林先生前期的作品；《午後書房》之後有《交談》、《作品》、《擬古》、《飲膳札記》等書，可謂後期的作品；而這兩個階段的過渡作品是《交談》。

　　基本上，我想從散文史的意義看林文月的作品與價值，因此採下列方式說明：第一部分是分析林先生作品的特質；第二部分是分析林先生在散文史上的意義。

林先生作品的特質

　　我民國 76 年那篇論文談論林先生的作品只及於《午後書房》，那時我認爲林先生的散文已到成熟的地步。在論文裡，我以中文系的寫作方式分析林先生作品的內涵、表現方法，其中有些觀點有必要在這裡重談，但稍微換個角度，以下分從三方面析述：一是作品的思想性；二是作品的抒情性；三是作品的記敍性。

一、作品的思想性

　　談到作品的思想性，必須以前期作品做爲主要的考察對象。

　　有關「思想性」，殆有二點可言：第一點是林先生認爲生命本質是如真似幻的。

　　對於生命的感悟，林先生覺得似真實幻，似幻實真。生命其實充滿了虛幻，但虛幻又不真只是虛幻，它確確實實會留下痕跡，因此它在本質上還是真實。在此，〈遙遠〉、〈步過天城隧道〉、〈翡冷翠在下雨〉等，可爲好例。〈遙遠〉描寫的是「若有似無」、「若無還有」的冥感境界──這種隱約朦朧、似真如幻的感覺與體悟，不斷出現在林先生早期作品中，故當其步過天城隧道時，腦中翻湧出現的是川端康成和松本清張筆下的人物，在走過的過程中，不斷用時空交錯的手法，揣想小說中少男當時的心情，孰料走完後，回頭一看，隧道上方竟寫的是「新天城隧道」。換言之，作者方才「認真」的懷想，刹時都成虛幻，然而那兩千餘步走過來卻又是確確實實的經驗，絕非虛幻。而當林先生走過翡冷翠的街道，透過現代櫥窗看到古典的建築，其實彷彿走在時光隧道裡；她最後看看手上的錶──臺北的時間：一點半。作者藉這樣的描寫使讀者產生今昔交錯、時空互換的如真似幻之感。類似例子，頗可見於《午後書房》之前的作品。林先生是透過她生命中大大小小的事物，不斷的提出「生命彷彿是虛幻卻又確實存在」。當感覺虛幻時，可能悵然若失，但生命卻畢竟需要積極面對。因此林先生的情調像陶淵明，最後的抉擇、體悟卻像蘇東坡，因爲東坡常說人生如夢，

但東坡也因體會到人生如夢，乃從消極轉生積極，認為既是一場夢便把夢作好。

第二點，是林先生表露的民胞物與的襟懷。

民胞物與的襟懷可在《午後書房》及其之前作品中見到多例。例如〈在喀刺蚩機場〉一文，林先生精細的描寫機場工人擦拭扶梯的情景，表現出人都是高貴而有尊嚴的。〈義奧邊界一瞥〉，寫她坐巴士過邊境時，看到一幕場景：一年輕女子開車要過邊界，拿出的不是護照而是巧克力，海關的警察遲疑後收下讓女子通過。過了數十分鐘，警察交班，林先生看到一個十來歲的女孩子騎著個腳踏車過來，原來是這個警察的女兒，做爸爸的便拿出巧克力給他的女兒。林先生在這裡極甜美溫馨的寫下世間人情的和諧美好。〈蒼蠅與我〉一文，則寫有一個奇妙（似偶然而必然）的晚上，家人都不在（平常絕少如此），只有林先生一人在家。晚餐時打不到的一隻蒼蠅又出現在書房，如常的搓著手腳，不知危機將近，林先生突然打不下去。第二天早晨進入書房看到一隻翻身的蒼蠅躺在書桌上，忽然有一種只有自己才明白的孤寂之感襲上心頭。在文中，林先生表現出她與物之間的互通，帶有誰是朋友，誰又是敵人的哲學性。那晚家人都不在，陪伴孤獨的她只有那隻蒼蠅；在巧妙的機緣裡，是敵人的蒼蠅成為伴侶，所以才會說只有自己知道的孤寂感——這就是民胞物與的感受。

補充一點，林先生因為所有的作品都是用反覆鋪陳、推敲的方式書寫，所以記敘性格很濃，換言之，這些表達她思想性的作品同時也有記敘性，而其記敘性的作品中卻又可以見其抒情性。

二、作品的抒情性

抒情性是林先生第二階段作品中非常重要的特質——此即緬懷傷逝。熟悉中國古典文學的人都知道，「傷逝」是古典文學重要主題之一。針對林先生的作品言之，林先生在《交談》以後的作品，生命似真似幻的情調、民胞物與的情懷幾乎消失，代之而起的是緬懷傷逝。《交談》這本書中的文章，如〈幻化人生〉、〈臺北車站的最後一瞥〉、〈歡愁歲月〉、〈過年的心

情〉、〈再會〉等，從題目至內容皆可以看出，早期的似真如幻的情調在此時還出現。但在《作品》一書中就有多篇寫她的長輩，如：寫父親、寫舅舅、寫臺靜農先生、鄭因百先生等。而〈迷園〉一文則寫她在上海的兒時回憶，寫那樣一個僻處衖堂底，充滿神祕的園子。那座令她迷惘、好奇、又恐懼的園子，反射了作者對未知世界充滿探索的童稚心靈。事實上，整本《作品》充滿緬懷傷逝的情調，筆觸與前期也不同。前期表現思想性的作品，筆法是非常經營的，而構思、文筆相對於現代散文的美學風格來講，偏屬平淡樸實；但到了《交談》以後的作品，風格變得濃稠、華麗、奇詭，例如《作品》一書中，〈作品〉寫一個夢境，一個青年掘地、鋪柏油、作畫的過程，風格既後設，又如莊生寓言，更宛如中晚唐詩，這是她作品中從未有的，主題、文筆都有了明顯的轉變。這種轉變我想可能與年歲有關，《交談》一書成於 50 歲以後，人生過了中年，哀樂皆有，身旁的人離逝多於存在，故積極的生命情調轉為感傷，甜美的感覺亦不復存在且有了蕭瑟之感（參閱〈尼可與羅杰〉），人與人之間的美好和諧轉成隔閡無奈。

三、作品的記敘性

基本上，林先生由於一貫使用反覆鋪陳的敘寫方式，所以記敘性的濃厚是非常明顯的。楊牧先生編《中國近代散文選》時，將散文分為七類；記敘是其中之一；而林先生被歸為白馬湖風格（夏丏尊為開山始祖）一類，可見林先生作品的記敘性為識者所共認。

但林先生作品中仍有與前述思想性、抒情性比重不同，而確有鮮明記敘性格者——此即《擬古》、《飲膳札記》。《飲膳札記》諸篇，對各種佳餚美饌的描寫，莫不自材料選擇，至處理細節，至烹飪方式、輔助器具，乃至特殊心得，條分縷析，極為詳盡細膩，堪稱一本精細的食譜，記敘性濃厚；《擬古》中〈江灣路憶往〉擬《呼蘭河傳》，文長萬餘字，對自己童年在上海所居住的空間，幾以搜羅懼遺的態度細細追述；〈平泉伽藍記〉、〈羅斯堡教堂〉擬《洛陽伽藍記》綜彙史、地材料，穿插典籍記載，既如史

乘，又如地理志，唯文筆前者古雅，後者清新，正襯托東、西方建築之不同美感、不同氣韻；〈散文陸則〉各篇亦差近似之。

　　要注意的是，林先生的作品早期充滿思想性，後期卻充滿抒情性，最後又有記敘性，但記敘並非僵固呆板之記敘，乃在記敘之筆中蘊含無限思感，如《飲膳札記》便是以記敘為本，出之以抒情，仍是緬懷傷逝的另一種反映——藉由食物懷念有關的人與事。

林先生作品在散文史上的意義

　　有關林先生作品在現代散文史上的意義，殆可就以下四點觀之，它們包含了：題材的新變、體式的突破、風格的塑造以及風氣的先導等。

一、題材的新變

　　首先，我要強調，林先生作品在散文史上的意義，無一不扣回前述其作品的特質。平實來說，在古典或現代散文整個傳統中，林先生的思想性並沒有特別深厚之處，然而她眾多作品所表現出對如真似幻的生命體悟及民胞物與的情懷，現代散文作者中卻沒有第二人如此。再者，緬懷傷逝在古典文學中是重要主題，但卻不是現代散文的重要主題，就 50 年來的臺灣散文來看，唯一的回憶文學典型似乎是琦君，但林先生《交談》以後的作品顯然樹立另一種典型，且較琦君來得深厚。由於林先生透過人、事、物及寫作體裁、手法的改變來看寫，因此就「回憶文學」而言，林先生與琦君可謂相互輝映，且可能有過之而無不及。

二、體式突破與風格塑造

　　楊牧先生曾經說：「現代散文務求文體模式的突破，這是我的信念。」「模式」一詞，包含文類的跨越、寫作策略的改變等。楊牧鮮明的講出他的理論，並以實際創作證明之。林先生則從來沒有提過理論，但她在散文體式的突破與創新上的成就卻是斐然可觀。例如《飲膳札記》回憶的情調、對象並非單一化，全書是食譜與回憶文學的綜合體；又如「擬古」在中國傳統文學當中，是寫作者相當重要的寫作策略，且有其相承之脈絡。

西晉太康陸機有〈擬古十四首〉，其擬古的對象爲「古詩十九首」；「古詩十九首」是魏晉以下詩人的典範，陸機以下有謝靈運、鮑照、陶淵明擬古，這樣的擬古已非單純而自有美學意義在其中——即他們藉由模擬典型創出新的典型。但其中困難之處乃在：若與擬古無關則稱不上擬古，若與擬古關涉太深則談不上創新，所以此間的拿捏便是作者要嘔心瀝血推敲之處。散文中，僅有林先生有擬古的創作散文——即《擬古》一書，此外別無他人，故可說林先生開創了一種寫作方式。這是個實驗，當然有成功亦有仍待琢磨處，後者如〈江灣路憶往〉雖堪稱佳作，卻與所擬的〈呼蘭河傳〉聯繫不大；〈散文六則〉擬〈東坡志林〉，第一則失手，蓋無東坡之氣韻，其他幾則較成功。〈洛陽伽藍記〉雖是記敘之筆，實則也是緬懷傷逝，林先生有兩篇文章擬〈洛陽伽藍記〉，一寫西方廟宇，一寫日本廟宇，後者與〈洛陽伽藍記〉風格一致，前者於擬古精神之掌握甚佳。從林先生的擬作來看，林先生由擬古鍛鍊出一種新的文筆，例如華美厚重的文筆是《擬古》之前所未有的，此爲吸收擬古對象的優點加以自己風華而成。

三、風氣的先導

之前所談林先生的思想性作品，其中有百分之七、八十來自她的旅行經驗。這些旅行作品，不重景物雕鏤，毋寧著重呈現其所思、所感，既質實又波瀾，既平時又深邃，大異往昔記遊體貌；即與晚近旅行散文相較，亦旨趣夐絕——蓋林先生所作不僅「一我」，尚多人性、人情；乃「小我」、「大我」之不斷關涉；晚近後起之作則多「自我」爲主體，呈現特異「獨白」格調。以今視昔，近十年來旅行散文大行其道，林先生的成績不可棄而不談，就文學史的發展而言，不僅展現與其前、其後不同之格調，殆亦可謂風氣之先導。

結語

林先生基本上已形成自成一家的寫作風格——即一貫的鋪陳反覆、細

膩翔實、嚴謹經營。她的寫作如其為人之精緻，並如實呈現她的體悟感懷。我個人認為，除去個人的才性外，林先生的寫作淵源有二，一是與古典學術涵養有關，林先生研究的是六朝文學，而六朝文學即是繁縟精緻而漂亮的，林先生作品的第一個淵源當來自太康文學一系。二是日本文學，日本文學的表現基本上是反覆鋪陳、鉅細靡遺。這兩點應是影響林先生散文寫作的最重要關鍵。至於林先生作品的整體美學風度，我以為「似質而自有膏腴，似樸而自有華采。」二語殆可概略形容。

　　最後，要強調的是，林先生雖已突破了現代散文的體式，但仍是散文的「正統」，也仍是近年來逐漸少見的「純散文」——這一點非常值得後起之秀深思體會。

　　——本文已收入陳義芝編《新世紀散文家：林文月精選集》（臺北：九歌出版社，2002 年 7 月）

　　　　　　　　　　　　　　——選自《明道文藝》，第 317 期，2002 年 8 月

她自己的書房

林文月的散文書寫

◎陳芳明[*]

　　三種不同的文化氣質匯集在林文月的散文書寫中，一是臺灣歷史的餘韻，一是中國傳統的薰陶，一是日本文化的流風；這些都構成了她散文性格的重要基礎。從早期的散文集《京都一年》，到最近獲得推薦的《飲膳札記》，清楚呈現她文化思維的混融與多元。林文月可能是戰後第一位中文的臺灣女性學者，然而最初的思想啓蒙卻是從接觸日本文化開始的。她自己的家族又具有臺灣儒學的淵源，如此繁複的生命歷程，不僅影響她的學術關懷，而且也塑造了她的散文風格。

　　已經不只一次耳聞其他讀者對林文月散文的評語，認爲她的作品頗具東洋風，這種看法背後，好像是說她的思考有些親日。聽到這種評語，並不令人過於訝異。東洋風是臺灣歷史發展過程中一段無可分割的經驗。凡是穿越過日據時期的人，都無法避開殖民風的薰染。所謂東洋風，是殖民風的變相說法吧。在上海日本租界出生的林文月，原籍是臺灣彰化人。中國、日本、臺灣的三重文化結構，便先天地鍛鑄於她的生命深處。如果說她的文字裡帶有東洋風，那應該是指她的中國文學思考，強烈受到臺灣歷史與日本文化的衝擊。不過，這並不意味她的思考毫不設防。在殖民氛圍的租界地成長的人，能夠洗脫強勢文化的影響，而終於建立自己的風格，必是有相當艱苦的掙扎。林文月散文的獨特風味，便是生命裡文化三重結構的自然呈現。

---

[*]發表文章時爲政治大學中國文學系教授，現爲政治大學講座教授。

　　在她的單篇散文中，已不只一次提到在上海虹口時期的童年生涯。從戰爭末期到戰後的臺灣接收，她的文字頗能反映歷史轉型時的臺灣人尷尬處境。林文月初識政治變局的險惡，便是從混亂的國族認同出發。她相當生動地描繪了年幼時期的迷惑，對於自己的身分未能有確切把握。尤其是日本投降時的一幕。亞細亞孤兒的情緒躍然紙上：

　　民國 34 年 8 月，日本宣布無條件投降。我們那一區的日本居民，有一天被召集到廣場上。一個表情嚴肅的里長模樣男人叫大家安靜，因為無線電臺要廣播「天皇陛下」的重要聖旨；並且要大家低首恭聆。不多久，日皇沉痛地宣布日本戰敗，向盟軍無條件投降。先是一陣騷動，接著，我聽見此起彼落的啜泣聲，後來又逐漸變成一片哀號聲。男人在哭，女人在哭；大人在哭，最後，孩子們也在哭。不知什麼時候開始的，我發覺自己竟也跟著大家好似很悲傷地哭起來。

　　　　　　　　　　　　　　　　——〈說童年〉，《讀中文系的人》

　　泛黃而黯淡的記憶，之所以能鮮明保存下來，乃在於這種認同的困擾在童年時期伴隨著她一起成長。因為，緊接下來中國政府的接收，使她的日本人身分突然變成中國國籍。在戰勝國的這邊，她被迫嘗盡戰敗的滋味。她的家開始遭到上海居民的襲擊，遂不得不倉皇遷回臺灣。然而，故鄉並不是立刻全心迎接她，因為她被稱呼為「半山仔」。這個名詞，與她在上海處於「小東洋鬼仔」與「支那仔」之間的困境比較，更加顯現了臺灣歷史的苦澀。

　　在林文月的散文裡，常常可以發現臺灣女性的家族史與國族史的相生相剋。由於她掌控文字的速度不疾不徐，猶如攝影機的運鏡頭，非常細膩地把時代轉換的情緒流動傳達出來。在記憶暗巷裡，她擅長借助文字投射一些幽微的光線，使消逝的、被隱藏的影像重現。〈上海故宅〉便是一篇典型的後設散文，她透過友人寄來的相片，重新建構溫馨而又混亂的童年生

活，她的筆相當瑣碎地拼貼不連貫的記憶，彷彿帶領讀者走入一個陌生的歷史情境。她訴說是家庭生活格局的細節，卻能夠使讀者窺探巨大的時代。

即使是受到劇烈的衝擊，她總是能夠過濾多餘之情緒，使文字始終維持平衡、安詳、寧靜的狀態。她的散文集《午後書房》代序〈散文的經營〉，提到自己的創作經驗說：「散文作者在安排文字的時候，也應當有充分的主宰權去一方面佈置我們所需要的部分，另一方面割捨我們認為會干擾主題的一些枝節。」她強調的是剪裁與割捨。然而，她所割捨的當不止於文字描寫而已，其中自然還包括了情緒與想像。如何組織、編裁成為可觀的格局，就成為她散文經驗的重要課題。她的作品很少看到綺麗華美的文字，而大多是訴諸於平淡、紮實的素描。

在散文創作裡，耀眼奪目的文字是比較容易追求的。而且也較為容易吸引讀者的注意。林文月的平實文體捨去突兀俗麗想像，而完全建基於專注、誠摯的情感。牽涉到家族親情的散文，她往往在細微平凡的地方製造小小的震顫。無論是寫她的外祖父連雅堂，或是她的母親，甚或是自己的子女，她循著生活中的小事件，逐漸建構她寬宏的情感。她為外祖父寫過一部《青山青史：連雅堂傳》（臺北：近代中國出版社，1977 年），便全然擺脫傳統書寫方式。這本傳記可以視為一部長篇散文來閱讀，縱然她引述許多史料、文件、書信，卻未有坊間傳記文學的那種枯燥乾澀之感。她從第一章連家的原鄉馬兵營開始寫起，一路保持輕緩的速度，重新釀造昔日的情境。直到最後一章〈青山青史各千年〉為止，她始終沒有放棄抒情的想像，在飽滿的思慕景仰語氣裡，釋放了一個家族近百年的沉默聲音。那不僅僅是一部家族史而已，而且也是一部豐碩精采的臺灣文化史。身為連雅堂的外孫女，她並不掩飾自己對於這位臺灣史家的膨脹感情。即使運用了一些誇張的形容詞，她仍然能夠恰到好處地形塑連雅堂的人格。特別是對於連雅堂的生命轉折點，她的傳記都生動地勾勒了歷史形象。

就像她在刻劃 1912 年時 35 歲的連雅堂，她以緊湊的節奏描述：「在連

雅堂個人而言,民國初建,病體初癒,是值得加倍慶幸的事情;何況抑鬱的冬季已過,明媚的春光當前,起自久臥的腐朽,重握筆管之前,他覺得自己需要一段緩衝的生活,所以他計劃一次較長期的大陸之遊歷。」筆觸極其輕快,雖是描景,卻能夠深入傳主的心情。連雅堂大陸之行的動機、背景,立即交代清楚。傳記書寫尚且如此活潑,則她其他散文作品的精神線可推見。閱讀這冊傳記,可以參照她的另一篇散文〈馬兵營之行〉,完整地拍攝她撰寫傳記時的內心風景。

透過家族記憶的重建,林文月與臺灣島嶼的曲折命運便牢牢聯繫在一起。她偏離長期以來的悲情訴求,捨棄憤懣、痛楚的語言,朝向歷史隧道謹慎辨識曾經有過的愛與死。她的溫婉與纖細,一反過去的激情吶喊,使得歷史敘述得到昇華的空間。然而,她的目的並非只在求史實之真而已,她也同時在營造情感之真。親情化為文字時,她彷彿在傳染尊貴的情操,那不是屬於私人所占有,而是能夠讓讀者分享。

親情的表達,卻不只是集中在家族的主題。偶然的聚散,仍然能寫出她溫暖的心。收在散文集《交談》(1988 年)的〈臉〉,讀來令人怦然心動。在驅車前往家庭聚會的路上,無心發現並行的另一輛計程車車窗露出一張女童的臉。在行行又止的短暫旅程上,她與這位女童突然開始比賽凝視對方。「她一動不動地望著我,無法形容那表情,彷彿是冷漠的,又像是好奇的,甚至是關切的,卻終究給人十分平靜的感覺。」她不厭其煩地看著女孩,也不辭辛勞地猜測女童的心思。幾乎在每次車子停止而並排時,她便忍不住去想像小小心靈的情態。閱讀這篇文章時,讀者不免也跟著作者產生焦慮。事實上,女童依然是未知的女童,真正起伏的心情卻是屬於作者的。利用移情的技巧,林文月非常成功地呈現她博大的關懷。同屬這篇散文的另一章〈腳〉,寫的是她熟悉的女兒。這位已經成熟的女兒,在母親眼中反而變得陌生。從一雙裸足,到女兒胴體的展現,她的文字微微透露著不安與驕傲,溫泉之行,未有任何風景的映照,卻讓母女之間的含蓄情感自然散發渲染。

　　林文月的文學世界，乃是從個人擴張到家族，由家族銜接到歷史，自歷史記憶扣緊到文化脈絡。在母親與學者的雙重角色之間，她頗知如何維繫著均勻與平衡。舒緩的節奏，流露在家庭的生活，也同時貫穿於她的學術生涯。她的學問專攻是在六朝文學，然後向下推及唐朝。即使是閱讀她的論文，仍然也可以體會到一種平靜的旋律在文字裡流動。究竟是六朝風骨影響了她的文風，還是她的先天氣質影響了論文性格？似乎很難分辨這樣的問題，可以肯定的是，她在追逐學問之際，從未投入一般庸俗學者的迂腐世界。在恰當的關係，她仍然不忘注入豐沛的感情。最早的碩士論文《謝靈運及其詩》（1966 年），就已經建立她文情並茂的風采。其後的《澄輝集》（1967 年）、《山水與古典》（1976 年）、《中古文學論叢》（1989年），研究的是極為荒僻的魏晉時代，但是她的抒情風格卻能搖醒沉寂的世界。

　　在她的學術生涯中，最重大的工程莫過於日本文學巨著《源氏物語》的中文翻譯。以長達六年的時間，專注於兩種文字的過渡與跨越，這不能不視為林文月生命中的龐大自我挑戰。〈我怎麼開始翻譯《源氏物語》〉一文，最能洩漏這項工作的辛苦，她說：「我先用白話文翻譯了幾段，認為不夠典雅，於是重譯以文言，企圖造成唐人傳奇那種效果，可是文言的譯文看來十分生硬，與日文的迂迴纏綿情致相距甚遠，遂又以白話文繼續翻譯。」可以推見的，全心翻譯這部作品時，必然是被兩種文字盤據整個魂魄。不僅如此，翻譯之餘她又補之以注解，而這需要具備廣博的學問與忍耐的心情。1978 年初譯完成時，幾乎可以說是臺灣學界的一大盛事。

　　如果想要理解她如何與日本文學開始接觸，恐怕又必須從虹口的租界地時代追溯起。不過，較為關鍵的，大約是在日後的日本進修之行，獲得了觸媒。《京都一年》（1971 年）這部散文集，就已充滿了各種隱喻與暗示。然而，這又不足以解釋她的翻譯工程之起步。欲知她與日本文學的互動關係，就不能不了解她在中文系的浸淫。《讀中文系的人》（1978 年），也許能夠說明她學養的累積。但這樣還是不夠的，知識的累積，並不可能

造就她情感豐富的書寫。《遙遠》（1981 年）、《午後書房》（1986 年）、《交談》（1989 年）、《作品》（1993 年）、《擬古》（1993 年），顯然就是她學術歲月的情感滋潤之見證。沒有這些抒情的基礎，她的論文與翻譯就不可能讀來典雅而甘甜。

親情、愛情、友情、鄉情是她文學的全部，但也是她學術的總和，直到《飲膳札記》出版時，林文月的人間風貌才更爲徹底呈現出來。她以治學的方法，來敘述割烹之道；她以料理製作的過程，來表達待人處世之道。在廚房與書房之間，林文月不改其溫暖緩和的節奏。她是熱情的學者，卻是冷靜的作家。在黯淡愁苦的地方，她總是能夠發現積極明朗的一面。她不憤世，而代之以悲憫；她不崇尚華麗，而汲汲營造平淡。在點滴細微處，她展現了寬宏博大的心懷。她從未出奇制勝，而是徐徐圖之。閱讀她的散文，有歷史的縱深，有情感的浩瀚，有想像的飛翔。這一切都來自她擁有自己的空間，擁有她自己的書房，沒有什麼干預的力量可以搖撼她。

——選自陳芳明《深山夜讀》

臺北：聯合文學出版社，2001 年 3 月

溫州街的書房

論林文月散文

◎張瑞芬[*]

> 信步穿過辛亥路，然後走到對面的溫州街。秋意尚未的臺北夜空，有星
> 光明滅，但周遭四處飄著悶熱的暑氣。我又一次非常非常懷念三年前仲
> 春的那個上午，淚水便禁不住婆娑而往下流。
>
> ——林文月，〈溫州街到溫州街〉，《作品》

在臺靜農病逝兩年後（1992 年），林文月以〈傷逝〉記當年侍病臺靜農床前，臺靜農猶勸林文月夫婦於飯廳喝杯小酒，說：「自己不喝，隔牆聽聽人家喝酒講話也挺有意思。」這光景，何其神似臺靜農早年悼念老友莊慕陵的同名文章，莊慕陵病重在床，猶要來客自飲一杯。分明生死之間，卻無生命奄忽之感。是放曠自然還是體物自適，林文月在文章只說：「我至今清楚記得那一道一道照射在衾被上有花紋的光影，以及當時彷彿麻木的看著那些光影的自己的心情。」[1]

1990 年臺靜農、鄭騫相繼仙逝後，1992 年林文月自臺大中文系退休赴美，至今已奄忽十載。在 1993 年的《作品》和《擬古》後，林文月又有《飲膳札記》（1999 年）為人樂道。永不停止挑戰的她，繼 1970、1980 年

---

[*]發表文章時為逢甲大學中國文學系副教授，現為逢甲大學中國文學系教授。
[1]臺靜農〈傷逝〉作於 1986 年，收入《龍坡雜文》（臺北：洪範書店，1988 年）。臺靜農去世後，張清徽作〈傷逝——追悼臺靜農老師〉（《中華日報》，1990 年 11 月 25 日）一文記臺老師，收入林文月編《臺靜農先生紀念文集》（臺北：洪範書店，1991 年）。林文月〈傷逝〉作於 1992 年，收入《擬古》（臺北：洪範書店，1993 年）。董橋近年有〈傷逝——遙寄林文月〉悼郭豫倫，收入董橋《舊時月色》（臺北：大旗出版社，2005 年）。

代翻譯《源氏物語》和《枕草子》的毅力，與學術研究一貫追求完美的精神，2004 年春，林文月除完成樋口一葉《十三夜》中譯外，又推出散文《回首》與《人物速寫》兩本散文集。懷舊憶往，撫今追昔，不但做爲這十年來羈旅海外，奔波講學的浮世心影錄，同時逐漸朝向人物傳略的寫法，正如葉慈的詩作〈1916 復活節〉，一個個的人名鐫刻在其中，生命於焉復活。在生命的行旅中，有情而爲之一一銘記。思君令人老，歲月忽已晚，捧讀《回首》與《人物速寫》，正如多年前林文月曾經落淚的溫州街口，自臺先生家辭出：「那種心情應該是感傷的，卻反而覺得非常非常溫暖」。[2]

　　林文月的散文，在臺灣當代文學中，和許多好作家一樣，被讚譽的程度遠超過被研究。在余光中 1980 年代的評比裡，林文月（和張曉風）已穩坐臺灣當代散文第三代代表，1980 年代末，何寄澎又以專文推崇其「生命關照」與「胞與情懷」。[3]余、何當時所據文本僅《京都一年》、《讀中文系的人》、《遙遠》（或加上《午後書房》），揆諸林文月後來的散文作品，《交談》、《作品》、《擬古》、《飲膳札記》、《回首》與《人物速寫》，更啓新局，迸現了絕佳生命力。「內在自我衝突是好文學成立的必要條件」，福克納曾如是說。林文月的後期散文，尤其《回首》與《人物速寫》，內裡意念翻騰，波瀾時興，較之早年作品，顯已不同。雖然她的表達仍然含蓄淵雅，不敢逾越分寸，如張讓所說，「在在帶有欠身頷首的風度」，也像董橋形容春陽中飄起的亮麗碎花絲巾，稍微老派一點的矜持。[4]

　　1933 年出生於上海日本租界的林文月，外祖父連雅堂，母親連夏甸，

---

[2]林文月，〈臺先生和他的書房〉，《午後書房》（臺北：洪範書店，1986 年）。
[3]余光中，〈亦秀亦豪的健筆──我看張曉風的散文〉，《你還沒有愛過》（臺北：大地出版社，1981 年）序言。何寄澎，〈真幻之際・物我之間──林文月散文中的生命觀照及胞與情懷〉，《國文天地》第 25～26 期（1987 年），收入《散文批評》（臺北：正中書局，1993 年）。
[4]張讓，〈減法的美學──林文月《回首》〉，《聯合報》讀書人版，2004 年 5 月 2 日。董橋，〈人生清淡凝成深情翠微〉，《中國時報》，2004 年 4 月 26 日），後易名〈林文月速寫的人物〉，《甲申年紀事》（香港：香港牛津大學出版社，2004 年）。

舅舅連震東，表弟爲連戰。[5] 由於父親任職日本商社，在〈說童年〉、〈上海故宅〉、〈迷園〉、〈江灣路憶往〉諸多文章中，可以見到她以日語爲母語，身在大陸卻以日本人自居，生活優渥的童年。日本戰敗後，舉家返臺，林文月不免被視爲「上海長大的半山仔」，歷經心理的調適，以 14 歲之齡入小學六年級。20 歲考入臺大中文系，並爲系主任臺靜農的勸導留下。林文月學士論文〈曹氏父子及其詩〉，碩士論文爲《謝靈運及其詩》（1958 年完成，1966 年出版）。1967 年文星叢刊出版的《澄輝集》，收錄了〈曹氏父子及其詩〉、陶謝詩、周邦彥詞這些她最早發表於《文學雜誌》上的論文，1976 年由純文學出版另一論文集《山水與古典》，論六朝詩、宮體詩、白居易、〈長恨歌〉與《源氏物語》。在隋唐及六朝文學方面，頗稱專家。然而使她走上散文寫作的道路，1969 年以「唐代文化對日本平安文壇的影響」爲計畫，至京都大學人文科學研究所這一年，卻是一個重要的關鍵。

　　1970 年代初，林文月已與林海音、殷張蘭熙、齊邦媛諸人因「中華民國筆會」而熟稔，並定期聚會討論編譯及寫作，當時四人皆值風華正盛，譯寫豐富的美好年代，林文月於〈兩代友情〉、〈回首迢遞〉（《回首》）述之甚詳。更早一些時候，林文月赴日研究，即在林海音的鼓勵下寫成《京都一年》（1971 年）。這本間雜學術研究、遊記與日本風物介紹的書，成爲林文月從學術轉向散文寫作的第一本散文集，也開啓了林文月之後中譯《源氏物語》、《枕草子》、《和泉氏部日記》的契機。論文、創作、翻譯自此成了林文月努力終生的「三種文筆」。[6]

　　做爲林文月最早的三本散文集，《京都一年》（1971 年）到《讀中文系

---

[5] 林文月於四歲時，外祖父連雅堂即去世（故對外祖父並無印象），第一次見到舅媽和當時才 10 歲的表弟連戰，則是戰後勝利的上海。林文月之完成《青山青史——連雅堂傳》（1977 年），多自舅舅連震東處獲得資料，詳見林文月，〈我的舅舅〉，《作品》（臺北：九歌出版社，1993 年）。

[6] 詳見林文月，〈我的三種文筆〉、〈交談〉（臺北：九歌出版社，1988 年）和〈人生不樂復何如——我與文學的因緣〉，《作品》（臺北：九歌出版社，1993 年）。林文月在大學時期，即已與同學鄭清茂爲東方出版社譯《茶花女》、《小婦人》等少年讀物，1984 年又中譯日文版《破天而降的文明人》（南太平洋薩摩亞酋長演講稿）一書。林文月稱椎阿比酋長的自然樸實，頗有與道家相合之處。

的人》（1978 年）、《遙遠》（1981 年），學術意味與嘗試性質稍濃，似乎尚未找到自我的特色。《京都一年》餖飣爲文，考證細密，直如「學術美文」，頗有太康文體的縟麗；《讀中文系的人》分成隨筆、陶謝詩研究和《源氏物語》論述，體例紛雜；《遙遠》中，多篇文字藉日本訪問之行，回溯京都人事，與〈愛國保種爲己任的連雅堂〉一樣，學術史料價值較高。《遙遠》中，真正展現了林文月的細微觀察與人情體會，則要數〈給母親梳頭髮〉、〈在喀拉蚩機場〉、〈義奧邊界一瞥〉幾篇佳作。

　　何寄澎 2002 年〈林文月散文的特色與文學史意義〉一文，以《京都一年》、《讀中文系的人》、《遙遠》與《午後書房》爲林文月散文早期作品，《交談》是爲過渡，《作品》以下則稱後期。此說頗稱正確。然《午後書房》（1986 年）在林文月散文中，無論在體製與文筆上較《遙遠》皆有明顯進境，無疑具有里程碑的意義。在《午後書房》中，林文月不僅自己第一次拈出完整的散文寫作觀，同時也以文本做了這種意念的完整實踐。脫去華靡，寧取平實，做爲《午後書房》序言的〈散文的經營〉一文，說明了「雕琢但不露痕跡」、「聲韻節奏的講究」、「重結構布局」已是林文月寫作獨到之處。擺脫了學術美文的寫法後，反而展現出古典與現代自然融合的悠遠意境。《午後書房》中，〈關於秋天〉、〈臺先生和他的書房〉、〈白髮與臍帶〉、〈午後書房〉、〈蒼蠅與我〉、〈步過天城隧道〉諸篇皆稱佳美。在「真幻之際，物我之間」（何寄澎語）[7]，脫去繁華，回歸本心。尤其〈步過天城隧道〉中，取川端康成及松本清張的小說文本，交織在自己實際的行旅之中；東坡夜宿燕子樓詩，又與自己心境做疊合，完美的呈現出時空交錯，古今異位的氛圍。〈蒼蠅與我〉則難得的表現幽默於一隻夜晚擾人的蒼蠅上。從必欲其死，到視之爲友朋。其間心理之微妙轉折，曲盡人情，毫無造作之態。〈午後書房〉揭露了一個女教授寂寞午後的玄思冥想，在備課、審查論文與擬演講稿間，主題逐漸由正務翩翩而去，最後以奇崛一

---

[7]何寄澎，〈真幻之際‧物我之間──林文月散文中的生命觀照及胞與情懷〉，《國文天地》第 25～26 期（1987 年）。

筆,「順手把檯燈關熄,於是,薄暮忽然就爬進我的書房裡」,俐落收束。她是「反覆鋪陳,鉅細靡遺」的,「從未出奇制勝,而是徐徐圖之」[8],看似悠緩,實有節制。

林文月的疏淡風格,使她在一般女作家散文中顯現獨特性。何寄澎形容其為「似質而自有膏腴,似樸而自有華采」,和東坡〈評韓柳詩〉所謂「外枯而中膏,似淡而實美」意同。由於臺靜農的影響,使她逐漸傾向「澀滯的趣味」、「逐漸喜歡淡雅,甚至饒富澀味者」。正如〈步過天城隧道〉所說:「隧道裡有前後,可辨與不可辨之間的微光,沒有車輛駛過時,周遭寂靜如死亡……」。在散文寫作的歷程中,林文月突破既往的勇氣為自己找到不同的光。從《交談》(1988 年)到《作品》(1993 年),她的篇題愈發簡靜無心,像深沉的潭水,負載著無比的蘊藏與重量,懷舊憶往的傷情,沉澱在寂寂屋內的微光之中。〈臥病〉、〈臉・外一章〉、〈風之花〉、〈作品〉、〈迷園〉、〈臺先生寫字〉、〈溫州街到溫州街〉,都是將人生的澀味發揮到極致的中年成熟之作。

《作品》與《交談》相較,傷懷更濃,主要是 1990 年後臺靜農、鄭騫相繼謝世,《作品》出版的時候(1993 年),林文月也正從臺大中文系退了休。人事更迭,時移事變,當不無關係。鄭騫是指導過她學士與碩士論文的恩師,林文月於〈坦蕩寬厚的心〉、〈因百師側記〉諸多篇章中流露的是敬畏尊崇的情感。然而對臺靜農,林文月的孺慕之情更甚前者。從〈臺先生和他的書房〉、〈臺先生寫字〉,到臺靜農去世後的〈臺先生的肖像〉、〈溫州街到溫州街〉、〈懷念臺先生〉,在許多書房獨對或病中侍坐的時刻,即使僅是淺酌或閒談,那種知心領會,即遠非同為臺靜農弟子的方瑜〈夢與詩的因緣〉、柯慶明〈那古典的輝光〉,或洪素麗〈甘蔗林颯颯風吹〉所可比擬。

林文月散文,溫雅疏淡,蘊藉深厚,畫意和禪風兼具,雖未能習得臺

---

[8]陳芳明,〈她自己的書房——林文月的散文書寫〉,《中國時報》,2000 年 3 月 21 日。

靜農早年小說的批判性,卻得到臺靜農簡靜古澀的風致。1993 年的《擬古》,尤其標示了林文月另一個自我挑戰的高度。系列作品 14 篇,仿陸機擬古詩,以前人文章作摹寫對象,頗具實驗性和批判性。擬古,而不泥於古。所擬作品,雖見古今並陳,其實大部分仍是藉他人酒杯,澆一己塊壘。寫臺靜農老師,寫給兒女,憶兒時,念母親。形式是客觀的,抒情的主體仍是自我而內省的。這種手法,其實與 1999 年《飲膳札記》之借物寫人,有異曲同工之妙。

正如 1988 年林文月〈作品〉一文所說,每個人的一生都是一個完整的作品,每一時每一刻,都是作品的部分過程。2004 年《回首》與《人物速寫》中,形同鏡象反射一般的書寫方式——書寫故人親友,實書寫自我生命。重複的人事,在前後期散文中以不同的方式層疊出現,如同老照片顯影一般。寫臺先生、鄭先生的是不用說了,〈讀中文系的人〉、〈我的三種文筆〉、〈在臺大的日子〉敘說學術/寫作緣起;〈迷園〉、〈江灣路憶往〉、〈回家〉憶童年往事;〈我所認識的京都女性〉、〈雨遊石山寺〉、〈風之花〉、〈A〉寫秋道太太,種種,都是這樣的同質異構。

《回首》一書,與《人物速寫》的寫作時間同樣橫跨 1997 年至今。《回首》筆法較顯,浸潤著飽滿的感情,以實筆寫生命中情深意重的親友師長。如〈一首勵志歌〉憶亡父;〈龍坡丈室憶往〉、〈記一張黑白照片〉記臺靜農;〈消失在長廊盡處〉寫朱立民;〈回首迢遞〉是「中華民國筆會」時期的青春記事。〈夜談〉與〈窗外〉,或恐是《回首》中最耐人尋味的兩篇。深夜中一屋子舊家具天涯歸來的對談,和客居布拉格自高樓俯瞰鄰屋內情人的擁抱,呈現了林文月散文中少見的另類視野。而《人物速寫》迥異於此的,用虛筆寫生命行旅中浮光掠影的舊識、醫護、學生、金飾店主,甚至幻設與樋口一葉夜談。在霓虹燈與車燈交織的神色。爲何《回首》中多父兄師長,而這些隱沒名姓的「A」、「G」、「L」泰半是女性,恐怕也只有作者能解吧!

清質悠悠,澄輝藹藹。林文月散文是典型女性學者的溫雅疏淡,蘊藉

深厚。其人其文，在贏得讚譽與獎項無數的同時，偶亦面對「很多戒懼，很多堅持，很多考慮」、「境遇太過平順」的質疑。[9]從她〈散文的經營〉（《午後書房・序》）可以見出她的散文技巧早有自覺，重刪削，講結構，不露斧鑿痕跡，寧可澀一點。從早期的繁縟到到中後期的簡靜，像深沉的潭水，都負載著無比的蘊藏與重量。她那沉默而誠實的書寫策略，言情不盡，清和平遠，其實是有著熱烈的內心騷動與巨大的悲哀沉澱其間的。從〈一本書〉、〈交談〉、〈你的心情〉、〈風之花〉諸作的欲語還休，《擬古》中〈有所思──擬《漂鳥集》〉中埋葬的詩情，近作《回首》與《人物速寫》的顯／隱分明，皆可窺得一二。

　　林文月的散文創作晚於學術研究，1971 年出版《京都一年》時已 38 歲。《交談》與《作品》則都是 60 歲上下的作品了。她的散文，極少著墨於青春心事、婚戀始末或兒女丈夫等切身生活。境遇的平順與深厚的書齋涵養，使她的散文總是溫婉含蓄，穩重平和，從不在爭議性的議題上發揮，「不太能了解他人的生活」，「只會寫好的一面」[10]。然而她的筆下心底，有一個不可言說的溫暖世界，那是五四文人餘暉的賡續，也是與現實世界不同的「昔往的輝光」。在溫州街口，秋意尚未的臺北夜空，沒有李黎筆下憤懣獨行，欲為恩師魯迅翻案的「譚教授」，也沒有李渝小說中年輕政治犯被軍警帶走的身影，[11]只有一間八席大榻榻米的書房，藤椅後掛著沈尹默的字，張大千的畫，在暗夜中放光。

──選自《聯合文學》，第 254 期，2005 年 12 月

---

[9]黃秋芳，〈午後書房──林文月的散文世界〉，《自由青年》，1988 年 6 月。

[10]〈林文月　傾聽月華之聲〉，《誠品好讀》，2004 月 1 月。郭豫倫，〈林文月的希望〉，收入林文月《遙遠》（臺北：洪範書店，1981 年）。林文月，〈愛臺灣的方法〉，《作品》，或恐是唯一對其作品欠缺社會性的微弱抗議。

[11]柯慶明，〈昔往的輝光〉述臺靜農而下，屈萬里、龍宇純、葉慶炳頗多人事糾葛。李黎，〈譚教授的一天〉以臺靜農為藍本，寫於 1970 年代，收入薛荔（李黎）《最後夜車》。李渝〈菩提樹〉、〈朵雲〉、〈夜琴〉，收入李渝，《溫州街的故事》（臺北：洪範書店，1991 年）。

追憶生命之美好
論林文月的散文寫作

◎林韻文*

一、前言

> 我心遠處的地平之極
>
> 小小的生活的過去啊……
>
> 它與現在的心仍牢牢連接著
>
> 盡可以將這麼麻煩的過去捨棄掉
>
> 卻趕不走的藏著
>
> 陳舊了的 Sentimental。——泉浩郎,〈陳舊了的 Sentimental〉
>
> ——摘自林文月〈一本書〉所翻譯日本現代詩集

　　林文月的寫作試圖以文字力抗時光的無常,對生命美好的追憶是不變的主旋律,她習用白描的舒緩筆調,如寫生素描般勾勒出往事的輪廓,一個偶然交集的人生、一個智慧光芒的展現、或者情深的表露,認為自己寫作的風格近於美國作家 Call Carr 於傳記 *My Life at Fort Ross* 中「以娓娓的語調記述年少時光,那種平凡而瑣碎、似真又如幻、甜蜜而感傷的往事。」(〈自序〉,《人物傳記》,頁 6),將平凡瑣事寫出興味。寫日常閒事而有聲色滋味,考驗作者的功力與內力,林文月觀物敘事善於保持適當的美學距

*發表文章時為嶺東科技大學通識教育中心講師,現為嶺東科技大學通識教育中心助理教授。

離，不涉入過多喜悲情緒，對人物、風景、書籍、佳餚……等物體刻畫力求曲盡其貌，由工筆使形貌如在眼前而發顯悠悠情思，帶出超越事物表相的情致，「悠悠從容的帶領我們走入客觀事物及其生命本身，進而對現實世界有一份領悟和發現」。[1]以其出身學界的人文涵養，家庭優厚養成的生活品味，加上個人的秀慧溫婉性格，成就其獨具的純散文寫作。

林文月女士出身世家，外祖父是連雅堂先生，其家族故事見證國族歷史。她出生於 1933 年，13 歲時日本戰敗，民族身分由一個出生上海的臺籍日人轉換成在中國土地的臺灣人，親身體驗到認同轉換、斷裂的徬徨掙扎，這段跨語、跨文化的歷程見於其追憶童年的文章裡，在其生命中認同轉折經驗並沒有成為一道仇恨的傷口，在超越斷裂的傷痕後，多重的認同經驗給她文化滋養的厚壤，讓她有了更富厚的文化視野，視上海為童年故鄉，京都為心靈的故鄉，臺北為生活的根。殖民地子民跨語言和身分認同轉換的經驗，讓她更不畏向其他陌生的異文化探索取經，行旅札記的觸角從日本到美國，又延伸到歐洲的義、法、捷克，她以流暢的外語與海外的漢學者交遊問學，並在文字轉譯的過程追索字與字裂縫中遺落與新生，敏銳的碰觸到文字意符與意指間的歧出，使其文字愈見回歸自然本色的清簡滋味。

本文取材含括林文月歷年來作品由《京都一年》到《寫我的書》，範圍寬泛，蓋多採印象式的批評，唯企求能梳理作者創作的精神與歷程。首節擬從林文月散文創作的觀念與形式美學做探討，論其創作理念與作品質地的互見。次論由其寫作題材所再現的生命歷程及生活體驗，以地理空間的轉換為線，串連起上海江灣路的童稚歲月到臺大校園裡的學院回憶。又論其包容中國／日本的多重文化認同，對寫作視野的擴展與陶塑。末節探討其作品所呈現對人生的觀照態度，散文寫生活裡的世相百態，卻不等同於現實本相，在敘事的言說中寄託作家對世界的觀照思索，與其學識智慧所

---

[1]陳昌明，〈淡中藏美麗——讀林文月《午後書房》〉，《文訊雜誌》第 23 期（1986 年 4 月），頁181。

站的位置高度。

二、自然成文——作品與創作觀念

　　陳義芝在《林文月精選集》推薦序中說道:「古人云『非文之難,有其胸次爲難』,林文月的散文冰清慧美如其人,原因就在她胸中溪壑有深致」[2],散文寫作爲映照真實,虛構成分少,作者的性格品質決定文章的骨氣。梁實秋論散文曾謂:「文調的美純粹是作者性格的流露」,何寄澎論林文月曰:「寫作如其爲人之精緻」,[3]其創作的雋永性來自先天的冰清氣質與悲憫的處世情懷,再加上後天的努力不輟的書齋生活陶鍊,內蘊的人文氣息,行之於文遂成「似質而自有膏腴,似樸而自有華采」之風格。[4]

　　散文傳遞真實心境,創作者的閱歷與視野,心靈的真善美純度決定文章的高度,觀察林文月跨越三十幾年的作品,不論題材的開拓,書寫形式的錘鍊愈到近期愈見圓熟。《京都一年》(1970 年)是林文月的第一本作品集,當時出國風氣未開,作者在學術研究之餘把親炙的京都生活體驗詳盡報導,如做學術論文般的鉅細靡遺、翔實考證。《讀中文系的人》(1978 年)收錄內容包含:文學創作、文學賞析及翻譯介紹。散文作品寫生活周遭的見聞,各類題材都成爲日後個別散文集題材的原型,〈偷得浮生二日行〉記遊竹山鄉下所見溫馨的人情,〈重遊神保町〉記重遊東京神田區見聞,開啓旅行書寫一脈;〈說童年〉、〈馬兵營之行〉追述過去兼寫家族故事,此一懷舊題材常是作品的主旋律;〈過年‧蘿蔔糕‧童年〉寫炊食烹飪的細節與心情,是日後集結《飲膳札記》的雛形;〈讀中文系的人〉是親師風範的主題的發端;〈一本書〉述閱讀的樂趣,預告日後寫書齋感思之雅致。此文集對照晚近作品,文字刻繪尚見斧鑿之跡,情感節制未臻自如。亦偶見知識分子站立於高處體察世情「有隔」的姿態,如在〈馬兵營之

---

[2]林文月,《林文月精選集》(臺北:九歌出版社,2002 年 7 月),頁 11。
[3]何寄澎,〈林文月散文的特色與文學史意義〉,《林文月精選集》,頁 22。
[4]同前註。

行〉文末作者舊地重遊外祖父連雅堂的故居處——馬兵營，探問檳榔攤的老太婆，染上紅汁的嘴角喃喃不知此處原爲古蹟，頓使作者走入歷史現場的感動受挫。

　　林文月至《遙遠》（1981 年），書中後記自道：「近年則自覺豪情與好奇不如從前，寧取平實而不慕華靡，又覺許多枝枝節節去之可矣，……這或即是步入中年的一種心態吧。」此作品集是文風「由絢爛轉爲平易」的開始，[5]筆墨間的中年心情不只流露在遣詞造字，追憶懷舊的感嘆更讓人讀出時光的刻痕。〈給母親梳頭髮〉、〈姨父送的蝴蝶蘭〉、〈那間社長室〉寫出時光幻化中生命的無常感；〈記憶中的一爿書店〉、〈過北斗〉寫上海、北斗兩個故鄉；又收錄〈在喀赤蚩機場〉、〈翡冷翠在下雨〉、〈義奧邊界一瞥〉的旅遊見聞札記，呈現女性細膩心思對異地風土的獨到觀察。《午後書房》（1986 年）塑立平淡歸返真樸的風格，此集作品〈望春〉、〈關於秋天〉、〈夏天的會話〉、〈三月曝書〉以季節流轉的寫時間迢遞的生命匆促感，從時間意識延伸對人事變遷的無常感；〈白髮與臍帶〉、〈悉覺無一人〉、〈上海故宅〉以今昔參差對照寫人生如夢。林文月《交談》（1988 年）以臺北都會空間爲場景，細描刻繪個人於家庭與學術之間生活的切面，見諸於〈我的讀書生活〉、〈我的三種文筆〉、〈書情〉、〈臥病〉、〈歡愁歲月〉等篇章；或捕捉人情偶然交會的光影畫面，如：〈臉〉車陣裡與孩童對望的臉龐，〈交談〉與友人久別在異鄉重逢，由生澀到熱烈的交談。此作品題材以個人生活爲軸心，是作者內心世界呈顯，與身兼教職、母職的生活寫真。林文月《作品》（1993 年）〈溫州街到溫州街〉、〈臺先生的肖像〉、〈臺先生寫字〉以文字刻繪在身邊日漸凋零的一代學者風範，形象鮮然躍於紙上，在筆墨間見深情。作者對散文形式的經營至此也臻於成熟之境，讓情感與形式維持完美的平衡。

　　至《擬古》（1993 年）林文月開始主題式的寫作，作者向中外文學經

---

[5]琦君，〈心靈的契合：讀林文月的散文集《遙遠》〉，收錄於《遙遠》序文（臺北：洪範書店，1981年），頁 5。

典取經，脫胎換骨仿寫其形式，此一構想來自六朝陸機的擬古詩十九首，在限制之下寄託自身情志的擬作，作者希望透過臨帖般的寫作過程可以為自己的創作帶來新活水。《飲膳札記》（1999 年）寫烹調料理的技進於道，佳餚的色香味食藝，與親友歡宴的美味回憶，開飲食文學的另一高峰。在《人物速寫》（2004 年）的系列中，作者統一隱沒傳主名姓，而以英文字母代號命名來寫真實人物的列傳，以 C・、A・、L、G・……等為篇名，造成一種抽離的距離感，免去讀者對號入座的窺探式閱讀，以層層剝落、逼近核心真相的描摹筆法來再現實體對象，亦是作者走過幾番風雨對人間世態的體悟，人物速寫成為以一擬多，人生歡愁的隱喻。

林文月《回首》（2004 年），以回望過往為主題，〈回家〉、〈在臺大的日子〉、〈京都，我心靈的故鄉〉、〈回首迢遞〉、〈龍坡室憶往〉部分為舊題材的重作，於不同的時空距離再一次回望過去，亦可探見作者生命中幾個不斷縈迴的主題。新作《寫我的書》（2006 年）記錄面對一本書無端的心情轉折，並勾引出與書連結的身影，名為寫書實為懷人。綜觀其跨越三十餘年的寫作歷程，以真摯、純善的心靈為美，「為情而造文」以文字細描封存曾相逢的美好時光，文字漸趨向平淡自然，非講究錘鍊字句的美文形式，結構見設計巧思而不露痕跡，實踐她從個人寫作經驗所提出的散文創作理念：「散文的經營，是需費神勞心的，作者萬不可忽視這一番努力的過程，但文章無論華麗或樸質，最高境界還是要經營之復返歸於自然，若是處處顯露雕琢之痕跡，便不值得稱頌。」（〈散文觀〉，《午後書房》代序，頁 7～8），以反璞歸真的美學為尚，淡中有味之文，要有豐實的內涵存在。

林文月的寫作觀追求流自胸臆的真情，看重文章的內容更重於形式，自道：「寫散文和其他文類一樣，首先要有好的內容。如果沒有好的內容為骨髓，一切外在的經營安排都無意義了。什麼是好的內容呢？在我看來，無非在於真摯二字。」（〈散文的經營〉，《午後書房》，頁 7～8），散文表現作家的真實自我，寫作者把讀者當作一個傾聽者，如實的把生活中的感動

記錄分享。又言:「散文的題材內容,其實泰半來自日日生活的耳聞目睹諸現象,所以細心的觀察與關懷是寫作的人不可或缺的基本態度」(〈散文的經營〉,《午後書房》,頁 1~2),再現真實生活的散文不等於現實的複製,伏爾泰:「表現能比任何反省能知覺到更多內在生命,因為它起於意識從未照亮的深度。」表現生活經驗從個人日常切面提煉眾人生命共相的體悟,一花一葉寓宇宙真理,把平凡事物寫出滋味,端賴作者慧眼洞見與敘述功力,何寄澎談述其散文曰:「林氏散文最值得注意的是他對生命的關照,以及對事物的同情與關懷。」[6]此一關照生命與悲憫的襟懷是作者觀察世界的視角,其筆下遂能展現在時間縱度裡淬煉的智慧溫度。

　　林文月寫人事物多採表現性手法,寫物如畫素描,景象宛若重現,情韻栩栩然如生,「除了外型之刻畫,復得藉由語言談吐以彰顯那個人的個性特色、內蘊氣質,乃至於當下所無法把握的生命軌跡。」[7]作者認為文字表現的精神深刻性更勝於圖像線條的掌握,以細節、動作、話語表現人物形象風姿,少見主觀性的情感獨白,使作品在冷筆中留下回味的情蘊。其筆下素寫的人物從至親祖父連雅堂、舅舅連震東、父母親、以及兒女;文學師友臺大中文系臺靜農教授、鄭騫教授、朱立民教授等師長,以及林海音、董橋等文學界友人,還有生命中偶然邂逅的眾生相:到異地認識的友朋、家中幫傭的阿婆、照顧先生的看護、租屋房東、金工藝品店的店員等等,不管是寫至親或者旅途的陌生人,作者自覺的保持藝術不遠不近的距離,淡然的詳寫其所見所知,非過度介入窺探式的觀察,以細膩的女性心思站在和觀察對象平行的面上,一筆筆把握核心形象以勾勒本色神韻,在寫物栩栩然靈現之際作者投注之情也宛然在眼前。看似「無我」的洞察角度,實是「婉轉附物,怊悵切情」,[8]客觀事物往往是觀察者心境的折射:

---

[6]何寄澎,〈真幻之際,物我之間——林文月散文中的生命觀照及胞與情懷〉,《國文天地》第 3 卷第 1 期(1987 年 6 月 7 日),頁 68。
[7]陳宛茜,〈林文月「人物速寫」看見自己〉,《聯合報》,2004 年 4 月 17 日。
[8]劉勰,〈明詩〉,《文心雕龍》(臺北:三民書局,1994 年),頁 87。

好比在一片大鏡前，你去看一個人。你所看到的是這個人物實體，以及鏡中的這個人物；而鏡子映現這個鏡面所能包容的人物周遭另一些人，甚至於在一旁觀察人物的你自己；更由於方向角度的些微調整，人物與觀察人物的你自己的主客位置，則又隨時可以轉換變化，於是你看到你所要觀察的人物對象，彷彿也看到那人所觀察的觀察者你自己。

——〈致 MN 代跋〉，《人物札記》，頁 164

人物姿態被再現的形貌表現的不只是客觀真實，還是在背後的觀察者其心影的投射，因人的主觀情感投射賦予物體形象的精神血肉，轉個移動視角被攝入鏡像中的觀察者才是真正的主角。拼湊林文月筆下的世相百態，我們拾得的反而是她自己歲月時光的全貌。

三、從江灣路到溫州街——國族認同的斷裂與延續

　　散文寫作來自真實生活的所見所思，閱讀作家在時間軌跡下的自傳性書寫，能見證其生命歷程的周折與滄桑。林文月成長於二次大戰前後時期，在其筆下也呈現認同轉換一代的徬徨，探問我是誰？又歸屬於何處？其生命旅程的地理空間由童稚時期的上海江灣路、至求學問道的臺大校園與溫州街宿舍。作品中上海江灣路的歲月是追述：「由於我生在一個變動的時間裡，而我的家又處在幾個比較特殊的空間裡；時空的不湊巧的交疊，在我幼小的心田裡投下了那一層淺灰色的暗影」，〈回首〉這投影心上的灰色暗影是作者因面臨歷史、文化、語言的變遷，所面臨到認同斷裂的傷痕，因戰爭而急遽轉換的國族身分符號，無法被熟悉一套文化認同模式的個人快速切換過來，在認同的斷裂與重組間個人所面對的衝擊，在其追溯個人與家族回憶的作品中可以找到印記。

　　林文月出生於上海虹口日租界，父親是彰化縣北斗人，任職於三井物產株式會社的上海支店，幼時住在江灣路就讀租界內的日本小學，在其散文創作〈說童年〉、〈迷園〉記錄以童稚眼光探索的上海歲月。作者以臺籍

日人的身分作爲觀察角度,透過個人生活片段的描摹,巧妙的捕捉在中日戰爭時期位於租界地的微妙民族氣氛,抒發生活在日租界地臺籍日人尷尬的身分位置:

> 全校只有我和妹妹兩個臺灣學生。老師和同學總是以奇特的眼光看待我們。我們因為從小與日本孩童一起長大,語言習慣都頗為日本化;父母則因為我們還幼小,也就沒有灌輸我們臺灣如何割讓給日本的歷史,所以我們根本無由了解何以自己與別的同學有差異。
>
> ——〈說童年〉,《讀中文系的人》,頁 27

文中以童稚不解族群差異的眼光,對比成人世界高舉民族主義大旗所帶來族群的仇恨,此視角的選擇不僅符合作者居留上海的年紀,也巧妙地隱喻對民族主義後天型塑人爲疆界的批判。[9]在童稚的眼光中人人皆平等,認同在生活空間裡被型塑的日本身分,不解殖民者與被殖民者身分地位尊卑的差異。〈記憶中的一爿書店〉追憶寬容的書店主人,因不曾對每日放學到書店閱讀童話書的女孩斥責,而隱約種下一顆喜歡讀書的種子,這段日本書店主人超越族群藩籬溫馨的情誼,成爲作者模糊往事裡恆常珍貴閃亮的一頁。

　　身處在時代洪濤中的個人,即使是不解世事的孩童,透過成人生活行爲建構的認知,也察覺到因國族身分不同所引起的差別待遇,作者從小處著眼寫生活中的歧視待遇:母親參加母姊會時在髮上挽一個髻,引來奇特

---

[9]國族認同(national identity)的論述整理,參考蘇子喬:「當代關於國族認同(national identity)的研究者大抵都會認同,國族並非是天生自然、本質存在的,它具有人爲建構的性質。」「幾位研究國族和國族主義的重要學者,包括 Glifford Geetz(著重『發明』"invented")、Ernest Gellner(「民族主義者製造出國家,而國家製造出民族」)、Benedict Anderson(強調『想像』"imagined")、E. J. Hobsvawn(「並不是國族創造了國家和國族主義,而是國家和國族主義創造了國族」、(Anthony D. Smith(『再建構』"reconstructed")等人,儘管各自使用不同的概念來詮釋國族與國族主義,但都同意國族與國族主義的人爲建構性。」蘇子喬,〈「中國人」還是「臺灣人」?——悲情城市與香蕉天堂中的國族認同〉,政治大學「文學、藝術與臺灣政治」學術研討會論文,2002 年 5 月 18 日。

目光的注視，因在日人學校中和服才是身分象徵的禮儀。又在戰時為躲盟軍飛機在防空洞中遇一日本兵，為解悶逐一問學童的籍貫，當林文月吞吞吐吐說是臺灣人時，二等兵突然變得冷漠的表情，在其心靈留下忘不了的屈辱和憤怒，這些日常的差別待遇在童稚的心靈留下暗影，被迫去明白成人世界所建構國族身分的尊／卑烙印。及至日本戰敗，在廣場上聽天皇以廣播宣布無條件投降時，作者被廣場悲傷的氣氛所渲染，矇懂地跟著大家一起悲傷的哭泣，「從大人口中得悉：我們不再是日本人，我們現在是中國人了；我們沒有打敗戰，我們是勝利了。」（〈說童年〉，《讀中文系的人》，頁 27），才明白自己是勝利的一方，無須哀傷。「這種極端相反的感受，自然是不太容易立刻適應的，但在我當時幼小的心中，最悲傷的卻是慶勝的同時，驟然變成孤立無友的狀態；昨日嬉戲的友伴今日盡成敵人！」（〈再會〉，頁 24），作者追憶個人的童年時光，又映照時代的光影，位處疆界邊緣位置者的上海租界臺灣人，國族認同的多變性與替換性在其身上體現。

　　戰爭結束，林文月一家人也於民國 35 年 10 月遷返臺灣，當船停靠基隆港，兩地天候風情的差異，令初抵陌生故鄉的孩童張大新鮮興奮的眼：「離開上海時，天寒地凍，咖啡色的揚子江上，飄盪著一層冰涼的薄霧。母親身上穿著虎皮衣禦寒，我們大家也穿好幾件厚毛衣。可是，船停靠基隆港時，卻見一幅熱天景象。有些光著腳的男孩子背著木箱，在叫賣「枝仔冰。」（〈說童年〉，《讀中文系的人》，頁 32），臺灣沿途抬頭可見的青翠山巒，三線道上成排的大王椰，感覺充滿異國情調。除了異國風味的景象，語言、文化的差異又再一次衝擊剛面臨認同身分轉變的林文月。她轉入老松國小六年級，既聽不懂臺灣話，對於濃重臺灣腔的日本語也似懂非懂，陌生的環境加上語言的隔閡，使怕生的她視上學為畏途。在班上同學稱外省人為「阿山仔──」，她則被稱為「半山仔」，戲謔的稱呼恰體現其處在特殊身分的處境，其出生「上海」的特殊位置，又有別於其它剛告別日本殖民的本地同學。在幼小的心裡常有了這樣的疑惑：「我當真不再與別人都無差別了嗎？事實卻未見得如此。」（〈說童年〉，《讀中文系的人》，頁

32），對於國族認同轉變的呈現了不適應的隔閡，認同斷裂的傷痕必須在遺忘裡彌合，而記憶不斷提醒曾經的徬徨。林文月以童稚的眼光記錄戰亂歲月，用日常生活的悲喜哀樂寫歷史，再現歷史的方式是細瑣、邊緣、疏離的，對於政權轉換時期歷史風暴的核心是無視隱沒的。

　　主體賦予了空間情感的意義，在時間之流中空間的意義不斷地被層層疊疊的記憶，消去重寫，深深淺淺的印痕賦予空間與個人的情感溫度。隨著臺北生活時間的延展，作者找到安居的認同感，漸次撫平認同斷裂的暗影：「我慶幸自己畢竟有一個完全屬於自己的環境，以及不必再感到徬徨的現在。」（〈說童年〉，《讀中文系的人》，頁 34）。屹然存在的地景，見證如浪濤來去的人事，睹物思情每每勾引起曾經的記憶，作者用文字刻畫下曾經駐足停留的角落，喚起了地方與人的情感，呈現主客合一的空間「感覺結構」。其〈臺北車站最後一瞥〉記錄搭乘舊站出發的末班車，目光專注凝視著眼前將消失的建物，想起初中的畢業旅行在車站集合的記憶，「像我當年的學童，在這半世紀以來，不知到底有多少人經驗過多少類似的心情？當然，尚有其他的悲歡離合，也在這月臺上一次一次留下痕跡，旋又消褪無蹤。」（《交談》，頁 156），在末班列車啓動後，投向這見證人間歡愁的車站最後一瞥，疊合著過去與現在，充滿個人情感回憶的公共空間。〈不見瑠公圳〉一文遙想被遺忘掩蓋在車輛奔馳壅塞的新生南路下，悠悠流著的瑠公圳，望著路旁嘻笑穿梭的臺大學生，想起自己在春季騎著腳踏車穿過瑠公圳去註冊的畫面：「在這條溝渠裡有流水涓涓，溝渠兩側的草坡，春天杜鵑花嫣嬋，夏季綠柳垂蔭的優雅的道路上。許多許多年以前，曾經是一片荒蕪，草木雜生……」（《作品》，頁 181）憶起了舊時光的臺大校園生活，還有當年瑠公開鑿灌溉渠道的熱情與傻勁。臺北都市空間成為作者筆下層層疊疊回憶的居所，今昔對照的互文豐富了城市空間意義，見證城市在發展中的變遷。

　　在充滿情感的臺北空間，是作者身心安放的所在，使飄移不定的認同不再徬徨。史都華・霍爾（Stuart Hall）提出文化認同具有雙重屬性：「文

化認同不是固定的本質，並不是自外於歷史與文化而恆常不變的。它不是我們身外之物的某種普遍及超越之精神，不可能免於歷史的烙痕。它不是一種固定的發源點，可以供人作最終而全面性的回歸。」[10]，此非固定的多重性使文化認同隨著不同的敘事記憶，而不斷地被改寫，並沒有一個永恆不變家園等著離家者歸返，家鄉與離鄉者記憶都在歷史、環境與文化變遷中流動，有斷裂與延續。〈回家〉一文，林文月寫暌違半世紀之後，重履上海江灣路的故居，既期待將揭開記憶的扉頁，又惶恐於家是否依然無恙？「家，還安然嗎？少小離開的時候，對於出生的地方和童年記憶之所繫處所，已然有頗深刻的印象；但是這許多光陰流逝過去，一切變得那麼遙遠朦朧迷離不可把握了。」（《回首》，頁 73〜74）按著記憶裡故居的圖像去尋訪，舊宅仍屹立於原址，在時間的淘洗下陳舊了，當時一家人生活時紅黃對比，醒目的花園洋房，桃柳成蔭的後院，「若非這一片門牌，委實不能相信眼前這個削去花園，除卻小徑，剷半石階，徒遺的屋殼，是我們的老家。」作者在返家的路途遺落的不只是記憶裡的舊宅樣貌，在破損陌生的家門前，也一併告別了記憶裡的童年之地，「讓車窗外似相識又陌生的景象在眼前不斷浮現又不停退卻，我在心中自問：這樣子，算不算回家了呢？」，在時間、文化的沖刷下，記憶裡的故鄉已不可尋。

四、古典的心靈故鄉：多元文化的融合

林文月對美有天生的敏銳感受，少時選擇志向曾在繪畫與文學間徘徊難以割愛，填志願時因不願隨流俗讀外文系，選擇走入中文系的世界，在古典文學的世界安放身心：「因為我越多接觸我們的古典文學，便越發現其中所蘊藏的豐富知識和理趣，我的生活因而更形充實，使我感覺生為中國人的幸運和驕傲。」（《讀中文系的人》，頁 37）由這些文學涵養中，她進一步地將其內化到自己生命，吐露為典雅豐贍的文字篇章，溫婉如玉的美

---

[10]轉摘自李有成，〈漂泊離散的美學：論《密西西比的馬薩拉》〉，《中外文學》第 21 卷第 7 期，1992 年 12 月。

學風格。其在學術上以魏晉文學爲志業，閱讀古籍她摒棄陷溺在求索字句的推敲，首重經典保存的典範和智慧：「可曾想過：古人所遺留下來那些優美的文字，其實正是他們賞愛自然，體悟人生的痕跡呢？」（〈夏天的會話〉，《午後書房》，頁 56～57）。作者以讀中文系的身分賦予讀中文人「傳遞我們的傳統文化」的使命，其筆下以臺大文學院師長爲中心的人物風采，就是中國傳統士人風骨與氣節的具現，環繞的生活態度是文人雅緻的風姿的展現，師長的身教滋養了她待人處事的態度，也塑成其作品中濃郁的人文內涵。其寫臺靜農師率真自得的性格，興致一來就揮毫寫字送人，遠近慕名而來的求書者不絕於途，而臺師分文不取，「其後，他聽取學生的勸說勉強接受潤筆，猶有靦腆之色，又另書一幅以爲餽贈。」（〈龍坡丈室憶往〉，《回首》，頁 124）從行事見其知識分子的耿介的人格風範，其描述的昔人身影雖已遙遠，但一幕幕生活素描使士人風範永留存。

此一中國古典文學世界不但是林文月教學、創作的信仰，此一精神層次的古典文化情懷，亦安放遭逢時代變局，經歷民族認同的轉換尋求安放的心靈，確立自我歸屬於何處？文化認同是國族認同的基礎，缺乏文化認同內涵的國族認同是不牢固的，凝聚力亦不夠完整，作者以中國古典文學中溫柔敦厚的情懷，儒家對士人道德價值的信仰，來確認自我歸屬的位置。文化屬性在民族／國族層面，除了移民者外，選擇是受到限制的，像國家主權改替時的被迫認同。而文化屬性的精神面則是可以由心靈自主決定，此部分屬性的流動和多元性更爲自由具包容性，可慰藉在國族認同裡受到暴力對待者。生逢戰爭時期的林文月曾感受國族排他的暴力無理性，認同轉換的經驗也曾在身上留上暗影，日後她從文化、心靈的多元認同歸屬，來弭平斷裂的傷痕，她一直把京都視爲心靈的故鄉，以跨語的雙語優勢，譯介平安時期文學經典，以文學化解民族仇恨。

林文月曾在 1969 年到 1970 年間由國科會遴選赴日本研究比較文學，[11]

---

[11]林文月旅居京都從事的研究主題是「唐代文化對日本平安文壇的影響」，始注意到《源氏物語》與中國文化的密切關係而開始閱讀。林文月，〈我怎麼開始翻譯《源氏物語》〉，《讀中文系的人》

居住於京都的左京區，除因此地爲漢學研究重鎮外，也因其爲文化古都：
「京都爲日本故都，有千年的文物、名勝古蹟、其四季行事之優雅，也是
吸引我的因素。」（〈京都，我心靈的故鄉〉，《回首》，頁 49）。受林海音鼓
勵亦爲了排解一人在異鄉的寂寞，開始寫作眼中所見、心中所感的京都樣
貌，包含祇園祭、茶會、賞櫻、庭園、古書鋪、懷石料理……等風景、文
物、民俗的介紹，此階段文風雕縷翔實，極力重現氣味氛圍，以求能讓未
能親履的讀者有鮮活的感受。作者此次旅居京都除進行比較文學研究外，
並實際親履故事背景京都的景致文物、四季變化、節令景物，並爲日後譯
作一系列平安時代文學《源氏物語》、[12]《枕草子》、《伊勢物語》、《和泉氏
部日記》等埋下種子，「這一切的變化，冥冥中實與遊學京都的那一年關聯
著。然則，京都，也許可以說是我心靈的故鄉吧。」（〈京都，我心靈的故
鄉〉，《回首》，頁 52）或許幼年在租界地與日人曾有的真摯情誼，生活上
浸染的文化氣息，都是日後這株跨文化轉譯花朵綻放的種子。她更有感戰
爭對人性的破壞，帶來民族隔離的仇恨，也力圖以自己的微薄力量用文化
的了解促進民族的互信。

　　她翻譯平安時期經典不只是力求字句上的精確轉譯，更希望傳達敘述
間的文化的神髓，以及文辭之美：

> 因爲我選擇作爲翻譯的對象，都是重要的、有價值的文學作品，我不希
> 望只是作個故事的代言人而已，總是希望透過譯文，讓讀者不懂原文的
> 人也能欣賞到原著的豐饒的文學內涵，或者幫助他們了解較深的文化背
> 景。
>
> ──〈H〉，《人物速寫》，頁 123

（臺北：洪範書店，1978 年），頁 176。

[12]《源氏物語》爲日本平安朝之文學巨著，作者歷來稱爲紫式部，故事以平安時代京都爲背景，寫
光源氏一生，以其政治生活浮沉爲經，錯綜複雜的女性關係爲緯，表現絢麗多彩的貴族生活，並
反應人生之無常。參見林文月，〈《源氏物語》簡介〉，《讀中文系的人》，頁 181。

《源氏物語》夾雜典故、和歌不易轉譯，尤其是和歌部分如何傳達文字間的韻味，考驗譯者的文學造詣，爲了完善精確的譯註，林文月幾經琢磨以自創的七、七、八共 22 字的三行詩體，首尾兩行押韻，加上「兮」字，來把握和歌纏綿婉轉的意味。[13]

　　林文月嫻熟於中、日、英三種語言得以從不同的文化脈絡，獲得思考的多元啓發，「我用翻譯來逼迫自己認眞閱讀，同時由其轉迻的運思過程中，吸取別人的寫作技巧。」（〈後記〉，《午後書房》，頁 202）由轉譯語言敏銳地感受到詞與詞細微的差異，發現詩句意旨在轉換過程什麼被彰顯了？什麼被隱藏了？進而了解背後蘊藏的文化價值。〈陽光下讀詩〉一文記述在陽光下展讀英國學者威利的英譯中國詩，透過譯文：「再去溯源一些熟悉的以及不甚熟悉的古詩。感覺有些複雜而奇妙。」（〈陽光下讀詩〉，《回首》，頁 4），威利一生不曾到過中國，憑著對東方文化的熱愛，花時間譯介屈原、白居易等中國詩作；亦不曾到過日本，琢磨翻譯《源氏物語》，透過書籍用想像構築一個東方的心靈桃花源，「他的日本，遂永遠是紫式部筆下的日本，他的中國，也應該就是像這本譯詩集中的中國罷。」（〈陽光下讀詩〉，《回首》，頁 5）透過經典去認識一個國度，永遠是精粹的文化世界，走入人類心靈的共通的悲喜，跨越國界的藩籬，開啓了不同的窗戶。誠如作者卷末所言：「『書，不言語嗎？』書，正以各種各樣的語言與我們交談著。」（〈陽光下讀詩〉，《回首》，頁 7），在文化精神的世界跨越國界藩籬，人與人之間遂有了共同語言。

五、似水流年，追憶傷逝

　　林文月作品一貫的主題流露對時間敏銳的感受，在時光的淘洗下往事

---

[13]透過與豐子愷的譯本相比較，流露兩人不同的轉譯韻味。林文月譯本：「有所思兮遂不眠，寂寞多夜何其短，夢也難成兮淚漣漣。」豐子愷譯本：「冬夜愁多眠不穩，夢迢人去渺難尋。」；林文月譯本：「難忘懷兮總依戀，魂爲徘徊奈何津，倘尋冥界兮恐難見。」豐子愷譯本：「渴慕亡人尋逝跡，迷離冥途影無蹤。」豐本較爲平順白話，著重文意的眞實傳達，林本則有美文的修飾，以騷體方式表達抒情之細緻纏綿。

如夢，而所幸在無常變幻中唯「書是活的有生命的」，她藉由文字細膩翔實
的銘刻力圖抵抗時間的侵蝕壞毀，讓曾經存在的美好時刻永恆閃耀。作者
在〈回首迢遞〉文中嘆道：「歲月流逝何其匆遽？回首迢遞，然而似遙遠實
可把握。於今燈下追記過往細瑣的點滴，感傷之中仍釀藏著濃郁的溫馨。」
（《回首》，頁 91）這一貫的主題與林文月開始執筆時已近中年心情有關，
越到後期緬懷傷逝之情越是縈迴不去，其寫作《交談》一書：「成於五十歲
以後，人生過了中年，哀樂皆有，身旁的人離逝多於存在，故積極的生命
情調轉為感傷，甜美的感覺亦不復存在且有了蕭瑟之感」，[14]有情之人面對
生離死別筆下流洩心中之慟，昔時的美好時光對照今日的逝者矣矣，沉澱
出面對歲月的滄桑感。

　　在作者筆下對於人生的變幻，有轉瞬如夢的無常感，在《遙遠》一書
後記寫道：

> 在我校閱文章，書寫後記時，卻不由得驚悟時光匆匆人生幻化之理。給
> 母親梳頭髮，才只是一年多以前的事情，如今母親的骨灰已深埋在冷冷
> 的泥土底下。……稍縱即逝的是時間。「當時只道是尋常」，許多的人與
> 事，情緒與思維，其實轉瞬便已遙遠！人生這般不可思議，如何叫人能
> 不感嘆，而一時一刻的眼前現在，又怎能不珍惜愛護呢？
>
> ——《遙遠》，頁 187

作者以今昔的時光交映於同一個空間點來展現物是人非遷逝的感傷，言辭
間有蘇東坡：「壞壁無由見舊題，老僧已死成新塔」的變幻滄桑感，將封存
於文字的母親形影對照現實的變幻，體悟當下的可貴。

　　對於時光迢遞的感受，作者多以不變的物景襯托光陰的流動，光陰的
流逝具體展現於四季景物的變遷，樹猶如此人何以堪。〈樹〉一文作者寫在
研究室窗外屹立庭中的老樹，初識時剛進研究所，後來執教鞭在研究室準

---

[14]何寄澎，〈林文月散文的特色與文學史意義〉，《林文月精選集》，頁 18。

備教材的空檔臨窗看樹，樹在枝枒漫伸的成長過程見證人事興替榮枯。文學院前的欖仁樹也是人生的見證，「當我學生時代那一排樹尚吝於提供行人遮陽，如今我再回來，它們竟變得如此茂盛，甚至帶些蒼老之態了。木猶如此，時間流逝何其快速，沒有聲息，唯於形影間隱約可辨。」（〈在臺大的日子〉，《回首》，頁 53），依然屹立的樹木見證曾經青澀的摸索學習，穿插昔日師長的上課點滴與對自己的提攜點撥，在自己學有所成後也在研究室帶領起一張張年輕的臉，作者筆下的老樹年輪正是校園學術傳承一代接一代的見證，也正好隱喻百年樹人的學術殿堂。「我確知老樹總會屹立中庭，以它榮枯不同的眼神繼續守護我們」，樹木今昔的模樣映現時光的迢遞滄桑，在無常的變幻中有不變的精神被永恆流傳於校園。

昔日師友的身影在依然熟悉的校園裡已無處尋覓，臺靜農、鄭騫、朱立民先生已消失在長廊的盡頭。1970 年代作者與林海音、殷張蘭熙、齊邦媛筆會成員的圍繞文學熱切地談話餐聚，對照眼前宴席已散的生離死別，「歲月流逝何其匆遽？回首迢遞，然而似遙遠實可把握於今燈下追記過往細瑣的點滴，感傷之中仍蘊藏著濃郁的溫馨。經過生離死別，許多的不忍與難捨沉澱以後，我看見純淨的友誼晶瑩留存」（〈回首迢遞〉，《回首》，頁91），曾經的美好依然在記憶裡發光，無常化為永恆了，生命有時而盡，但長者留存的典範常在。隨著其寫作時間的累積，曾經伴隨作者成長的親人多離逝，作品中不免以追憶傷逝為主調，寫父母親、舅舅、師長等在歲月中被消磨盡的肉體、生命，作者追憶的筆法客觀而抑制，以冷筆寫熱情，即使寫至親亦節制筆墨，不過於介入個人的感傷情緒，維持適當地美感距離，任人物的言語、風采、舉止演出滋味，把「有我」的散文做無我的敘事，淡筆素描交會時光中綻放風範。

面對傷逝、親友的老病不禁讓人思考什麼是生命的意義：「人為什麼要生呢？既然終究是會死去。」（〈C〉，《人物札記》，頁 19），在〈一位醫生的死〉文中作者寫自己陪伴父親臨終的心情，病褥上的父親被踞除雙腿，陷入昏迷，「怎麼辦？而父親總是沉沉的睡，沒有春夏秋冬、沒有悲觀哀

樂。我輕輕撫摸那一頭白髮，不免自問：當時我們為他所做的抉擇是對的嗎？現在父親若能睜開眼睛說話，他會對我們說什麼呢？」（〈父親〉，《作品》，頁 109），肉體消蝕陷入昏迷的身軀還要不要苦苦的維繫一脈生息？要繼續和命運拔河，還是該放下從苦難解脫，在死亡的面前讓我們逼視生命核心的問題，怎樣的生命才值得活下去？生命終不免面臨老病活著到底是為了什麼？作者在個人的傷痛中也引領著讀者思考。

　　睹物思人，舊事物構築起一條連接到過去的橋樑，追憶似水年華的流逝，舊物隱喻抽象的情感，召喚出一個過去的心靈居所。作者在〈白髮與臍帶〉中由母親的兩樣遺物，悼念母親不在的形軀，與血脈的延續：「這一段萎縮成寸許長的細帶，竟是生命的隧道，雖然經歷了這麼多年，甚至另一端已經熄滅了，它仍完整地敘說著薪火傳遞的故事」（《午後書房》，頁90），生命終有盡頭但其意義在留下新的生命延續。〈給母親梳頭髮〉記述幫生病的母親梳頭沐浴，由青絲變花白的髮，纏繞的母親為子女奉獻的時光。時間的流逝不盡都是悲傷的衰亡，也帶來兒女新生成長的喜悅，〈歡愁歲月〉一文記述作者看著兒女由依賴到獨立的成長過程，雖不免有憂心的教養煩惱，看著兒女找到屬於自己的道路，欣喜的成就感油然而生。

　　飲膳亦是一種回憶的味道，飲食不只是口腹的滿足，宴饗時精心調製的料理展現主人的用心與待客的誠意，當歲月迢遞彼時歡宴賓客有些已不再，只能藉由食物的氣味記憶起昔時親友聚會的盛景，勾引起耳酣酒熱之際的言談印記。林文月女士《飲膳札記》的寫作即是重覽昔日準備宴席的各色紙片，本為選購材料方便及避免日後再邀時菜餚重複，隨筆記下的菜色及賓客名單，於時光流轉後重覽舊卡片如一楨楨躍然而現的故事寫真：

> 於一道道菜餚之間，令我憶起往日上灶前的割烹經驗，而那些隨意寫下的名字，許多年以後再看，竟也有一些人事變化，則又不免引發深沉的感慨與感傷。

　　　　　　　　　　　　　　　——〈跋言〉，《飲膳札記》，頁 147

　　一道道的料理見證歡聚的美好時光，《飲膳札記》在遊藝於美食的經營烹調外，也是一則一則睹物思人的故事。〈潮洲魚翅〉作者寫魚翅羹由於烹飪製作費神費時，如果不是宴請長輩不常烹煮，作者在邀聚親友聚餐必另留一碗孝敬父親，在品味魚翅濃郁的湯汁時懷念起父親晚年體衰齒落飲食不易的記憶。佛跳牆一佳餚使作者回想起少女時代全家在假日去北投洗溫泉，浴後品嚐阿吉師這道佳餚的美麗時光：「雖然父母已經先後作古，姊妹兄弟也都分散各地，有些甜美的記憶卻是永不褪色，舌上美味之內，實藏有可以回味的許多往事。」(〈佛跳牆〉，《飲膳札記》，頁 31)。〈香酥鴨〉於料理過程行文間想起相處 23 年期間，歐巴桑憨厚的天性與從中學到的處事之道。作者擅長以白描工筆，從食材的精選到烹調的耗時費工以至品嚐的神態，一筆一筆細描娓娓道來讓飲膳歡宴的歡樂重現。

六、結語

　　用心作學問、認真過生活，將對生活情感的真摯融入學問的研究，又將書案中精粹的智慧反餽到生活，遂成就其林文月獨到的人文風采。林文月的散文創作以自然如水的行文筆調，娓娓的翔實記述，讓筆下栩然生動地物、事自然地流露情感思想，沒有激越的哀傷情調及過度黏膩的抒情，在平淡中自有純雅厚度，此美學風度來自其書香世家的大家風範，中文系古典世界的詩情涵養，對日本平安文學的浸染，旅行交遊的開闊視界，與對繪畫的喜愛嗜好。林文月觀察世界來自對人生的深情，其筆下總呈現人性美好的一面，由純善的細緻心情出發來看世界，生命美好雖不免在時光中消蝕，幸而文字永恆。

參考資料

一、專書

・林文月，《京都一年》(臺北：純文學出版社，1971 年)。

——，《讀中文系的人》(臺北：洪範書店，1978 年)。

——，《遙遠》（臺北：洪範書店，1981 年）。

——，《午後書房》（臺北：洪範書店，1986 年）。

——，《交談》（臺北：九歌出版社，1988 年）。

——，《作品》（臺北：九歌出版社，1993 年）。

——，《擬古》（臺北：洪範書店：1993 年）。

——，《飲膳札記》（臺北：洪範書店，1999 年）。

——，《林文月精選集》（臺北：九歌出版社，2002 年）。

——，《人物速寫》（臺北：聯合文學出版社，2004 年）。

——，《回首》（臺北：洪範書店，2004 年）。

——，《寫我的書》（臺北：聯合文學出版社，2006 年 8 月）。

‧安德森（Benedict Anderson）著；吳叡人譯，《想像的共同體》（臺北：時報文化出版公司，1999 年 4 月 26 日）。

‧Mike Crang 著；王志弘、余佳玲等譯，《文化地理學》（臺北：巨流圖書公司，2004 年 2 月）。

‧亮軒，《從散文解讀人生》（臺北：臺灣新生報，1994 年 6 月）。

‧郭洪紀，《文化民族主義》（臺北：揚智出版社，1997 年 9 月）。

二、論文

（一）期刊論文

‧陳昌明，〈淡中藏美麗——讀林文月《午後書房》〉，《文訊雜誌》第 23 期（1986 年 4 月）。

‧陳芳明，〈她自己的書房——林文月的散文書寫〉，《中國時報》，2000 年 3 月 20 日～21 日。

‧陳芳明，〈女性詩人與散文家的現代轉折〉，《聯合文學》第 19 卷第 4 期（2003 年 2 月）。

‧何寄澎，〈真幻之際‧物我之間——林文月散文中的生命觀照及胞與情懷〉，《國文天地》第 3 卷第 1 期（1987 年 6 月、7 月）。

‧張瑞芬，〈「回歸古典」，或「跨越鄉土」？——崛起於七〇年代的兩派女性散文〉，

《臺灣文學研究學報》第 2 期（2006 年 4 月）。

· 李有成，〈漂泊離散的美學：論《密西西比的馬薩拉》〉，《中外文學》第 21 卷第 7 期（1992 年 12 月）。

· 莊明哲，〈臺灣人或中國人：分裂的民族認同？〉，《中山人文社會科學期刊》第 9 卷第 1 期（2001 年 6 月）。

· 黃馨慧，〈從後殖民理論觀點中國與臺灣之文化認同〉，《政治學學報》第 4 期（2005 年 2 月）。

（二）報紙

· 方瑜，〈飲膳召回往昔的時光〉，《中國時報》，1999 年 5 月 20 日。

· 陳宛茜，〈林文月「人物速寫」看見自己〉，《聯合報》，2004 年 4 月 17 日。

· 徐國能，〈樸素的華麗《人物速寫》〉，《聯合報》，2004 年 5 月 23 日。

（三）研討會論文

· 蘇子喬，〈「中國人」還是「臺灣人」？——悲情城市與香蕉天堂中的國族認同〉，政治大學「文學、藝術與臺灣政治」學術研討會論文，2002 年 5 月 18 日。

——選自《臺灣文學研究學報》，第 4 期，2007 年 4 月

婉轉附物，迢悵切情
論林文月《飲膳札記》

◎郝譽翔[*]

前言

　　文人身兼美食家，在中國早有悠久的傳統。歷來文人以飲食入詩文者，不勝枚舉，如蘇軾、張岱、袁枚、曹雪芹等名士貴族，對於飲食的講究，每每令人歎爲觀止。張岱《陶庵夢憶》卷八「蟹會」中云：

> 醉蚶如琥珀，以鴨汁煮白菜如玉版。果瓜以謝橘、以風栗、以風菱。飲以玉壺冰，蔬以兵坑筍，飯以新餘杭白，漱以蘭雪茶。

　　其精緻奢靡的程度，連張岱本人也不禁歎爲「天廚仙供」，而連呼「慚愧慚愧」。袁枚《隨園食單》中洋洋灑灑列舉烹飪的法則誡律，以求飲食的正味。李漁《閒情偶寄》則將食物分爲潔淨（蔬菜）與嗜欲（肉食），甚至賦予道德意義，如以「正人」、「讜論」來比喻芥辣汁的滋味，足使「困者爲之起倦，悶者以之豁襟，食中之爽味也。」但不論是張岱的風雅，袁枚的精緻，或是李漁的清高，飲食到了他們的筆下，都不再只是飽足口腹之慾，而是一種生命情調甚或人格的展現。

　　至於現代中以飲食入寫作題材而知名者，有梁實秋、唐魯孫、夏元瑜、逯耀東等人，執筆爲文，莫不幽默博學，出入古今，品評餐館廚藝，

*發表文章時爲東華大學中國語文學系助理教授，現爲中正大學臺灣文學研究所教授。

不僅有豐富的人生閱讀，更有靈敏知味的舌齒與慧心，顯現出富貴文人所特有的生活情趣。近年則有盧非易《飲食男》一書，同樣出入古今中外典故，如同紙上的飲食博覽會，字裡行間靈活穿插諷刺、議論，風趣橫生，如以鮮魚嘲弄西方人的雙重標準，以茶觀看唐宋兩代不同的風華，都是值得玩味的精采文字，將梁實秋以來藉飲食而諷喻的幽默小品推到高峰。在這一支以幽默諷刺為主的飲食散文派別中，林文月《飲膳札記》顯然另闢蹊徑，別出心意，以端正溫婉之筆，透過飲食來書寫人情的融洽調和。特別的是，此書不是客觀的美食議論，乃是作者親自入廚烹製調冶的經驗，而烹煮美食，如同烹煮文字藝術，如何將深厚情誼注入飲食之中，與他人共享，方是作者的用心處。

《飲膳札記》一書共收有散文 19 篇，〈跋言〉云合「古詩十九首」之數，這裡篇數的相符絕非偶合，其實二者的精神亦相通，故以下本文便分別藉由古詩中「今日良宴會」、「努力愛春華」、「所思在遠道」三句，討論此書的寫作旨趣以及風格。

一、今日良宴會

張光直研究中國飲食文化時指出：中國是世界上最重視飲食的國家，周代以烹具（鼎）做為一國的象徵，許多儀式與飲食合而不分，甚至有關飲食的知識與品味，也往往成為評鑑紳士的標準。因此在飲食上，中國比其他文明展現出更為強大的創造力，可以就下列四項客觀的標準衡量之：（一）量化的（quantitative），烹飪的素材以及菜餚種類；（二）結構的（structural），在不同文化、不同場合中使用不同的食物；（三）象徵的（symbolic），將飲食視為傳達訊息的媒介，在特定社交場合中傳達越多特殊訊息，結構的層次與對比也就越加複雜多樣；（四）心理的（psychological），對於食物的期待心理以及與眾人分享。[1]中國人依此四項

---

[1]K. C. Chung,"Introduction", in K. C. Chung, ed., *Food in Chinese Culture*（New Haven and London: Yale University Press, 1977）, pp11-13.

發展出精緻而複雜的飲食文化體系，而飲食也成爲社交生活中不可缺少的要件，其中所蘊含的象徵意義，早就遠遠超過舌頭所能品嚐。

　　故飲食在中國絕非滿足口腹而已，它更是一種社會語言，不僅溝通人我，同時也在界定自我與他人的關係，是具有高度文化義涵的表徵，這便可以說明爲何從古至今，文人多半專注於此道的緣故。李維史陀以爲，食物從生到熟，也就是從自然到文化的過程，因此烹飪是自然轉變成文化的關鍵[2]。中國人對於烹飪之講究，往往一道菜得經煎、炸、炒、燉、煮等好幾道手續，才得以完成，這些看似無謂且煩瑣的過程，其實賦予了飲食一事豐富的文化（或心理）意義，而遠離了自然（或生理）的層次。以袁枚《隨園食單》爲例，在「須知單」之外，還不厭其煩提出「戒單」，將烹飪視同冶煉珍寶、甚或藝術創作時的戒慎恭謹。於是，由如此精細法則與誡律組成的飲食結構，就如同羅蘭・巴爾特以「語言」（"langue"）和「言語」（"parole"）兩個概念所進行的探討：組成這套飲食「語言」結構的是（一）排除規則（飲食禁忌）；（二）有待確定的諸單元間的意指性對立（例如「鹹——甜」對立）；（三）同時性（在一份菜的水平上）或相續性（在一套菜的水平上）的聯合規則；（四）用餐禮儀。而飲食「言語」結構則包括有關飲食製備和組配的種種個人或家庭的變體。這正像一種語言的「形式」按照某一說話者隨特殊信息的需要不同去進行自由改變和組合時加以體現的情況一樣，飲食的語言結構也是由某種集體用餐法或某種個別「言語」所構成。[3]於是隨著語言結構與「言語」的變動，飲食便成爲可以不斷創造意義的符號。

　　如果說，在張岱的筆下，飲食是通往昔日繁華的符號，而李漁筆下，飲食則是指向道德養生，袁枚指向富貴，而唐魯孫以之回憶上海、北平，梁實秋、盧非易則以諷刺世情的話，那麼，在林文月《飲膳札記》中顯然

---

[2] Roy C. Wood, *The Sociology of The Meal*（Edinburgh: Edinburgh University Press, 1995）, p10.
[3]〈符號學原理〉，收於羅蘭・巴特著；李幼蒸譯《寫作的零度》（北京：中國人民大學出版社），頁82～83。

是更自覺欲將飲食符號化，成為溝通人我的語言橋樑。值得注意的是，在
《飲膳札記》中，林文月不只是一個美食家，同時也是一個善烹調的知味
大廚，她說：

> 因為喜愛吃而自己漸漸琢磨，稍有心得之後，我的興趣卻轉而變成調製
> 的過程，甚至於在乎別人享用我的手藝方面；相對的，自己往往只是用
> 心於嘗試味道鹹淡稠稀，吃食享用的樂趣反倒變得不是那麼重要了。
>
> ——頁 5

　　透過精心烹治的飲食，饗與他人，而藉由一道道佳餚，也就是一個個
作者費心打造的符號，將他人與自我串連起一張人際的網絡，於是以佳餚
之美旨為語彙，人我之間潛藏內心深處的情誼遂得以傳達。

> 宴客之目的，饗以佳餚固然重要，製造飲食歡談的氛圍更可貴，所以主
> 人無須緊張慌亂，而且切忌披頭散髮做出一副辛勞狀。我寧可多花一些
> 事前的準備工作，整裝停妥，從容與賓客共享歡聚之樂。
>
> ——頁 46

　　飲食的美味，固然可以增添口腹的悅樂，然而如何使主客之間能夠從
容共享歡愉，使深情厚意能夠獲得良暢的溝通，方才是一場宴會的真正旨
趣。因此林文月在《飲》中所書所寫，不外乎二者，一為年節假日，如
〈臺灣肉粽〉、〈蘿蔔糕〉、〈五柳魚〉、〈佛跳牆〉等；一為宴客，如〈紅燒
蹄參〉、〈芋泥〉、〈鑲冬菇〉等，至於宴饗的對象則為親朋師長，而全書 19
篇散文，正如同 19 場歡樂的聚會，女主人透過文字娓娓述說如何精心架構
19 場歡宴，但其實乃在婉轉記錄宴席中人情的濃郁與美好。
　　飲食既為文化傳遞的符號，溝通人我的語彙，那麼烹調食物的知味大
廚，就同精雕細琢文字的寫作者，其對應關係有如下表：

烹飪者	寫作者
飲食	語言
饗宴	作品

林文月既是烹飪者，也是寫作者，為二者身分的結合。書中她便屢將烹飪比擬成文學藝術的經營，如在〈潮州魚翅〉一篇中說道：

> 但文學藝術之經營，不也須時耗神費工夫的嗎？如果你能以藝術之經營看待烹飪，則這半天的工夫就算不了什麼了。
>
> ——頁7

不只在烹飪菜餚時耗神費時，即便是菜單的安排（依宴客對象不同而饗以不同菜餚），或是上菜程序的先後，亦即結構上的設計，俱頗見女主人的用心良苦：

> 我喜歡在宴客時製作幾道較費工夫的菜餚以示待客之用心，且另一方面，也因這些工夫菜多半是費神在事先，所以反而省卻臨陣的慌亂。不過，一桌酒席之中，此類精緻的菜餚以不超過兩樣為宜，否則高潮迭起，反而不見高潮。這與寫文章的布局，或繪畫構圖，衣飾穿著，乃至人生許多事務同理，總要有些疏落低調，才能襯托精華中心，否則徒然堆砌鋪張，令人眼花撩亂，反嫌庸俗。
>
> ——頁124

上菜程序的講究，在袁枚《隨園食單》〈須知單〉中「上菜須知」就已提出：「上菜之法，鹽者宜先，淡者宜後；濃者宜先，薄者宜後；無湯者宜先，有湯者宜後。」袁枚顯然是以口味做為安排菜序的依據，也就是以舌上感官為準。但是林文月不然，如同書中〈跋言〉所云：

通常在構想菜單時，我總會特別在上菜的先後順序方面多考慮，如何使自己能夠有充分的時間於座席上陪賓客說談，而避免完全陷身於廚房內。

——頁 153

在口舌的美味之外，作者特別著重於心理抽象的感受，如何達到賓主盡歡，共享歡樂的時光，才是構想菜單或菜序的考量。所以若就上述「量化」、「結構」、「象徵」、「心理」這四個標準觀之，在林文月的飲食散文中四者均獲得高度的發揮，而且尤以後兩者「象徵」、「心理」的層面更為重要。

在《飲膳札記》中，林文月結合「烹飪者」與「寫作者」雙重身分，故此書也形同經過雙重創作的過程，烹調食物是第一重創作，而回憶如何烹調，再將它化為文字，則是第二重的創作，二重都含有作者對於人事的深情厚意，彼此之間相互呼應，營造出一股悠遠綿長、耐人咀嚼的韻味來。〈臺灣肉粽〉一文便是書寫此種情懷的典範，文章開始，首先追述昔日端午，家中母親教導包粽的熱鬧景象，接下來藉由包粽的舉動，一方面既追思往昔，一方面亦在享受與兒女之間歡愉的親情，然而作者筆鋒一轉：

今年女兒也出嫁了。兒女都離家遠去，各自擁有屬於他們自己的新家庭，固然令我欣慰；但頓形寂寞的家，不免又使我於佳節當前備添思念。這些時日以來，我正猶豫不知今年端午節是否仍舊要大費周章包粽子呢？粽子包好了以後，又怎能讓遠方的兒女分享到粽香和屬於節日的那種氣氛呢？
或者於此不妨紙上作業，先假文字描述一番。

——頁 71

如今兒女遠在他方，無法享受粽的美味，只好「紙上作業」，透過文字

來追憶昔日團聚時的美景。烹飪與書寫，昔日與現今，時空雖已流轉，人事雖已變遷，但唯一不變甚至益發深遠的，則是記憶中所蘊藏的親愛與懷念。

「歲月流逝，人事已非」，才是真正促使林文月執筆為文的動機。但除了感慨時光飛逝，林文月所深深追念的，更在於歲月所積累的人我情意：

> 歲月不饒人，舊時年少已皆鬢毛霜白，飲食一事即令人頗有今昔之慨歎，怎能夠不怵然驚心！事實上，近一、兩年來，我居家宴客的次數，顯然不似往年頻仍了。回想自己從不辨蔥蒜鹽糖到稍解烹調教旨，也著實花費了一些時間與精力，而每一道菜餚之製作過程則又累積了一些心得，今若不記錄，將來或有可能遺忘；而關乎每一種菜餚的瑣碎往事記憶，對我個人而言，亦復值得珍惜，所以一併記述，以為來日之存念。
>
> ——頁 3~4

從「今昔之慨歎」，到值得珍惜的「心得」和「記憶」，林文月的散文不僅扣準時光的主題書寫，又更加發揮溫柔敦厚的一面，而呈現出與梁實秋等人飲食諸作判然有別的文風。

人與人之間的關懷與和諧，形成林文月散文的特殊風貌，而人事的無常變遷，天下無不散之宴席，更令作者油然生出無奈的感傷。物我的感傷，向來是林文月散文的核心主題，正如何寄澎所云：

> 林氏的體驗為：生命是變幻的，也是美好的。人生如夢，世事無常，然而發生過的，經歷過的，卻又無比真實，卻可把捉。一切的必然似皆偶然而來，一切的偶然也都似乎早已注定為必然。面對偶然，自不能不感受生命的奇妙與虛幻；體悟必然，又不免發現生命的具體與真實。人因

此是渺的，卻也是高貴的；生命因此是可感慨的，卻也是可珍愛的。[4]

這段話十分準確的指出林文月寫作的基本風格與情調：「感慨」與「珍愛」，這兩種生命情懷貫穿起整本《飲膳札記》，也貫穿起林、飲食以及他人這三者。飲食乃是實體，落實一切人我共同經歷過的歡愉，然而歡愉卻是抽象的情感，那麼，究竟何者為實？何者為虛？正如同林在書中屢次提及自己透過記憶去嘗試烹飪，而回憶乃是不可捉摸的虛幻之物，烹飪則是具體實在的動作，但究竟回憶與烹飪這兩者，何為虛？何為實呢？「古詩十九首」中〈今日良宴會〉一詩，正可視為《飲》書最好的註腳：

今日良宴會，歡樂難具陳。彈箏奮逸響，新聲妙入神。

令德唱高言，識曲聽其真。齊心同所願，含意俱未伸。

在美好的宴會之中，知音者共同歡聚，這種快樂言語難以形容，唯有憑藉音樂傳遞。不過接下來詩卻一轉，云「人生寄一世，奄忽若飆塵。」對於人生的匆促短暫興起無限的感慨，但卻也引發出對於美好時刻的珍愛。「感慨」與「珍愛」，林文月筆下的美食，正當如此視之。

二、努力愛春華

《飲膳札記》共書寫 19 道佳餚，以 19 篇文字合為一書，取「古詩十九首」之意。但正如林之前《擬古》系列作品，雖名「擬古」，但其實仍「巧妙地與作者的景況、情懷有了一種緊密的聯繫」，乃是「托古以抒懷」[5]。所以在《飲》書跋言中，林雖自言此處取「古詩十九首」之意，是篇目上的巧合，但其實正如她《擬古》諸作，這絕非無意間的偶合，而是更有

---

[4]何寄澎，〈真幻之際‧物我之間──林文月散文中的生命觀照及胞與情懷〉，《當代臺灣文學評論大系‧散文批評卷》（臺北：正中書局，1993 年 5 月），頁 293。

[5]林文月，〈自序〉，《擬古》（臺北：洪範書店，1993 年），頁 3～4。

一層精神風格何以自處內在旨趣的相通。在《擬古》諸作中她襲取古人形式，而灌注以新的內容；至於《飲》一書，則恰恰顛倒過來，我們不妨看作是林以不同的形式——散文，繼承並發展「古詩十九首」的風格和主旨。

關於「古詩十九首」，劉勰《文心雕龍》中讚譽：

> 觀其結體散文，直而不野，婉轉附物，迢悵切情，實五言之冠冕也。

若以這段評語移至《飲膳札記》一書，幾乎是再恰當吻合不過。乍看之下，《飲》書皆通篇質樸無華，不假修飾，素面與讀者相見，而林文月過去作品中反覆思辨的特質[6]，在此書中也轉被樸實的烹飪過程所取代。讀者但見她將飲食選材、烹飪的過程一一寫去，似乎無甚奇特之處，甚至連瑣碎的枝微末節也不放過，然而，正是這些細節，方顯現出作者對於生活的品味以及用心，是平生經驗與智慧的累積，如〈香酥鴨〉中云：

> 至於如何才能膽大心細年輕？也是累積經驗所致。似玄妙，實則頗自然，一言以蔽之，用心而已矣。
>
> ——頁59

> 炸香酥鴨的要領在於不慌不忙。
>
> ——頁60

幾乎每篇文章林文月都再三強調從容不迫的心情，這正如她將烹飪比喻為經營文學藝術，以從容的態度用心為之，使飲食提升為一件賞心樂事的文化行為。

---

[6]同註4，文中以「反覆思辨的鋪陳」為林文月寫作方式的特點之一。

作者不但以從容的心情去體驗烹飪中的瑣碎細節，甚至在這些細微的動作中追思懷人。以〈水晶滷蛋〉一篇爲例，在用棉線切蛋的動作當中，懷想起昔日觀察母親絞臉：

> 每回我做這個動作的時候，腦際總是一次又一次地浮現童年觀察母親絞臉的景象，遂有一種說不出的甜蜜的感覺蕩漾著。
>
> ——頁54

或是〈椒鹽里脊〉中藉由切肉的動作，懷念昔日故人的情意。這些細節是作者用心的所在，也是美食之所以成爲美食的關鍵，同時更是富有高度象徵意含的語彙。

記憶或歡愉，使得烹飪這一行爲具有值得記述的意義與價值，一如「古詩十九首」中「婉轉附物」的情思。所以《飲膳札記》重點不在食材如何挑選，食物如何烹製，而是在於作者對於人世的「感慨」與「珍愛」，所謂「言情不盡，其情乃長」[7]，以含蓄的筆法，藉外物委婉揩出作者心中的所思所懷。故書中 19 篇散文，多半以回憶起始，而文末也多半止於回憶。如就〈芋泥〉一篇而言，以回憶舅舅開端：

> （舅舅）曾經對我笑說：「哈啊！就是這個味道，你外婆最愛吃的，你母親和姨媽也喜歡。臺南人吃甜食啊，連螞蟻都會教他們給毒死的。」舅舅平日比較拘謹，不苟言笑，但我記得他說這話時歡暢的神情。有時我不免想，味覺往往也比引發一些鄉愁或深藏於心底的記憶的。
>
> ——頁34

並追述鄭先生、臺先生、許先生、孔先生幾位師長宴飲時，自然流露

---

[7]沈德潛，《古詩源》卷四評「古詩十九首」。

的真摯友誼。於是一道極甜極油極濃膩的芋泥，竟成爲濃郁人情的表徵。而年節飲食，也是林文月喜歡著墨的題材，年節是中國人親友團聚、表達人際關懷的重要時空，在時序的輪迴中，人我或社群透過此一儀式產生互動，以除舊布新，迎接未來，是一個充滿隱喻象徵的行爲。而不管林氏書寫的是宴客或是年節，對於烹製食物細節的講究，司廚、買辦工夫的縝密，在在顯示出主人深厚的用心。這種情懷與「古詩十九首」中〈庭中有奇樹〉可以相互呼應：

> 庭中有奇樹，綠葉發華滋。攀條折其榮，將以遺所思。
> 馨香盈懷袖，路遠莫致之。此物何足貴，但感別經時。

　　花朵固然美好，然而使得花之所以燦爛光耀的，卻是採花人心中那股久別經年的思念。同理，美食之所以能在舌齒間留下永恆的滋味，也正是那股長久縈繞於心的遙遠情愫，依託於飲食之間的緣故。

　　因此，如果李漁筆下的食物代表著生理、潔淨，甚至道德的寓意，如《閒情偶寄》「飲饌部」中洗蔬食、穀食而後肉食，那麼到了林文月的筆下，卻正好反其道而行，從對於美食的講究，到享受美食的歡愉，到懷人，然後更進一步推展，便是對於美好人世的眷戀。林文月在〈荷葉粉蒸雞〉一文便說道：

> 荷葉，無論在植物園，或在平安神宮，都以其獨特之姿態供人讚賞。而文人著墨，無論縱橫其莖或其葉，乃至枯莖殘葉，亦皆極能入畫；至於烹飪藝術，以荷入食，發揮其清香娛人，不也是對於荷葉的一種眷愛表現嗎？

——頁 139

　　烹調如同藝術創作，都是對世上事物眷愛珍惜的一種方式。這正如學

者指出，中國人對於飲食的高度講究，顯現出中國人的宇宙觀與生命觀傾向於正面肯定的態度，故積極入世享樂[8]。在林的散文中也是如此，她往往強調不怕違背生理，〈芋泥〉一篇中云：

> 上好的芋泥必須極油極甜極濃膩。我寧可嚐一小口這樣的芋泥，也不輕易吃一碗因講究衛生而減料的芋泥。
>
> ——頁 37

甚至認為講究生理是相當令人掃興，甚至感傷的事情，所以講究美食，無疑是在大膽品嚐生命的可能與美好，青春的活力與熱情。

> 年輕的時候，參加長輩的宴會，不甚能了解何以每當一道佳餚上桌，便有人道出不能喫食的道理……卻總是圍繞著生理的問題而發；頗覺掃興。而今，自己年歲亦增，友輩之間飲食談說，竟也不知不覺間與往昔長輩們的話題相類。而費心耗時做出來的菜餚，已經不如從前那樣受到歡迎，有人舉著猶豫，有人淺嚐即止，則又是另一種掃興。
>
> ——頁 3

然而年華漸逝，美食當前卻舉箸猶豫，這種態度的轉變，毋寧令人在舉箸之外，格外感到時光的無情與滄桑。在〈紅燒蹄參〉中她便說道：

> 在我的菜單卡片上看到這一道菜餚時，不禁令我感慨系之。已經好幾年沒有做過這一道菜了。主要的原因是今日中國人的飲食習慣已不大魚大肉，而傾向於比較清淡精緻的口味，再則是同輩友朋多已不再有往昔年少時的健壯身體，相對於年歲的增加，胃口也愈形減小，像這樣的大塊

---

[8]Frederick W. Mote,"Yuan and Ming", in K. C. Chung, ed., *Food in Chinese Culture*（New Haven and London: Yale University Press, 1977）, p234.

文章上桌，席間敢於舉箸者恐怕是不多了。不過，過去曾經受到朋友們喜愛的這一道菜餚，若不趁現在記述，久而久之，恐怕連我自己都會生疏起來，甚至於終將忘記也說不定。

——頁 19

這道曾經使得朋友歡愉的菜餚，如今竟然成為席上的禁忌，只好改以文字記述，不僅是記下做法，其實更在記述那段「久而久之，恐怕連我自己都會生疏起來，甚至於終將忘記也說不定」的青春。

從懷人，到懷念青春，歌詠生之美麗，感慨時光之迅速，正是「古詩十九首」中相當重要的主題。〈青青陵上柏〉一詩道：

青青陵上柏，磊磊澗中石。人生天地間，忽如遠行客。
斗酒相娛樂，聊厚不為薄。驅車策駑馬，遊戲宛與洛。

人生既是如此匆促，何不把握時間，及時行樂？所以《飲》中多記敘歡樂的宴會、年節，頌揚生命的燦爛美好，然而時光無情，知音日漸凋零遠去，作者面對人事的變遷，也不免發出「一彈再三歎，慷慨有餘哀」[9]的感傷。古詩〈別詩〉云：「努力愛春華，莫忘歡樂時。生當復來歸，死當長相思。字裡行間的愛與思，足堪說明《飲》書中最令人婉轉低迴的所在。

三、所思在遠道

由飲食進入回憶，其實在張岱、梁實秋、唐魯孫、逯耀東等人作品中已見端倪。張岱以寫作《陶庵夢憶》、《西湖夢尋》回憶少壯穠華。梁實秋一再書寫北平，也無非是對過往的追憶，如〈東安市場〉一篇所云：

---

[9] 為「古詩十九首」中〈西北有高樓〉一詩中兩句。

現在的北平變了。最近去過的人回來報導說，東安市場的名字沒有了，原來的模樣也不存在，許多許多好吃好玩的事物也徒留在記憶裡，只是那塊土地無恙。兒時流連的地方，悠閒享受的所在，均已去得無影無蹤。[10]

　　過去的事物固然美好，但加上記憶以及時空賦予的美感距離，美好的程度反而越加深化，遠非當下的現實所能比擬，而這份美好只能「徒留在記憶裡」。唐魯孫寫北平、上海的吃，也是如此，每每將臺灣的吃拿來相互比較，然後感歎今非昔比，唐魯孫曾說，自己所寫的「都是 40 年前滬江往事，全憑記憶」[11]，早已不存在於今日的上海、北平，更不用說臺北了。這種由今昔對比所興發的感歎，與白先勇《臺北人》中「舊時王謝堂前燕、飛入尋常百姓家」極為類似。因此，飲食在梁實秋、唐魯孫等人的筆下，其實相當於一種「反攻大陸」[12]不成，所衍發形成的鄉愁符號。而鄉愁，其實也是逯耀東書寫臺北街頭小吃的主題。如逯寫即將面臨拆除命運的中華商場：

　　我們擠出個座位坐定，點了些菜和沙鍋小黃魚，舉箸四顧，座上的客人的飲酒歡笑、跑堂伙計的吆喊，彷彿時光倒流了數十年，店外車輛往來如梭，燈火燦爛，店內卻像壁上停擺的時鐘，永遠靜止住了。[13]

　　或是寫他在泉州吃到的傳統閩南小吃麵線糊：

---

[10]梁實秋，〈東安市場〉，《雅舍散文二集》（臺北：九歌出版社，1987 年），頁 57。
[11]唐魯孫，〈吃在上海〉，《中國吃》（臺北：大地出版社，1976 年），頁 148。
[12]唐魯孫，〈從梁壽談到北平的盒子菜〉，《大雜燴》（臺北：大地出版社，1998 年），頁 233。提到朱君毅錄〈大陸去來〉云：「其中有一段他說：『像梁實秋和唐魯孫筆下的那裡吃法，即使在夢中也找不到囉！』雖然是短短一句普通話，照此推想，則將來反攻大陸成功，回到北平，盒子菜恐怕真正成為歷史上的名詞啦。」
[13]見逯耀東，〈再走一趟中華路〉，《出門訪古早》（臺北：東大圖書公司，1998 年），頁 111。

店內相對寂寂，店外夜已深沉，隔街剛吃過的扁食攤子，一燈熒然，鍋中蒸汽飄散，濛濛一片，這情景彷彿在那裡見過的，也許是 30、40 年前，臺灣南部鄉間的露店。不過，那已是很古早的事了。[14]

時光彷彿在充滿食物香氣的食店中靜止了，甚至倒流，使作者頓時陷入今夕是何夕的恍惚。透過時光交錯筆法來寫飲食，以表達淡淡鄉愁的片段，在上述諸家散文中比比皆是。

因此「鄉愁」可說是飲食散文中一貫重要的主題。林文月也有類似篇什，譬如〈扣三絲湯〉中從丈夫口述，她揣摩上海城隍廟三絲湯的作法，果然一試便成，於是經由烹製一碗扣三絲湯，她彷彿回到記憶中的家鄉：

然而多年之後，我仍沒有去過那個城隍廟。離開上海那一年我十一歲，我隨著父母家人回到從未來過的故鄉臺灣。日月飛逝，我從年少而成長而漸老，上海始終是我記憶中的故鄉。也曾有過幾多次可以回去的理由和機會，但我心中有一種擔憂與懼怕，不敢貿然面對我童年許多珍貴的記憶所繫那個地方。韋莊說「未老莫還鄉，還鄉須斷腸。」日本的一位近世詩人說：「故鄉，合當於遙遠處思之。」

城隍廟的「扣三絲湯」果真如我所烹調出來的色香味嗎？如是我聞，但我不敢去求證。

　　　　　　　　　　　　　　　　　　　　　　　　——頁 94

近鄉情怯，不如在遙遠處思之，以保留記憶中的完整與美好，故一碗三絲湯，無疑是作者親近故鄉的另一種管道。〈臺灣肉粽〉一篇亦是藉由包肉粽來表達鄉情：

---

[14] 同前註，頁 124。

父親的籍貫是彰化縣北斗鎮，母親是道地的府城臺南人，我們的家卻從
來也沒有在北斗及臺南住過一天，總是在上海、東京，乃至於臺北諸大
都市漂泊著，不過，母親倒是無論講何地都讓我們嗜食著家鄉的口味，
所以我們在成長的過程中，對於家鄉每每有一種遙迢的嚮往。也或者竟
是透過味覺的尋求，我們依稀曾擁有過屬於心靈的家鄉的吧。

——頁 69～70

透過味覺返鄉，而飲食竟也成為維繫心靈故鄉的一種方式。

但《飲膳札記》中的回憶，不只於地理上的故鄉，更多則是繫之於人
情。如前所言，一場歡愉的宴飲，是人我溝通的媒介，如魚翅之於父親，
甜食之於鄭先生，蘿蔔糕、肉粽之於母親，而香酥鴨之於歐巴桑：

歐巴桑，我一直這樣稱呼她。其實，她有一個好聽的名字。她的名字叫
做邱錦妹。邱錦妹平凡踏實地走完她 86 歲的人生，而今，她安眠於南投
縣竹山鎮一處靜僻的山坡下。我和吃過我家香酥鴨的客人，一提到香酥
鴨，總難免會十分懷念忠實憨厚的歐巴桑。

——頁 62

透過飲食所引發的回憶，捉連起作者與他人交往的情誼。而這份不論
對故鄉或對於他人的情誼，也透過飲食做為媒介，代代相傳下去。

林文月特別強調，烹飪並非習自食譜書籍，而是源於母親或他人的傳
授，譬如〈蘿蔔糕〉一篇：

其實，現時未必要等到過年才能享食蘿蔔糕。在港式茶樓飲茶之際叫點
一份，甚至市場上也有家庭式的製品可以買回，何須如此費時費神自己
操作呢？日本有諺語云：「云孔仁欠及味」（意即母親的滋味），雖然我已
經略微改變了母親所製蘿蔔糕的滋味，但是，我喜歡在年節慶日重複母

親往昔的動作，於那動作情景間，回憶某種溫馨難忘的滋味。

——頁 117

在烹飪之間，重複母親的動作，彷彿再度感受到母親的愛意，而復將此愛意傳達給下一代，飲食遂成爲維繫家族薪傳的符號。有時則是得自於師長的自述，如「高湯」作法乃親聆孔先生口傳，「蔥烤鯽魚」中夾海帶的作法則得自鄭師母。有時則習自一位與家族或師友親近的廚子，如吉師的「佛跳牆」、孫廚的「鑲冬菇」、阿唐的「糟炒筍尖」等等。在這些學習或聆聽的過程當中，其實也等於進入對方生命中某種不爲人知的底蘊，譬如〈口蘑湯〉一篇寫許師母：

> 很久以前聽過來自大陸北地的人談起口蘑，以及關於口蘑的鮮美，但是在臺灣無緣享用，所以印象僅止於耳際罷了。我甚至於不知何故還記得許師母說過：「那口蘑裡頭的砂子啊，洗不清的，也只好吃下去了，反正是家鄉的砂土嘛！」也記得她說這話時候臉上的表情，大概是思鄉的老交情吧。

——頁 41

透過美食，相當於是雙方某種生命記憶的交換，默契相知，於是美食遂成爲族群（家庭或是師生）共同的語彙與記憶。

年節時分闔家共享的佳餚，最能勾起腦海中團聚時的歡樂，如林文月寫「佛跳牆」，這不僅是舅舅連雅堂最喜愛的一道菜，也是家人度假時經常享用的佳餚：

> 父親平日忙於事業，只有在星期日才會有較多的時間與子女相處。我們往往會全家去北投的華銀招待所，一方面享受洗硫磺味甚重的溫泉浴，一方面也享用一頓豐盛的臺灣菜。吉師在冬季裡，往往會爲父親和我們

準備這道味極濃郁的佛跳牆，雖然在其後的日子裡，我也在別的場合吃過同樣的菜，但似乎皆不及少女時代與家人同嚐過的吉師手藝高妙。

——頁 26～27

因此「後來，我自己也試著回味往日的記憶去烹調這道閩南佳餚」，便是藉由記憶檢具體重現過往的歡樂滋味：

而每當嚐食此道佛跳牆時，我總是會想起少時闔家饗用吉師手藝的快樂時光。雖然父母已經先後作古，姊妹兄弟也都分散各地，有些甜美的記憶卻是永不褪色，舌上美味之內，實藏有可以回味的許多往事。

——頁 31

舌上的美味，其實來自於甜美的記憶，而甜美的記憶，也因此舌上的美味得以長存或再現。〈臺灣肉粽〉一篇亦是如此，在每年端午包肉粽的舉動之中，重回童年的溫馨，並透過製作肉粽的動作將此份情感代代相傳下去：

儘管市面上這類應景食物已經專業化，到處可以買到現成的貨色，但我嘗試自己製作，可能是想藉以找回年少時代的溫馨記憶也說不定。而在我自己也有了兒女之後，每個年節，則又在他們興奮的表情中，彷彿也看到往日的自己。

——頁 71

因此在林文月的筆下，不論是追思故鄉或是懷人，都經由烹飪的動作來婉轉傳遞，「或寓言，或顯言，或反覆言」[15]，無須特意刻鏤情感，而所

---

[15]見沈德潛，《說詩晬語》中對「古詩十九首」評語。

思所懷，自然愈發的深遠綿長。

　　飲食是族群共同的語彙與記憶，並非任何人皆可品嚐得之，所以美食也必須有知音共享，才能夠體會其中滋味的奧妙。在〈椒鹽里脊〉一文中，林文月以為這道菜的特色在於刀功，要知音者才能夠體會，她並且以音樂來比擬刀功：

> 如有韻律存在，而厚薄自能齊一，確乎奇妙。庖丁解牛，所謂「莫不中音，合於桑林之舞」，或者並不完全是亦虛之說。
>
> ——頁 67

　　然而能夠知曉「韻律」的知音何在呢？這刀功的背後實含藏著深意。《飲》書中作者曾屢次提及，「我的用心他們是知道的」，譬如〈潮州魚翅〉中精心烹調魚翅來宴請師長：

> 有一段時間，我也時時邀約臺靜農先生和孔德成先生。兩位老師都是美食家，故烹調之際便也格外用心。每當有魚翅這一道菜上桌時，孔先生總是站起來對我舉杯說：「魚翅上桌，我們要特別謝謝女主人！」而臺先生和其他作陪的同桌友朋也都會紛紛起身舉杯。宴客的樂趣，其實往往在於飲膳間的許多細瑣記憶當中。歲月流逝，人事已非，有一些往事卻彌久而溫馨，令我難以忘懷。
>
> ——頁 12

　　所以宴客的樂趣在於人我之間的會心。可惜「歲月流逝，人事已非」：

> 而知音解味的賓客也逐漸凋零，每憶昔日盛會，於甜美之中，常不免有悵惋之感！
>
> ——頁 47

知音者如今何在？此情亦如「古詩十九首」中〈涉江采芙蓉〉所云：

采之欲遺誰？所思在遠道。

美食固然可以透過烹調重現，然而昔日知音的師長友人，已相距遙遠，欲再歡聚也不可得了，那麼滿桌佳餚，又復與誰共享？〈迴車駕言邁〉詩云：

所遇無故物，焉得不速老？

故人不在，年華已老，在《飲膳札記》樸質的文字底下，其實含藏著綿長的哀傷，對過往人事的感懷，對生命美好的歌詠，互相交織成為動人的篇章。這不但承接林文月「真幻之際，物我之間」的一貫散文基調，並且突破《擬古》格局，上追漢魏古風，文字越見成熟精練，感情也越見醇厚悠遠，為飲食文學的寫作開闢出一番豐美的新天地。

結語

林文月《飲膳札記》以端正溫婉之筆，寫人情的融洽調和，在梁實秋、唐魯孫等人的幽默諷刺文風之外另闢蹊徑。林以飲食做為溝通人我的語言橋樑，全書 19 篇，彷彿 19 場作者精心架構的歡宴，透過美食佳餚，其實乃在婉轉記錄宴席人情之美。然而人事無常變化，天下無不散之宴席，在無奈感慨之餘，林文月提筆為文，記錄人我之間共同經歷過的歡樂，故林既是烹飪者，也是寫作者，在雙重創作過程中，遂營造出一股悠遠綿長、耐人咀嚼的韻味。

《飲》書承繼「古詩十九首」質樸文風，「婉轉附物，怊悵切情」，乍看之下似乎平淡無奇，但其實以含蓄筆法，藉外物委婉托出作者心中的所思所懷。於是文章多以回憶起始，或多止於回憶，但不論書寫年節或是宴

會，均可見林氏對於現世的肯定，以及對於生命的謳歌與珍愛，所謂「努力愛春華，莫忘歡樂時」，這使得全書雖有今昔之慨歎，但卻都能哀而不傷，反倒煥發出一股堅毅強韌的生命力。

　　由今昔慨歎所引發的「鄉愁」，雖是飲食散文中一貫的主題，然而林文月於鄉愁之外，更透過飲食味覺維繫心靈故鄉，甚至繫之於人情。所以透過書寫和烹飪飲食，正是一種人我之間文化傳遞、默契相知的過程，形成族群共同的語彙與記憶。這其中奧妙處唯有知音可以得之。但如今知音何在？綿長的哀傷，對過往飲事的感懷，對生命美好的歌詠，這三者交織成動人的篇章。《飲膳札記》一書以樸實的文風，出現在文學理論和創作日益踵事增華的今日，無疑是對古人的禮敬與古風的回復，正如文學史上不斷出現「復古」的呼聲，這對於現今散文的寫作，尤其具有莫大的啟示。

參考資料

- K. C. Chung, ed., *Food in Chinese Culture*, New Haven and London: Yale University Press, 1977.
- Roy C. Wood, *The Sociology, of The Meal*, Edinburgh: Edinburgh University Press, 1995.
- 李漁，《閒情偶寄》（臺北：長安出版社，1992 年）。
- 林文月，《飲膳札記》（臺北：洪範書店，1999 年）。
- 林文月《擬古》（臺北：洪範書店，1993 年）。
- 袁枚，《隨園食單》（南京：江蘇古籍出版社，1994 年）。
- 唐魯孫，《大雜燴》（臺北：大地出版社，1998 年（六版二刷））。
- 唐魯孫，《中國吃》（臺北：大地出版社，1997 年（八版））。
- 逯耀東，《出門訪古早》（臺北：東大圖書公司，1998 年）。
- 梁實秋，《雅舍談吃》（臺北：九歌出版社，1985 年）。
- 盧非易，《飲食男》（臺北：聯合文學出版社，1996 年）。
- 羅蘭・巴爾特著，李幼蒸譯，《寫作的零度——結構主義文學理論文選》（臺北：時報文化出版公司，1991 年）。

・何寄澎，〈真幻之際・物我之間──林文月散文中的生命觀照與胞與情懷〉，《當代臺灣文學評論大系・散文批評卷》（臺北：正中書局，1993 年），頁 291～314。

──選自《趕赴繁花盛放的饗宴：飲食文學國際研討會論文集》

臺北：時報文化出版公司，1999 年 12 月

試論林文月、蔡珠兒的「飲食散文」
兼述臺灣當代散文體式與格調的轉變

◎何寄澎

一、前言

以臺灣現當代文學而言，「飲食散文」雖無其名，但早具體式，亦早有名家，如唐魯孫、逯耀東等即是。1990 年代以降，臺灣散文品類繁富，體貌迭更，不唯「飲食散文」一名終告確定而爲世人所習稱，其亦成爲散文園圃中方興未艾、甚爲重要之一支脈，作者輩出，林文月、韓良露、韓良憶、王宣一、黃寶蓮、蔡珠兒、徐國能等可稱代表。本文暫先拈林、蔡二人試論，除藉以顯示當代臺灣飲食散文最鮮明的二種面貌外，亦企圖揭示當代臺灣散文體式與格調的某種轉變；二者均可供散文史研究之參考。

林氏相關著作，固爲《飲膳札記》[1]；蔡氏之作，看似非一，而性質純粹可以無疑者，亦固僅《紅燜廚娘》[2]而已。以下即鎖定此二書爲探討之依據。

二、《飲膳札記》的特質

《飲膳札記》頗有一些特質可以探討，茲分別申述如下：

---

[1] 林文月，《飲膳札記》（臺北：洪範書店，1999 年）。
[2] 蔡珠兒，《紅燜廚娘》（臺北：聯合文學出版社，2005 年）。

（一）入乎「記敘」，超乎「記敘」

　　林氏散文，識者皆知：其鋪寫精細、其語言素朴、其抒情抑制、其思想質實，初讀頗覺淡乎寡味，細品則漸能察其豐腴。《飲膳札記》一書（以下簡稱《飲》書），依然維持此一貫風格。唯尤有異者：其抒情、說理之成分愈見刻意收束，而傾絕大之精力，極一絲不苟、極一步不紊地依序記述各佳餚自初始至完成的詳細過程，因而形成全書極為濃厚的記敘性格。林氏所以如此做，當出於對「生命的曾經」、「美好的事物」盡力保存的一種心情，《飲》書〈楔子〉有云：「回想自己從不辨蔥蒜鹽糖到稍解烹調趣旨，也著實花費了一些時間與精力，而每一道菜餚之製作過程則又累積了一些心得，今若不記錄，將來或有可能遺忘。」可以為證。但就我自身體會而言，我仍相信，林氏賦予《飲》書如此強烈的記敘性格，除了上揭最重要的因素外，或不無試練一種特異書寫方式，從而形成一種特殊體類的企圖在內。林氏有意變散文體式，我個人昔日已曾言及，其最鮮明之見證，如《擬古》一書即是，故《飲》書有相似旨趣，絕為可能。事實上，《飲》書以不厭其「繁」的方式敘寫各種菜餚的製作，其本質固為「記敘」，但透過極為精細的記敘，作品奇妙的漸漸產生超乎「記敘」的趣味——此固與食材經過料理，終則變出新味無異——在此，不妨比觀韓愈〈畫記〉一文之前半，當可意會。換言之，我個人以為林氏似欲探索、拓植「記敘體」延展變化的「可能性」，故一方面高度膨脹其記敘性，一方面襯以無限簡約淡化之抒情說理——前者固已可能產生「記敘」本身內在的「質變」，一如前述；若再添以後者之相映、相揉、相激，則更增《飲》書既入乎「記敘」，復超乎「記敘」之意趣也。在此姑舉〈佛跳牆〉二段為例：

　　　　魷魚以乾貨浸泡水，較市場上已發者為味道鮮美。浸發過的魷魚，切成
　　　　寸半許長，而在肉上用斜切刀法輕輕劃出縱橫紋路，可收熟後捲曲的美
　　　　化效果。至於浸泡的水，可以留用。香菇與紅棗亦皆事先浸泡使開張。

芋頭則去皮後，切為一寸立方塊狀，並先在油鍋中略炸，可以防止蒸熟後形體毀散。

將瓷甕放置入蒸鍋中央部位，徐徐注入清水；水無需太多，多則往往令甕浮動不穩，故以淹過甕肚約五、六分高之量為宜。甕本身之重量，加上蒸鍋之內已注入相當多的水，至此全體總量更為沉重，所以不妨將蒸鍋事先安置於爐上，省免搬運之勞。爐火先須旺，等水開沸之後，可以轉弱，維持蒸鍋內之水繼續滾騰即可。這時候，鋁製的鍋蓋可能因水氣不斷沖頂而浮震擾耳，可用一小而有重量之物（例如磨刀石）平置於鍋蓋上鎮壓之，既可防止擾耳之聲，又有助於減少水氣過分外散。

此二段文字純為「記敘」，類同食譜，顯然無疑。但細細讀之，每一步驟莫不精整講究，種種或可、或不可、或不妨之叮嚀，以及各種大小比例之斟酌，漸次催使原本似當流於枯索的文字轉為生氣盎然，彷彿精雕藝品的呈現，從而生發讀者各種「感官」的想像；後一段尤有明人小品之趣，至堪玩味。平心而言，林氏此種境界，古人筆記實多有之，五四以降，周作人略得其中三昧，然就現代散文書寫而言，畢竟為寡調，罕人彈響，是亦足以凸顯林氏「書法」之可珍也。

（二）藝術美的展演

前文曾謂林氏極細膩的「記敘」，反使作品彷彿精雕藝品的呈現；事實上，林氏在處理《飲》書各篇時，確實有心使筆下的烹調翻轉成為繪畫、音樂、舞蹈、戲劇的展演，因而刀鑊勺盆不僅是刀鑊勺盆，毋寧更宛如畫筆、指揮棒乃至舞臺之各種佈置，試看這樣的設計：

芋頭與油、糖在鍋內翻炒至充分融合以後，就會有一種屬於芋泥的特殊香氣四溢。隨即取一稍深的容器，將炒好的芋泥盛入。盛入之際，往往會有空隙，不必理會，其表面有時也不甚平勻，亦不必擔心；因為尚需蒸煮，而蒸煮時遇熱軟化，內部空隙自然填平，且表面亦自然呈現平整

光亮。如果家裡有桂花醬,可以取約小茶匙,於起鍋以前羼入芋泥之中,則蒸出來後,會帶有微微的桂花香,其嗅覺的效果更佳妙。至於紅棗,是為了增添其視覺上的美化效果,可予事先用熱水浸泡使軟,取出其核,將沒有破裂損壞的一面朝上,任意排列組構圖案。一般多做花形,偶爾亦可看出中國古代的雲紋,亦古色古香可喜;若賓客之中有人逢生日,排出「壽」字形狀,又可取代生日蛋糕,慧心巧思,顯出主人的誠意了。

——〈芋泥〉

全段除精緻綿密的描寫外,時時注意彰顯香、色等嗅覺、視覺的美感效果,甚至自然帶入體貼的慧心巧思,所以咀嚼讀來,滋味濃郁,乃自產生賞心悅目,情曠神怡的感覺。林氏此種技法,當與其古典涵養有關,蓋頗得於南朝唯美文學之工筆體物與巧構形似。此外,異曲同工者,如〈椒鹽裡脊〉、〈扣三絲湯〉之摹寫鋪排:

冷肉結實緊密,用利刀輕切,一刀、復一刀,無須花費大力氣。連續一片片切去,其間似乎有韻律存在,而厚薄自能齊一,確乎奇妙。庖丁解牛,所謂「莫不中音,合於桑林之舞」,或者並不完全是玄虛之說。

——〈椒鹽裡脊〉

三絲填入碗中時,宜使絲絲緊扣縱排勿亂,保持不鬆不緊的密度。大鬆則不成形,太密又恐倒扣之際不易離碗,所以鬆緊之間的手感拿捏非常重要。

小心謹慎地將湯碗端上桌。客人們往往會為那一碗表面看似空無一物,而仔細端詳又見三絲形成的小丘若隱若現在其底,及至用湯勺碰觸之則嘩然散成紛紛繽繽的神奇而大感驚喜。這時,一道初看平凡無奇的湯肴竟有魔術一般的效果,先前所費的心神精力和時間,便有了莫大的安

慰與欣喜了。

——〈扣三絲湯〉

前者確有抑揚曼妙之姿，後者則不唯有戲劇效果，甚且尙有古典山水文學之筆趣；凡此，具見證《飲》書變平爲奇之詼詭。

（三）涵養、風度、個性之流現

　　《飲》書的第三項特質尤在其不時流現林氏個人涵養、風度、個性——這其中尙包含一些平淡真切的哲理體悟，〈潮洲魚翅〉有云：

> 熬煮高湯，比較不需要費神注意。……所以熬湯的時候，可以兼做一些不費時的家務，例如摺疊烘乾或曬乾的衣物，甚至也可以拿一份報紙或一本閒書在靠近廚房處閱讀；只要保留一點注意力而不致於全然渾忘其事便可。

〈香酥鴨〉又云：

> 做這類費時間的菜肴時，若一心等待蒸熟煮爛，往往感覺漫漫難度，……。所以最好的方法是同時進行另一件較不必全神貫注之事。例如在廚房一隅（或附近）給遠方朋友書寫積欠良久的明信片，或閱讀平時無暇瀏覽的雜誌等等。我自己時常在這些零星撿取的時間內做一些平時難以勻出整段時間來完成的事情，因而感到有雙倍的欣慰。輕微的分神，使我暫忘等待的焦慮，兩個鐘頭似乎很容易打發過去；而有時則短暫的專注因爲蒸鍋中溢出的香味而忽焉中斷，也是十分有趣的經驗。

無論烹調宜費神或不費神，林氏兼做家務瑣事、閱讀讀書，以及處理平日難得完成之事，並由其中體察、享受一種別致的趣味，實正顯示了古人所謂從容、閒雅的涵養，隱約魏晉名士風度。《飲》書〈附錄：生活如此美

好〉有云:「但無論寫人寫景或寫飲食,於閒散從容間,自有一種人類所共同追求的純美生活本質。」亦顯示了林氏對「閒散從容」的自覺與嚮往。

　　然而相對於這種閒散從容,《飲》書又表現了林氏偏於果決而莊肅的個性,試看〈潮州魚翅〉:

> 我做的魚翅,喜歡柔軟之中又保留一些咬勁。……我做的魚翅也絕不勾芡。……有人喜歡碗底墊一些摘去頭尾的銀芽,或撒一點芫荽;我卻寧可兩免,白瓷的碗內盛出八分滿的魚翅和羹湯,那不見其餘一濃郁香馥之中,自己飽含了應有的鮮美,只需略滴香醋趁熱而食。

再看〈清炒蝦仁〉:

> 蝦絕不可在市場先行剝殼;回家之後,連殼帶頭在水龍頭下快速沖洗後置入瀝水容器內,盡量瀝去水氣,然後便去頭剝殼。……又有人忌諱味精,我則以為有時微量的味精確實可以提高味覺。

觀點自信而明確,乃使其飲食之道不隨流俗,充滿個性。〈潮州魚翅〉又云:

> 這三次發魚翅,幾乎耗盡自晨至昏大半天的工夫,或許令人感到不耐煩;但文學藝術之經營,不也需時耗神費工夫的嗎?如果你能以藝術看待烹飪,則這半天的工夫就算不了什麼了。

已然煞有介事般說理矣。林氏此種格調其實在其作品中一貫有之,固表現其人莊肅之一面,而就《飲》書而言,初則不免感覺干擾扞格,以為蛇足,細品則自有況味,乃知此不唯流露其人個性,甚且正使《飲》書以食譜而非食譜,結合下文所論抒情懷舊,乃了然《飲》書何以終於能夠「食

譜的滋味,遂往往味在舌尖而意在言外了。」(《飲》書〈附錄〉)。

類此似經意似不經意,錯落有致地說理者,再如〈椒鹽裡脊〉:「外國人學中國菜,常爲食譜中慣用之『酌量』或『少許』一類曖昧的詞彙所困,但這種曖昧的詞彙確有其道理;蓋主題大小不一,且各人口味亦有別,調味豈有定於一統之理?」〈鑲冬菇〉:「一桌酒席之中,此類精緻的菜肴以不超過兩樣爲宜,否則高潮迭起,反而不見高潮。這與寫文章的布局,或繪畫構圖,衣飾穿著,乃至於人生許多事務同理,總要有些疏落低調,才能襯托精華中心,否則徒然堆砌鋪張,令人眼花撩亂,反嫌庸俗。」皆好例也。林氏一邊引申說理,延展讀者的感發:一邊藉此見證其對《飲》書各文寫作時之匠心獨運,而讀者亦因之能漸次體察《飲》書內涵所具有之高度與廣度矣。

(四)素朴的語言、憶舊的主題

語言素朴,向爲林氏格調,《飲》書亦不例外。而所謂「素朴」係指其並不刻意雕飾琢磨,故無華豔之風——這一點,既與習見女性作者散文異調;亦似無其學術專業(六朝唯美文學)影響在內。但林氏極重視經營,故雖素朴而絕不鬆散、枯澀,反因之具有一種強烈的層次感以及特殊的細膩美——這一點卻又與六朝文學之體物有關;前文固已析述——是仍受其學術涵養之沾溉。此種語言格調,《飲》書通冊皆是,而前文所引文字亦可爲證,故本不煩舉例,但亦不妨再看一段,咀嚼其味:

> 據說關外的土地多砂質,關外人多牧馬蓄羊,他們宰殺了羊馬,把不要的內臟拋棄於地上,久而久之,內臟腐爛後就長出菌來,這種菌便是口蘑。也有人說,口蘑是馬糞中生長出來的。聽多了各種說法後,我對口蘑的印象是模糊的、遙遠的,也是不可思議的;總以爲居住在臺灣,關外的菌類與我不相干。直到有一次赴香港,在公務之餘閒逛銅鑼灣、灣仔一帶南北貨店舖,偶然發現大玻璃罐上貼著「正宗口蘑」標籤。仔細觀察罐內深褐顏色的東西。枯乾的,有點近似草菇或磨菇。小者如小拇

指的上一截，大者亦不過像大拇指般。我要求店主讓我打開蓋子，探手
取一粒，等不及湊近鼻尖，已有清香襲人。

——〈口蘑湯〉

此段文字絕無奇文麗辭，只是娓娓敘來，稱爲「素朴」固無不當。但細細
品讀，先隨作者進入遙遠、模糊的口蘑世界，陌生而不相涉；及至偶然相
視，端詳其貌，不免心生好奇；終則探手接觸驚覺其香——如此層層入
勝，平實的文字中乃推展出愈細愈深的境界；時空的疏闊忽然拉近，陌生
的事物突然親密，這是怎樣的神奇機緣？由是素朴的底層終於漸次煥發出
無盡的光輝；而尤令人欣豫者，其畢竟還是平凡、家常的本質——這就是
林氏的擅場。

　　至於《飲》書的主題厥在憶舊，自亦無疑，而正因爲篇篇有人、事之
懷念、記憶，乃使《飲》書添入溫暖真摯的情懷，增加了作品柔腴的風
味；唯與林氏往昔之作稍異者，《飲》書更有意將「抒情」的成分加以「制
約」——這一點在二之（一）節固已言之。《飲》書〈楔子〉云：「而關乎
每一種菜肴的瑣碎往事記憶，對我個人而言，亦復值得珍惜，所以一併記
述，以爲來日之存念」，更明示了此書極重要的一種內涵。

　　《飲》書散文 19 篇，篇篇有人、有事，文字雖簡，情味卻蘊藉豐饒，
讀者檢閱自見，現在姑舉〈扣三絲湯〉文字爲例，俾嘗其臠，以知鼎味：

多年前，我仔細聽取豫倫（按，林氏之夫）的形容與分析，宴客時第一
次試做便成功。他說：「就是這樣子，就是這個味道！我在上海城隍廟喝
過的湯。」
然而多年之後，我仍沒有去過那個城隍廟。離開上海那一年我 11 歲，我
隨著父母家人回到從未來過的故鄉臺灣。日月飛逝，我從年少而成長而
漸老，上海始終是我記憶中的故鄉。也曾有過我多次可以回去的理由與
機會，但我心中有一種擔憂與懼怕，不敢貿然面對童年許多珍貴的記憶

所繫的那個地方。韋莊說:「未老莫還鄉,還鄉須斷腸。」日本的一位近
世詩人說:「故鄉,合當於遙遠處思之。」
　　城隍廟的〈扣三絲湯〉果真如我所烹調出來的色香味嗎?如是我聞,但
我不敢去求證。

逝去的童年,逝去的童年時的上海,只敢小心翼翼的存放在記憶裡,不敢
重訪、不敢追尋。生命流轉,而經歷流轉的人,其情感必如作者這般,對
之無措。林氏在此寫幽微曲折之「鄉情」,絲絲入扣,含吐不露,令人歎
服。
　　《飲》書計收文 19 篇,〈跋言〉有謂:

原來想寫足二十篇再輯成一冊,但又想到古人之作,有「古詩十九首」;
而前此曾出版過散文集《擬古》,即踏襲陸機的「擬古詩十四首」,合十
四篇成冊,便為輯此十九篇出來找到一個允當的理由了。

其實我想,「19」之數或未必只是數字的理由而已;「古詩十九首」頗有
「感逝」之情,《飲》書在「食譜」面貌之外,正多「感逝」情調。
　　《飲膳札記》的特質,初就個人所察,要述如上。續論蔡珠兒《紅燜
廚娘》之特質。

三、《紅燜廚娘》的特質

　　相較於《飲膳札記》,《紅燜廚娘》(以下簡稱《紅》書)之特質似乎不
煩細剖,一目了然,甚易感知體察;首先論其語言格調。

(一)快板、濃彩,文字的魔術表演

　　《紅》書的語言風格極為強烈而鮮明,以音樂言,若繁弦急管;以顏
色言,若萬色繽紛;並且處處充斥著誇飾的,新奇的賣弄,宛然文字的魔
術表演,這一點打開《紅》書光看各文標題,已不難感知,例如〈酗芒

果〉、〈舞絲瓜〉,一「酗」字、「舞」字即使神態凸出畢露;而〈香蕉之
死〉、〈荔枝餘燼錄〉、〈野菇遍地〉,更見不免心驚,(野菇遍地,一不留神
竟錯覺成野屍遍地);餘若〈鬱藍高湯〉、〈欲望焦糖〉、〈乾柴焗魯迅〉、〈燕
窩迷城〉⋯⋯等,也都令人生發奇想,在在見識作者遣辭、誇飾、新奇的
魔術效果;至於各篇文字,尤其具體可感,〈荔枝餘燼錄〉有如下文字:

> 嶺南佳果,絕世尤物。多年前初識廣東荔枝,我曾經何等驚艷貪饞,四
> 出汲汲尋訪,而今熱情消褪,眼冷心淡,往昔癡醉如前露雲光,倏乎閃
> 失,漫漶虛幻。

雖多四言句,但節奏是快的,修辭是麗的,讀者彷彿乍看不斷轉動的萬花
筒,變幻無端,神迷目眩。事實上《紅》書所有文字幾乎都是此種格調
(至少前三輯絕無例外),試再看〈鬱藍高湯〉,〈欲望焦糖〉各一段:

> 現成的湯底,被調料和味精霸實了,鮮麗但暗啞,劍拔弩張而底蘊空
> 蕩,只有表層沒有景深。自熬的湯汁看似虛渺,但能潛入滋味的地底,
> 深密縈下堅實的基樁,以此砌造食味捏雕色香,營建出豐盈繁複的層次
> 面向,吃到嘴裡悄然不覺,只感到有一種光,溫潤瑩澤,曖曖內含。
>
> ──〈鬱藍高湯〉

> 我看著剛出爐的葡國蛋塔,焦糖褐斑散落如星,像點眼開光,每一只都
> 有不同的神情,嵌藏著各式暗碼,等著被舌齒破解。
>
> ──〈欲望焦糖〉

這些文字,炫麗不必說了,值得注意的是其基本為四言的結構(亦時有集
兩四言成八言,刻意不斷開者),並且講求押韻。前引三段文字,〈荔〉文
句句皆有四言(第三句「廣東荔枝」為四言,《紅》書中常見此種暗藏之四

言，可類推）饞、淡、幻為一韻，訪、光為一韻；〈鬱〉文自第四句「劍拔弩張」、「底蘊空蕩」起，出現四言、八言；而蕩、椿、香、光押韻；〈欲〉文亦句句有四言，星、情押韻。檢閱《紅》書，不難發現，蔡氏遣辭構句的經營可謂類此一以貫之，故前文所述種種新奇、濃麗、快節奏（蔡氏除透過大量四言造成快板效果外，文內每段文字至長僅 160、170 字，又有韻腳的錯落呼應，故讀來節奏自然加促）的形式美，實皆由此而來，〈地中海燉菜〉中有句「華麗濃郁，恣肆豪放」，正可用來形容蔡氏此種書寫格調；但換一角度觀之，則「套式」之形成因此而生，難免予人千篇一律之感。至於因太措意求張揚效果，遂不暇細膩，造作、蹈空之病乃不時可見，〈舞絲瓜〉開章即云：「夏日以各種方式抵達，從銀河，以暴雨，到荷塘，在絲瓜。」誠然求工求巧，但「從」、「以」、「到」、「在」四字，極造作而欠佳，至為明顯；再如〈醬炒過貓〉新詮伯夷叔齊之死有云：

> 野菜比家菜難調理，濃淡拿捏更考功夫，當年伯夷叔齊不食周粟，逃到首陽山吃薇蕨過活，最後終於餓死，除了因為營養不良，我懷疑也因缺油少醬，烹治不當，煮出的薇蕨枯澀無味，終令二人倒胃淡口，厭食而亡。

蔡氏也許有意幽默，以便生發讀者新穎趣味，但刻意設想，終難逃做作之嫌。至於所謂「蹈空」，試看〈煮玫瑰〉洋洋灑灑迤邐寫來：

> 玫瑰的用處比肉菜更為寬廣，釀酒泡茶，蒸露熬醬，製糕焙酥，煮肉滾湯，鹹甜兼美冷熱皆宜，而其香澤色味，當然更勝肉菜。
> 我說的是真刀實槍的煮，不是泡一壺玫瑰茶，悠然細啜整個下午，更不是澆上油醋做成鮮花沙拉，在燭光下以香檳酌食。規格化的浪漫公式，僅能淺淺掠過玫瑰的皮膚，不能深入肌髓，吸取花汁的精魂。拔下一枚花瓣嚼嚼看，玫瑰看似嬌嫩，其實十分悍韌，辛澀微苦，比芥菜葉粗老

得多，要嚐真味，就得高溫熱火，不惜炮烙。

形容了半天，完全沒具體寫到玫瑰怎麼「煮」；以下依然堆砌點畫（前述四言、八言、押韻之「套式」，在此文中可謂蜂出矣），直至近終篇，才有這麼一段：

> 每次去「快船廊」喝下午茶，就是為了這玫瑰醬。我在家自製過，摞去深紅玫瑰的花頭，捋下花瓣，摘除花蕊和近蒂頭的白邊，以淡鹽水洗淨後剁碎，加清水白糖和檸檬汁，以細火熬煮至膠稠，成醬後晶紫紅亮，濃麗照眼，但氣味索然不香，嚐來也微澀帶苦。

不唯極平凡簡易，甚且還是一次「失敗」的煮——相對於通篇用力的誇飾文字，落差天壤，讀來反覺反諷滑稽。正因為通篇其實蹈空，故結尾所云：

> 以玫瑰入饌，其實比菠菜豬肉難得多，要用得恰適不矯情，既不宜生吞活剝，更不能蒜炒醬爆，火候需輕重得宜，技巧嫻熟流利，才能留攝香色，栩為動人。
> 這些我都做不到，我只知道煮玫瑰不可躊躇留情，掐枝斬瓣，絕不心虛手軟，在菜刀與砧板，炒鍋與爐火間，沒有任何沾黏牽纏。

令人讀之，深感突兀、飄忽，難有任何把捉、體會。餘若〈麻婆在哪裡〉終未寫出麻婆豆腐正宗作法；〈鬱藍高湯〉首二段讀者亦易錯覺高湯已然熬煮，其實不然，而又因何取名「鬱藍」？讀畢全文，仍莫名所以（天候灰暗欲雨，容或是「鬱藍」的；但湯的滋味是「溫潤瑩澤暖暖內含」，又與「鬱藍」絕不同調；事實上，全文並無「鬱藍」之感，蔡氏「恣肆」行文，正顯示了不知不覺的扞格粗疏）——凡此種種「蹈空」之病，殆皆緣

於作者熱衷驅遣文字，求濃、求麗、求奇、求新，遂不遑顧及應有之實質與真切矣。

《紅》書行文最精采者，恐怕不得不推首尾起結。如〈地中海燉菜〉：

> 一夜秋風，吹落發黃的苦楝子，八哥和紅耳鵯搶著啄食，不時爭地盤撒潑扯打，我一邊煎筍瓜，一邊旁聽雀鳥罵架。只有這種舒爽涼淡的季候，才能讓人心平氣和，好整以暇在爐邊廝磨半日，做這道 Ratatouille。也只有這種仲秋時節，瓜果飽吸盛夏精華，又被秋風濃縮催發，甜糯熟豔，才能燉山濃腴的精髓。

以及〈欲望焦糖〉：

> Suzanne Vega 低低哼著《Caramel》，清淡的森巴爵士，摻了海風和薑汁，但她說的是欲望。沒有火焰的焦糖，就像枯水之河，無肉之蚌，缺星的天體，風乾的欲望。

皆發調不凡：前者無炫目文字，卻自然光彩照人；後者詞句操持固蔡氏擅場，但氣韻飽滿、乾淨俐落，也絕無前揭之病。至若〈蘆蒿春味〉：

> 而汪曾祺的《金冬心》，寫揚州鹽商宴請新任鹽官，滿桌清淡菜色，盡是名貴刁鑽的盛饌，甲魚僅用裙邊，鰣花魚只取鰓下兩塊蒜瓣肉，河魨配上素炒蘆蒿，素炒紫芽薑，素炒蒿苣尖……而鹽官還淡然說，「咬得菜根，則百事可做。」野意與清淡，竟是濃肥豪奢的注腳。

以及〈龍井與蝦〉：

> 蝦仁向龍井借來意境，龍井向歷史借來名氣，我們則向西湖借來傳奇，

在層疊交錯的假借中，真偽變得朦朧虛軟，就像湖上紛紛的霧雨。

俱結筆高妙──二者相同處在意境深刻，發人省思；差異處則前者鞭辟有力，後者含藏宛轉，而皆耐擊節咀嚼。

最後，值得一提的是，蔡氏的語言兼有張愛玲、簡媜之精魂，〈荔枝餘燼錄〉：「荔枝還是吃的，在街市買到什麼吃什麼，適口隨意動心忍性，虛火再燒不上身。但到底狂烈愛過，偶爾碰上極美的，舌底還是泛起一陣蒼涼。」〈醬炒過貓〉：「配上椰汁飯或冬蔭功，淋漓酣暢，這是最美味的過貓，飽含熱帶雨林的蓊鬱精魂。」〈欲望焦糖〉：「焦糖吸收了多種香味，馥郁濃艷，像手風琴般層層延展，綿綿不絕，原本平直單調的甜蜜，被微酸和暗辣烘襯得曲折搖曳。」頗有張氏之妖嬈豔麗；〈酗芒果〉：「有了這果醬，今年無後顧之憂，更可醉生夢死，果季之後還能再酗下去。管他濕熱發毒，反正我早已毒性深重，況且還有臺灣帶來的破布子，食之可解芒果毒。解完毒接著再酗，此生都休想勒戒。」〈舞絲瓜〉：「小滿之後有一天，絲瓜終於沉實起來，略一揮舞它就輕顫微抖，無風起浪，波紋由蒂頭迅速蕩落瓜尾，豐肥活絡像一條靈蛇，啊，到底是來了。」〈哈鹹魚〉：「濕度把魚味濡染得厲害，Tom Waits 在沙沙哀嚎，這樣一個午後，不止是他，連我都變成鹹魚了。」頗有簡氏之爽利黠慧。臺灣當代散文，女性作者一系向有華麗一脈，張愛玲為其祖師，簡媜則其中最重要之健者，二人影響深廣，蔡氏固耽樂此調而不疲也。

（二）感官的飲食美學・味覺的人世思索

關於《紅》書語言格調的特質，大體析論如上，本節續就「內涵」部分加以探討。

《紅》書內涵實可分兩種格調，前三輯見證其為一感官性的飲食美學；後三輯則一食一思索──透過味覺表達作者對人世的體悟；二者趣味頗異（其實前節所論語言格調，大抵集中前三輯），茲依序略論。

所謂「感官的飲食美學」，係指蔡氏所書種種飲食，透過其魔術文字，

讀者產生視覺、嗅覺、味覺……等感官上的強烈反應，但若欲化虛為實，親手按部就班操作，則幾無可能。事實上作者的執行能力恐怕也是有問題的，〈鍋裡一隻雞〉坦白說道：「在廚中廝混了這些年，我都是土法煉鋼胡亂湊合，舉凡劈骨、殺魚、斬蟹和剁雞，一概在菜市央請商販代勞，偶爾做鹹雞和白斬雞，把雞剁得損手爛腳骨肉支離，被人譏稱為『叫化雞』。為了藏拙，請客時我通常做辣子雞和三杯雞，荼濃熱鬧美觀討好，又有地方特色，不論華洋都喜歡。」事實上《紅》書中像〈地中海燉菜〉那樣確實可以「如法炮製」的食物是很少的，讀者所得，皆乃從文字精靈中觸發的感官享受，其例甚多，姑引數則，如〈酗芒果〉：

> 初夏像狗一樣伸出熱舌，呵出黏滯的濕氣，吐著帶羶的霉味，幸而腰芒也在此時上市，我拿它當芳香劑，在屋裡擺上一大盆，把空氣薰染成奔放的南洋果園。腰芒是豬腰芒的簡稱，玲瓏曲折如腰子，細細粒卻肉呼呼，甜軟多汁。凡芒果都香，腰芒的氣味尤其殊絕，熟豔嫵媚裡帶著一股清鮮的樹葉味，聞起來青黃交加光色斑斕，夜來濃烈得可以醉倒人。

用光影、色彩、撩人的身姿，乃至伸舌的狗形容多種「氣味」，已甚得魏晉以下美文「通感」[3]技法之風流，而〈覆盆子〉尤進一步，難以名狀：

> 天色粉青陽光油黃，微風拂來豌豆花香，烏鶇捲著軟舌在樹上引吭，寶石紅的漿果在手心顫動，倫敦的夏天美得像個夢。剝下一粒覆盆子放進嘴裡，甜嫩清酸了無渣痕，更像吃下一口夢，然而夢是鬆的，沒有這麼緊密強烈的氣味，那是比香更稠的豔，像吞下一坨胭脂水粉暈染在頰腔，滿口黯光，照得臟腑熠熠生輝。

---

[3] 「通感」一詞借用錢鍾書語，係指嗅覺、視覺、味覺等官能的跨界譬喻、形容，見錢鍾書，〈通感〉，收入其《七綴集》（臺北：書林出版公司，1990 年）。

彷彿天色、陽光、微風、烏鶇、以及夢，都成了食物，都成了覆盆子的烘托。於是視覺的、嗅覺的、聽覺的、觸覺的，乃至不可以「覺」名之的「夢」，全都化作味覺，化作「豔光四射」的味覺，其精采驚人，已至匪夷所思地步。最後，再看〈哈鹹魚〉一段：

> 何等奇詭的異物啊，臭與香、鹹和淡、腐和鮮、喜和厭，衰敗和蓬勃、淫邪和純真，全都攪在一起和衷共濟，混亂得近乎醜怪，但又醜得讓人心旌搖曳。

蔡氏說這「周遭的氣氛，把你逼近感官的邊界。」是的，《紅》書的飲食書寫多的是這種令人感官興奮的描繪（其文字亦多有近張愛玲者）。它們不是真槍實彈的搬演，只合隨著作者的舞弄，進入一種充滿官能享受的境界，然則，《紅》書性質稱之「感官的飲食美學」，自無不宜。

正因為是「感官的飲食美學」，所以抒情述懷的成分不免飄忽、簡略，〈飛天筍〉、〈香蕉之死〉、〈柳丁情節〉裡的鄉愁都是如此；而〈瓊斯太太的聖誕糕〉本為極佳題材，善加經營，絕可成為動人至文，但終究失手糟蹋──這種情形到輯四以後幡然一變。

輯四以後的幡然一變固不僅如前文已曾提及的，是語言格調的變化而已；乃亦在抒情上，它變得豐厚深刻；而在抒情之外，更開出若含哲理的思索。以〈紅蘿蔔蛋糕〉為例，寫母親之死、寫自己「不特別悲傷，只覺得空蕩、呆滯、茫茫然。」寫「把紅蘿蔔洗淨削皮，一根根刨成絲，空蕩蕩的時候最宜勞動，刨了許久都不手痠。」文章就在如此亂針繡縫裡，寫出了失職母親和自私女兒間的「隔」與「合」，「怨」與「愛」，極為簡約、樸實、動人──這在前三輯裡是絕不可見的。其餘若〈豬油拌飯〉寫臺灣人、香港人、大陸人，乃至東南亞華人共同的懷舊回憶；〈黑貓飯店〉寫寵貓 Pepper 的嗜鮮；乃至〈冬蔭功情人〉寫現代人的虛浮，……莫不疏朗有致，韻在言外──這些概屬豐厚深刻的抒情；至若關乎若含哲理的思索，

則篇章更多：

〈乾菜燜魯迅〉的嘲弄，〈安徒生菜單〉的冷肅，〈自討苦吃〉的機智，〈一杯春露冷如冰〉的杞憂，都雋永有味，深富啟示；而〈鵝回來了〉對升斗小民甜美生活的嚮往，〈泡麵民粹論〉對人性一針見血的剖析，〈瓜子與時間〉對嗑瓜子哲學的反諷，也都令人既感溫煦，復感歎服；在此，或許不妨引〈泡〉、〈瓜子〉二文部分文字，略見其神貌：

> 誰都知道，泡麵不是好東西；高脂多鹽低纖無營養，含有多種致癌的安定劑，口味虛假浮誇，然而在最迫切的時候，它帶來最迅速最乾脆的幸福，那種當場兌現的歡快滿足，和熬湯炒料煮出來的真麵完全不同。
>
> 泡麵民粹示範壞品味，逆反食物美學，炮製虛幻的滿足，麻痺味蕾鈍化感覺，使得食風頹唐墮落……但是，墮落的滋味真鮮美，這才是泡麵最屬害的調味包。
>
> ——〈泡麵民粹論〉

> 張愛玲不會嗑瓜子，但她筆下的女人老是在吃零食，愈是絕望愈要吃，例如《花凋》裡川嫦的母親鄭太太，「總是仰著臉搖搖擺擺在屋裡走過來，走過去，淒冷地嗑著瓜子」，以麻木鈍漠來抗禦生命的不堪。而《連環套》中，張愛玲借霓喜的相簿說了一段獨白，簡直該拿來做《對照記》的序：「照片這東西不過是生命的碎殼；紛紛的歲月已過去，瓜子仁一粒粒嚥了下去，滋味個人自己知道，留給大家看的唯有那滿地狼藉的黑白的瓜子殼。」
>
> 可見瓜子不是食物，是種計時單位，自古至今、各處遍地的瓜子殼，是天文數字的時間碎片，如果可以提煉再製，不知可以循環回收多少年月。但覆水難收，流失的光陰也不可能回頭，達觀的中國人也許早就想通，既然生命避不了浪費，與其被人虛擲，還不如自己下手，痛快揮霍。

——〈瓜子與時間〉

　　我一直認爲「輯四」以下的《紅燜廚娘》展現了蔡氏才具中豐厚深刻的一面，它不必用力舞弄文字，卻自然啓發思考，動人性靈。一般喜歡《紅》書的人，恐怕多爲前三輯勾魂攝魂，忽略其中的流弊，也忽略後三輯的智性理趣。這當然反映了現代讀者的品味好尙（不正如飲食般喜歡重甜、重鹹、重辣、重油嗎？）直接刺激者先得，焉能好整以暇細味慢品？也是無可奈何之事。

四、結語

　　《飲膳札記》與《紅燜廚娘》二書之特質概述如上，明顯可以看出二者體式與格調的差異。扼要而言：《飲》書爲抒情的飲食美學；《紅》書爲感官的飲食美學。《飲》書有體式突破的企圖；《紅》書多文字魔術的熱衷。《飲》書從容、優雅、蘊藉，敍寫細膩、層次井然，屬淡筆；《紅》書迅疾、辛烈、誇飾，敍寫粗獷、不時跳接，屬濃筆。《飲》書看似質實無奇，細品則意味無限；《紅》書初閱使人驚艷，細看不免「套式」，且讀之紛繁。《紅》書若無後三輯之抒情與哲理思索，全書意義必大打折扣。就我個人對現當代散文之觀察、體會，《飲》書所表現的，無論是作者的信念、態度，或文章的體式、格調，都在「五四」以來現代散文的傳統與軌範中既繼承復求變，也是臺灣散文 1990 年代（確切說應爲 1985 年）以前的雍容風度。而《紅》書則迥異其趣的極力表現濃妝艷抹，尖新奇突（即使我所深賞的後三輯，相對而言，也時見誇飾、尖銳、躍動的文字與形容）——這其實正是 1990 年代以降就形成的書寫風尙。1990 年代以降，臺灣散文書寫大抵二種極端：一種「極經營」之能事，求巧、求工、求奇、求新——總之，務求濃重華麗的形式美；一種則「去經營」之能事，漫漶恣肆，意到筆到。前者或即爲所謂「世紀末之華麗」，後者則或發揮後現代之解構精神；二者俱在「五四」以來的傳統之外。對散文之發展而言，此二

種極端的風尚，恐非可喜之事。我昔日曾言，林氏雖不斷求新求變，但仍是散文的「正統」，也仍是近年來逐漸少見的「純散文」。[4]相對而言，蔡氏雖有可觀，但若不能體會：散文縱使可以濃淡有別、朗密有異，但散文最本質的格調是自然平易，散文最可貴的意境是淳厚真切，文字魔術只能適可而止，不宜一以貫之；則蔡氏散文的進境恐怕有限，這就辜負了她所具有的才華與性情。我亦曾在〈孤寂與愛的美學——綜論簡媜散文及其文學史意義〉[5]一文裡建議簡媜：「古人說：豪華落盡見真淳。這真淳二字或還待簡媜細細去參」，我願再以此言贈蔡氏，也盼當前的散文作者與讀者都能對之深思體會。

　　——民國 94 年 12 月 15 收稿，民國 95 年 1 月通過刊登。

　　　　——選自《臺灣文學研究叢刊》，第 1 期，2006 年 2 月

---

4 何寄澎，〈林文月散文的特色與文學史意義〉，陳義芝主編《林文月精選集》（臺北：九歌出版社，2002 年）。
5 何寄澎，〈孤寂與愛的美學——綜論簡媜散文及其文學史意義〉，《聯合文學》第 225 期（2003 年）。

林文月飲食散文中的人‧情‧味
從〈蘿蔔糕〉一文談起

◎黃宗潔[*]

　　以飲食做為書寫的題材，一直是古今中外文學創作中的一脈支流，就以現代散文來說，從早期梁實秋的《雅舍談吃》、唐魯孫的《中國吃》，到近年來蔡珠兒的《南方絳雪》、徐國能的《第九味》等，或者是單純記錄飲宴之歡愉；或以文字寄託鄉愁的滋味；以美食蘊含對親情的回味；甚至以食物做為研究考證的對象……等，飲食與文字的結合方式正如同烹調之法一般花樣繁多，各有風味。

　　在為數眾多的飲食文學作品中，林文月的散文集《飲膳札記》，以其含蓄溫婉的文字風格，與文中蘊含的那份對親朋長輩的情誼及心意，可謂達到文情兼美的境界，因此備受學者專家的肯定與討論；但另一方面，飲食在《飲膳札記》一書中，卻絕不僅只是做為描寫生活、人情等回憶的媒介物而已，文中對每道菜色烹調手法不避瑣碎的細膩書寫，其實更是本書在同類作品中別樹一幟、耐人尋味之處，只是關於這方面的討論相形之下則較少一些。事實上，林文月自己曾表示：

　　在撰寫《飲膳札記》時，有兩個方向，其一為食物，另一項就是人。在創作的過程中，要試圖將兩者結合。……不但要將某一道菜餚的烹飪過程、材料、效果訣竅都告訴讀者，同時也要把跟這一道相關的記憶、事物，一併放進文章之中。但又不能以二分法去處理。[1]

[*]發表文章時為臺灣師範大學國文系博士生，現為東華大學華文文學系副教授。
[1]林文月演講；孫梓評整理，〈悲歡哀樂的飲食記憶——非食譜的《飲膳札記》〉，《中央日報》，2001

可見飲食與人情，若只側重其一，恐怕難以全面體現《飲膳札記》的
獨特風貌。本文擬從〈蘿蔔糕〉[2]一文爲討論起點，試圖捕捉貫串《飲膳札
記》一書的精神所在，並期能更進一步地體會隱藏在字裡行間的人・情・
味。

《飲膳札記》書中各篇皆以菜名爲題，〈蘿蔔糕〉一文顧名思義自然是
有關於蘿蔔糕的製作與回憶。蘿蔔糕是林文月幼時母親每逢過年必定親自
下廚製作的食品，也是她心目中有著濃厚年味的「年糕」。母親年邁後，製
贈娘家年糕的工作就落到林文月的身上。蘿蔔糕並非市面難尋之物，蒸製
起來又費神費事，然而在母親過世之後，她依然於年節時製作蘿蔔糕，雖
然蘿蔔糕的口味早已由母親的臺式風味，調整爲更受丈夫子女喜愛的潮式
口味，但對林文月來說，蘿蔔糕依然是她心目中「母親的滋味」。透過在年
節時重複母親往日的動作，彷彿也得以喚回那段失去的時光。

如果從懷舊、抒情的角度來看〈蘿蔔糕〉一文，自然不難發現「蘿蔔
糕」做爲傳喚記憶的線索，是與「母親」、「過年」、「童年」緊密連繫在一
起的，蘿蔔糕在林文月心目中的地位，由她在民國 67 年就已寫過一篇〈過
年・蘿蔔糕・童年〉[3]當可略窺一二。對於每個人來說，在心目中真正占有
重要分量的人與事，往往不僅深藏於記憶之中，也會在經意與不經意間，
反覆於言語或文字中重現。「蘿蔔糕」這個主題，歷經 20 年的歲月依然在
作者的文中得見，正說明了蘿蔔糕對她來說，並不只是尋常食物而已。

〈過〉文同樣以製作蘿蔔糕一事爲全篇主線，除了對兒時生活的述舊
憶往之外，更流露出對子女的關愛，從子女對蘿蔔糕的喜愛讚美中，作者
不僅得到滿足感與成就感，也在某種程度上「尋回了自己失去的童年」，文
中洋溢的是親情的溫暖與喜悅。與〈過〉文相較，〈蘿蔔糕〉一文顯然多了
一份感傷色彩。歲月荏苒，悠悠二十餘年，這樣的轉變自然不令人驚訝，

年 4 月 30 日～5 月 2 日，18 版。
[2]本文收錄於林文月，《飲膳札記》（臺北：洪範書店，1999 年），頁 109～117。
[3]本文收錄於林文月，《讀中文系的人》（臺北：洪範書店，1980 年），頁 21～24。

這也是何以《飲膳札記》一書每每被視為「傷逝」、「憶舊」之作的原因。

　　不過，若我們進一步去審視《飲膳札記》字裡行間中所流露的情感，卻可發現在傷逝懷舊的背後，其實還有另一層「把美好時光、事物與記憶留住」的努力。而林文月所傷懷的，除了美好時光的流逝之外，更有對逝世的事物「當時只道是尋常」，如今卻無由追尋的感歎。細究《飲膳札記》一書，不難看出此類感歎可謂比比皆是。例如〈蘿蔔糕〉一文提到外祖父連雅堂先生的《臺灣通史》中記載年初三「出郊展墓，祭以年糕、甜料」的習俗，而母親製作的「菜頭粿」是否就是《臺灣通史》中的「年糕」？「外祖父去世時，我僅四歲，無緣求證，是頗遺憾的事情。」（頁 111）〈五柳魚〉一篇則寫母親稱「五柳魚」為「五柳羹」，對此一名詞「從前不曾疑惑過；母親已離去多年的現在，兄弟姊妹相互質疑推敲，也只有面面相覷一臉茫然而已。」（頁 142）至於製作臺灣肉粽時母親何以捨淺棕色竹葉而取綠色竹葉？「當時只道是尋常，沒有想到疑問，如今欲追尋而不得。世事往往如此，怎不令人惋惜感慨！」（〈臺灣肉粽〉，頁 72）幼時聽聞外祖父府上的佳餚，夏季有冰淇淋，冬季則是芋泥。然則長大之後卻不免懷疑：「那時候已經有了冰淇淋嗎？不過，終究也如同其他一些更重要的事情一樣的，如今後悔亦無從追究考覈了。」（〈芋泥〉，頁 33）又如鄭師母與眾不同的一道「蔥烤鯽魚」，也讓她產生同樣的疑惑：「唯許多年以後的今天，我心中有一個疑問，師母是北平人，她這道南方口味的菜餚與他人所製者同中有異，不知究竟是出於創發呢？還是另有師承？當時忘了請教，而今師母已作古，鄭先生也離去數年，此遂成為一個永無答案的謎了。」（〈蔥烤鯽魚〉，頁 100）

　　過去視為理所當然或未曾深究的事情，在長輩凋零後方知無從考證的遺憾，或許才正是林文月提筆寫下《飲膳札記》一書的原因。正如她在書前的〈楔子〉所言：「每一道菜餚之製作過程則又累積了一些心得，今若不記錄，將來或有可能遺忘。」為看似乎平凡瑣碎的烹調手法留下紀錄，阻止遺忘發生的背後，或多或少是出於一種補償的心理，讓過去的事物成為

有跡可循，得以按圖索驥的文字紀錄，而非「欲尋不得」、「無從追究」的如煙往事。對於林文月來說「食物是主題，人事是配合『主題』去衍生的，不可喧賓奪主。」[4]這也正是本文何以要強調林文月飲食散文之「味」的原因。

　　所謂食不厭精，膾不厭細，《飲膳札記》書中所記載的 19 道美食，可說充分體現了這句話的精神——其中有的步驟繁多，有的則費時費神，而林文月卻能從材料到步驟一一細述。表面上看來，介紹烹調手法的文字只須平鋪直敘，簡單明瞭即可，應該沒什麼難度可言，事實上這卻是創作時最難經營，也最難成功的部分。正如陳芳明所言：「對於任何散文作者而言，這種創作方式極為危險；只要稍微失手，很有可能淪為柴米油鹽之譏。林文月從險處下筆，竟獲得上乘的效果。在臺灣的散文傳統中，這應該是一個異數。」[5]林文月自己也提到，由於《飲膳札記》是「散文」而非「食譜」，為了兼顧「提供訊息」與「文學之美」，林文月也費了一番心思，時而「單刀直入」，時而「迂迴轉入」，又或者採用倒敘法，務求「不要讓它看起來像符號的排列，而能富有文學的美感。」[6]由這個角度來看，《飲膳札記》或許更適合稱為「食藝散文」。事實上，從文中不時強調的「烹調也是一種藝術」，就可知道每一道菜餚的完成，都是經過如同藝術品一般精雕細琢的過程得來。她對飲食之味的堅持，從選材、步驟到調味都可看出：例如蝦仁絕不可在市場先行剝殼，剔除腸泥的手續絕不可忽略（〈清炒蝦仁〉，頁 15）、芋泥一定要「極油極甜極濃膩」等。（〈芋泥〉，頁 37）但是「堅持」並不等於「不知變通」，對於費時費事的蘿蔔糕，她也並不拘泥「傳統」，捨清洗不便的粿巾竹筒與占空間的圓形蘿蔔糕，改以坊間一般的長形容器蒸製。由此亦可見「巧手慧心」，林文月可謂兩者得兼。

　　食物既是做給人享用的，談論飲食散文時自然也不能遺漏「人」的部

---

[4]同註 1。
[5]陳芳明，〈溫婉而古典——評林文月的《飲膳札記》〉，《深山夜讀》（臺北：聯合文學出版社，2001年 2 月），頁 207～209。
[6]同註 1。

分。只是關於《飲膳札記》的人情之美，正如前面提過的，已有不少論者提出詳盡的點評[7]；此外，林文月已有一本專以人物爲主題的散文集《人物速寫》[8]，或許也更適合做爲探討其散文對人物形象的經驗的文本。不過《飲膳札記》一書中對人物的刻畫雖然因題材主副的考量而篇幅不多，但由於林文月善用對話和細節凸出人物的性格，因此即使只是寥寥數筆，人物形象也能躍然紙上。例如〈芋泥〉一文中，描寫師長對飲食的喜好各有不同：「（許世瑛先生）聽見芋泥上桌，會露出天眞如孩童的笑容說道：『這個，我最愛吃的。』鄭先生一向食量不大，但遇著甜品，每每可以獨享雙份。臺先生總是把自己的一份推向鄭先生面前，笑說：『因百，我這一份歸你。』」（頁 35）把師長平易近人的一面以及彼此間的默契、情誼充分表露無遺。

有趣的是，其實《飲膳札記》一書中最凸出的人物形象無他，就是林文月自己。在翔實記錄一道道佳餚的製作過程，以及相關的回憶之時，林文月其實也把她自己性格中的許多面向在讀者前。例如前述對烹調過程的精緻、細膩與講究，可以看出她對生活以及自我的要求；宴客時對菜色、口味、乃至上菜順序的精心安排，則是她對人用心、誠意、重感情使然；除此之外，從下面這件往事的追憶，細心的讀者也能從中看到林文月「不擅言詞」，在人多的場合甚至會「局促不安」的另一面[9]：學生時代一次臺靜農先生約三數學生到府中晚宴，每道佳餚上桌時，同學們都紛紛讚賞，品嚐豐盛食物的林文月覺得的確應當有所表示，於是在臺先生端出一盤排列美觀的薄片滷牛肉，並喜形於色地說：「這是我方才自己下廚切的！」

---

[7] 可參考郝譽翔，〈婉轉附物，迢悵切情——論林文月《飲膳札記》〉，《趕赴繁花盛放的饗宴》（臺北：時報文化出版公司，1999 年），頁 513～542。鍾怡雯，〈記憶的舌頭美食在散文的出沒方式〉，《趕赴繁花盛放的饗宴》，頁 488～509。
[8] 林文月，《人物速寫》（臺北：聯合文學出版社，2004 年）。
[9] 林文月曾在〈林文月論林文月〉一文中如此描述自己：「眾人廣坐場合，她多半靜處一隅，不愛說話，亦不擅長言詞。若要勉強她說話，會顯得局促不安，有時會僞裝落落大方，或者有時爲了掩飾不安而忽然說很多話，然後爲始料未及的狀況十分困窘羞澀。」見《回首》（臺北：洪範書店，2004 年），頁 201。

時，林文月聽見自己忽然說出：「那刀子，一定是很好的吧！」看到大家奇異的眼光，她又趕緊追加一句：「大概是一把很薄很利的刀子。」雖然溫厚的臺先生只是笑笑地指正：「怎麼說刀子好？應該說刀功好啊！」卻令林文月「滿臉通紅」，困窘不已。（〈椒鹽里脊〉，頁 66～67）看似平凡瑣碎的細節描述，其實處處都是作者思想、情感、性格的結晶，所謂「文如其人」，用來形容林文月和她的作品，或許再貼切也不過了！

　　以上從〈蘿蔔糕〉一文為起點，試圖討論林文月《飲膳札記》一書的三個重點：「人」、「情」、「味」，因人而生情，因情而有味。對享用食物的親友有情，因此在烹調時方會格外用心；而一道道精緻的膳食，又何嘗不是因為親友的喜悅讚賞，令人更覺美味難忘？在記錄飲膳回憶的同時，林文月留下了可貴的烹飪技藝，也喚回了美好的往昔時光。

——選自《幼獅文藝》，第 613 期，2005 年 1 月

中譯本《源氏物語》試論
以光源氏的風流形象爲例

◎朱秋而[*]

一、序說

　　林文月先生從 1973 年 4 月，至 1978 年 12 月連載於臺灣大學外文系刊物《中外文學》的《源氏物語》之譯註，是這一部重要的日本古典文學作品最早公諸於世的中文譯本，在長達一千餘年，直至明治時代前，大多是日本接受中國文學和文化薰陶的中日文學交流史上，具有特別的意義。因爲假名文學《源氏物語》有別於日人以漢字寫就的作品，諸如我國人閱讀並無隔閡的漢詩漢文，　如果沒有漢譯本幾乎無從知其始末，林先生的迻譯無疑是爲廣大的華語世界帶來了真正得以一窺日本文學精髓的重要途徑，林先生堪稱是紫式部的千古知音。

　　紫式部大約在 1012 年前後，以當時日本貴族階級女性日常使用的假名撰寫，完成了曠世巨著《源氏物語》。不論是從物語文學、和歌、中日文學之受容與變化的角度，都是影響後來日本文學發展深遠的一部作品。一般推測成書後，平安時期就極受歡迎，廣被傳抄閱讀，平安後期的女性日記、歌論書中已常被提及，至今累積的研究可謂汗牛充棟，在此不多加贅述。

　　在林先生發表完《源氏物語》譯註的兩午後，也就是 1980 年的 12 月，大陸出版了豐子愷先生在 1961 年 12 月至 1965 年 9 月譯出的中文版

---
[*]臺灣大學日本語文學系教授。

《源氏物語》的第一冊，1982 年 6 月第二冊，10 月第三冊陸續出版完畢。因爲當時臺灣大陸消息隔絕，林先生無從得知豐子愷已翻譯一事，更遑論譯文的任何內容。雖然時間有先後，因此特殊情境，林譯本與豐譯本完全互不影響，呈現各自不同的風貌。根據調查目前大陸有十多種《源氏物語》的翻譯版本，不過都是豐子愷譯文的演繹版，故以下討論僅以豐譯爲主要比較對象。

近年，《源氏物語》的英譯版也非常熱鬧，從廣爲人知的英國 Arthur Waley 的 *The Tale of Genji by Lady Murasaki*，（London: George Allen & Unwin, 1925～1933）到美國 Edwar G. Seidensticker, *The Tale of Genji*, 2vols.（New York: Alfred A. Knopf. 1976）和 Helen C. McCullough, *Genji & Heike: Selections from The Tale of Genji and The Tale of the Heike* （Stanford: Stanford University Press, 1994）的選譯，以及澳洲 Royall Tyler, *The Tale of Genji*, 2 vols.（New York: Viking,2001）大約十年前的新譯。這也引起學界關注《源氏物語》的翻譯研究，例如：綠川真知子《源氏物語英訳についての研究》[1]一書多方探討翻譯研究的可能性，她提出：

> 翻訳研究において、まずこれはもっとも大切な認識だと思われるのであるが、文学の翻訳研究とは「誤訳」を見つけて、それを分析するという研究ではない、ということである。しかしこれをもう少し正確に言うなら、もとの文章と翻訳された文章を比較し、間違っている箇所を指摘して翻訳の価値判断をすることは文学の翻訳研究にとってさほど重要なことではない、と言えよう。
>
> ——「第二章　翻訳研究の方法」，頁21

的看法，認爲翻譯研究不應該只是找出「誤譯」來進行分析討論，更正確

---

[1] 綠川真知子，《源氏物語英訳についての研究》（東京：武蔵野書院，2010 年）。

地說就是和原文相互比對，指出翻譯的錯誤，對文學的翻譯研究並沒有太大的意義。個人非常贊成綠川氏的看法，討論誤譯本身的基準爲何？涉及的層面極廣，很難一概而論。

　　小論希望檢視近年比較分析林譯和豐譯的主要討論，釐清目前國內外學界對《源氏物語》中譯本的評價現況，再以作中人物風流多情（「色好み」或「好きもの」）的譯文表現，比較兩譯作間翻譯策略之異同，兼及目前對兩部譯本的比較批評之看法。

二、《源氏物語》中譯本之研究概況

　　從發表時間先後來看，開啓討論《源氏物語》中譯問題先河的，其實也是林先生，以日文寫成的〈源氏物語の中国語訳について〉[2]，之後有橋内武道的〈源氏物語の中国語訳と林文月教授〉[3]。

　　數年後，國內學者林水福先後寫過兩篇篇幅不長的文章〈源氏物語の中国語訳をめぐる問題──桐壺の巻を中心にして──〉[4]和〈中国語訳源氏物語〉[5]，文中分成五項「和歌」、「朝廷專有名詞」、「古今異義詞」、「抽象語詞」、「敬語」，各條目僅簡單挑出一兩例譯文做比較，典型的「誤譯」分析，對全文多達十餘萬字的《源氏物語》中譯本研究具有多大幫助，令人懷疑，其中「和歌」一項有「759 首の和歌を」之語，歌數明顯有差池。

　　這幾年以大陸的留日學者或留學生發表的文章居多，其中以張龍妹最具代表性。主要論點見於：

　　　　〈中国語における源氏物語の翻訳と研究──翻訳テキストによる研

---

[2]《源氏物語の探究》第七輯所收（東京：風間書房，1982 年 8 月）。
[3]明星大学，《研究紀要～人文学部～》第 20 号（1984 年 3 月）。
[4]《源氏物語を読む》所收（東京：笠間書院，1989 年 9 月）。
[5]今井卓爾、後藤祥子、鬼束隆昭、中野幸一編，「源氏物語講座」第九巻，《近代の享受と海外との交流》（東京：勉誠社，1992 年 1 月）。

究の可能性〉[6]

〈豊子愷と林文月の中国語訳について〉[7]

　　第一篇論文中，張龍妹雖將豐子愷譯文吹捧爲「名譯」，第二篇比較豐譯和林譯，從兩者方法上的差異、共同的誤譯，導致理解原作的障礙，結論稱林譯是研究的翻譯，豐譯是鑑賞的翻譯，一長一短，各有千秋，期待吸納兩者優點，不會造成文化誤讀的新譯本出現云云。

　　最近，則有徐迎春利用豐子愷紀念館藏原稿資料討論豐譯的修改與推敲過程，論文有〈豊子愷の翻訳方針について——記念館所蔵豊子愷訳源氏物語の原稿を通して——〉[8]和〈豊子愷《源氏物語》中国注釈の舞台裏〉（2007 年）。

　　其他例如：田中幹子、鄭寅瓏〈豊子愷訳《源氏物語》の問題点について——桐壺卷における林文月訳、錢稲孫訳との比較——〉[9]、吳衛峰〈源氏物語の中国語訳——豊子愷訳の成立を中心に〉[10]兩篇論文都提及當時出版社策劃出版《源氏物語》中譯的始末，錢稻孫譯了五卷，出版社認爲太慢，改由豐子愷接手，譯出後，再請錢稻孫和周作人校閱鑑定，吳論文認爲豐譯受錢稻孫譯出的五卷影響不大。

　　整體來說，雖然張龍妹其中一篇也嘗試以「卷名」、「人物稱呼」、「漢籍古典」、「和歌典故」、「翻譯文體」、「文化障礙」析論兩種譯本的翻譯表現與傳達的內涵，也有回歸翻譯者使用的參考文獻的基本探索，不過仍以「誤譯」或「不足」爲主的討論居多。

---

[6]伊井春樹編，「国際日本文学研究報告集」三，《海外における源氏物語の世界——翻訳と研究——》（東京：風間書房，2004 年）。

[7]伊井春樹監修；河添房江編，「講座源氏物語研究」第 12 巻，《源氏物語の現代語訳と翻訳》（東京：おうふう，2008 年）。

[8]九州大学大学院比較社会文化学府，《COMPARATION》Vol.14（2010 年）。

[9]東アジア比較文化国際会議日本支部，《東アジア比較文化研究》第 11 号（2012 年）。

[10]日本比較文学会編，《越境する言の葉—世界と出会う日本文学》所収（東京：彩流社，2011 年）。

三、「色好み」、「好きもの」的翻譯

　　《源氏物語》在宇治十帖以前，是以主人公光源氏的出生，成長以及長大後與許多女性的戀愛故事為主軸，「多情」、「風流」是光源氏的代名詞。紫式部的筆下的いろ-ごのみ【色好】[11]，在日本平安時代一般做如下解釋：

（1）好んで異性との交情にふけること。恋愛、情事にまつわる情趣をよく解すること。また、その人。

＊竹取〔9C 末～10C 初〕「色好みといはるるかぎり五人」

＊伊勢物語〔10C 前〕三七「昔、をとこ、色好みなりける女に逢へりけり」

＊源氏〔1001～1014 頃〕若菜下「あだなる男、色ごのみ、二心ある人にかかづらひたる女」

＊さるばとるむんぢ〔1598〕「男子女子ともに色ごのみの科に落ざるやうに」

＊日葡辞書〔1603～1604〕「Irogonomiuo（イロゴノミヲ）スル」

（2）実際的なことよりも風流、風雅な方面に関心や理解があること。また、その人。

＊古今〔905～914〕仮名序「あだなる歌、はかなき事のみいでくれば、いろごのみの家に、埋れ木の、人知れぬ事となりて」

＊無名抄〔1211 頃〕「いみじき事なり。昔いろごのみのわざどもこのみてしけるわざなり」

＊ひとり言〔1468〕「和歌の心ざしの人、色ごのみなども残り侍りて、自ら忍び忍びに歌連歌などの事をもたがひにかたらひ侍る事よりより也」

---

[11]《日本国語大辞典》（東京：小学館，2000 年）。

（3）（（1）から転じて）　遊女などを買うこと。また、その遊女。

＊大観本謡曲・祇王〔室町末〕「われら賤しくも、遊女の道を踏みそめし、心はかなき色好みの、家桜花しぼみ」

＊御伽草子・物くさ太郎〔室町末〕「『夫妻と云ふ事は、大事の物ぞ、色好み尋ねてよべかし』〈略〉『主なき女をよびて、料足を取らせて逢ふ事を、色好みといふ也』」

【語誌】

（1）語源については、一説に、「いろ」は配偶者の意、「このみ」は選択する、の意があり、これが後に漢語「好色」と響き合いながら定着したものという。

（2）平安時代には、和歌や音楽に堪能で、異性への恋に一途に生きる人を意味し、男女ともに用いられた。

（3）ほぼ同義の「すきもの」が、平安時代においては風流一般に関して概して肯定的に用いられるのに対して、「いろごのみ」は次第に本来の意味が失われ、否定的なニュアンスを強めていく。

　　　以下試比較林譯（A）和豐譯（B）對「色好み」和「好きもの」描寫翻譯表現與翻譯方法。

例：若菜下「あだなる男、色ごのみ、二心ある人にかかづらひたる女」

A　林譯：那些描寫世態人情的古老小說裡頭，往往記載著風流好色的男人啦，跟三心兩意的男人相處的女性等等。

B　豐譯：（紫夫人）就寢後她想：這種描寫種種世態的故事中，有輕薄男子、好色者，以及愛上了二心男子的女人，繼續著他們的種種情節。

A　林譯：從來也不敢存有任何非分的綺念；……只覺得她溫婉可愛，纖纖巧巧，那種高貴的風度，真是舉世無雙。這一刻，他幾乎失去勉強自制之情，恨不得將她帶走，自己棄世遁走到不可知的地方去。
B　豐譯：所以他去求見，也只指望略述衷情，立即退去，不敢妄想色情之事。……卻很<u>溫馴可愛，無限溫柔的色相中，含有尊貴的嬌豔之態</u>。

○**夕顏卷**（なさけなくさうさうしかるべしかし）

A　惟光則想：主上雖是高貴身分，既然如此年輕而又受到女性的愛慕，如果不帶些<u>風流韻事，豈不可惜</u>？就連那些差一點的男人，只要遇着適當的女子，都會捨不得放過的呢。（頁66）
B　惟光心中想：「我的主子身分高貴，地位尊嚴，然而年方青春，容姿俊秀，天下女子，莫不風靡。倘無<u>色情之事</u>，未免缺少<u>風流</u>，美中不足吧。世間愚夫俗子、藐不足數的人，看見了這等美人尚且捨不得呢。」（頁74）

　　對光源氏的描寫，林譯「風流韻事」，豐譯「倘無色情之事，未免缺少風流」，明言無色情之事即不風流，有將色情與風流混為一談之嫌。
（おのれも限なき好きごころにて）

A　惟光對源氏之君一向忠心耿耿，唯命是從，何況他本身也是個<u>好色之徒</u>，故而對這件事自然費盡心機，絞盡腦汁，要達成源氏之君和那個女性幽會的目的。（頁69）
B　惟光一向絲毫不肯違背主人的意願；加之自己又是一個不放過任何機會的<u>好色者</u>，便用盡心計，東奔西走，終於教源氏公子和這家的女主人幽會了。（頁79）

　　對僕人惟光的表現，林譯「好色之徒」，豐譯「好色者」，並無不同。
（かかる筋におほけなくあるまじき心の報いに）

> A 雖說是咎由自取，恐怕都是因為心裡一度有過<u>不義私戀</u>的報應吧。而今發生了這樣可能貽笑後世的事件，恐怕是欲蓋彌彰……。
> B 罪由心生，這我在<u>色情上犯了這逆天背理</u>、無可辯解的罪過所得的報應，故爾發生這罕有其例的橫事吧。（頁 90）

對描述源氏內心世界文字，林譯「不義私戀」，豐譯「色情上犯了這逆天背理」，前者婉轉含蓄，後者直白。再下一段源氏論及自己和夕顏的戀情時也有類似的表現差異。

（かやうに人にゆるされぬふるまひをなむ、まだならはぬことなる）

> A 唉。真是大家各逞無謂的矜持啊。我倒沒有意思要跟她見外，只是這種<u>不見容於世人的祕愛</u>還是第一次，皇上那兒要戒懼，自是不消說，就是其他還有各方面也得忌憚些。
> B 源氏公子說「互相隱瞞，真是無聊。但我的隱瞞，並非出於本心。只因為此種世人所不許的<u>偷情行為</u>，我一向不曾做過。首先是父皇有過訓誡；此外對各方面有種種顧忌。」

林譯「不見容於世的祕愛」，豐譯「偷情行為」，兩者對平安時代貴族男女戀愛乃至婚姻觀的理解有明顯落差，平安時代據目前研究，一夫一妻多妾（不同居）制，豐譯偷情的說法較接近現在一夫一妻制觀念下的表現。相對地「不見容於世」應是考量源氏與夕顏身份地位的懸殊。以下是播磨守的兒子良清的描述，

（いと好きたる者なれば）

> ○若紫卷
> A 方才說這話的是播磨守的兒子，他是一位新近才從六位的藏人進爵為五位青年，也是一位<u>獵豔能手</u>。故而大家冷嘲熱諷道：莫非你想要去破壞這老頭兒的規矩吧？（頁 98）
> B 他的朋輩議論道：「這良清真是<u>個好色之徒</u>，他打算破壞那和尚遺言，

> 將這女兒女作妻子，所以常去窺探那家情況。」（頁 109）

　　林譯「獵豔能手」，豐譯「真是個好色之徒」，也是一以婉約譯出，另一則直接道破。同卷稍後出現源氏想像其他人的行徑，

（このすきものどもは、かかるありきをのみして）

> A　源氏之君只得搶先一步回來，想不到無意間遇到這麼一個乖巧的可人兒！怪不得那些<u>登徒子</u>每好偷偷走動，原來時常有這種意外的發現哩。（頁 100）
>
> B　源氏公子深恐被他看見，連忙回寺。他心中想：「今天看到了可愛的人兒了。世間有這等奇遇，怪不得那些<u>好色之人</u>，也會碰到這種意外之事。」（頁 113）

　　林譯「那<u>些登徒子</u>」，豐譯「那些好色之人」，意思相同，恰巧是「登徒子好色賦」各取前後，林譯相對古雅含蓄，豐譯直接了當。下文是對源氏追求家道中落的窮苦公主「末摘花」的一段話：

（何やかやと世づける筋ならでその荒れたる簀子にたたずままほしきなり）

> ○末摘花
>
> A　再說，她一個人孤單單地過日子，也怪寂寞，如果能夠跟我同心，也給我回信什麼的，不是也償了願嗎？我倒是沒有意思跟她<u>談世俗所謂的戀愛</u>，只要能偶爾在她那荒廢的走廊上佇立片刻，於願足矣！（頁 135）
>
> B　末摘花：現在我百無聊賴，寂寞難當，如果她能體諒我的心情，給我個回音，我就心滿意足了。我並不<u>像世間一般男子那麼好色</u>，只要能夠站在她那荒蕪的邸宅的廊上就行了。（頁 152）

　　林譯「世俗所謂的戀愛」，豐譯「世間一般男子那麼好色」，明顯對源氏所抱持的「色好み」的解讀不同。不過下一段「紅葉賀卷」中的源氏之

父桐壺帝推想源氏的內容。

（さるは、すきずきしううちみだれて）

> A 皇上猜想：大概是夫妻間小兩口子感情不睦吧？為什麼會做出如此絕情之事啊。光源氏只是俯首惶恐，也不作答，復道：其實，看來你也未必有什麼<u>好色獵豔</u>的行跡。宮裡啦，到處也未聽說過有什麼關係極深的女性，究竟是到邪兒偷偷去走訪，教別人這樣怨恨你呢？（頁 164）
> B 皇上推想他大概和葵姬感情不愜，覺得很可憐，也說：「我看你也並不是一個品行不正的<u>好色之徒</u>，從來不曾聽說你對這裡的宮女們或者別處的女人發生什麼瓜葛。你到底在哪裡偷偷摸摸，使得你的岳父和妻子都怨恨你呢？」（頁 187）

林譯作「好色獵豔」，豐譯則在「好色之徒」之前加上「品行不正」，多了一層道德批評。同卷隨後出場的「典內侍」

（いみじうあだめいたる心ざまにて）

> A 有一位徐娘半老的典侍，家世好，有才氣，高雅而受人敬重的，奈她<u>天生風流，有幾分妖嬈，頗好此道</u>。（頁 165）
> B 「源內侍，出身榮貴，才藝優越，人望也很高。只是<u>生性異常風流，在色情上完全不知自重</u>。……源氏公子雖然覺得無聊，推想這種老女人也許另有風味，便偷偷地和她私通了。但生怕外人得知，笑他搭交這些老物，因此表面上對她很疏遠。這老女便引為怨事。」（頁 188）

譯文一樣是林婉約，豐直白。接下來是對頭中將的描寫：

（尽きせぬ好み心もみまほしうなりにければ）

> ○「紅葉賀」
> A 人人都將此事視為意外之新聞。唯獨頭中將獲悉後，以其<u>好色喜新之性</u>，迄未想到源氏之君竟會對如此一位老女感興趣；而他自己倒也頗想一試與年長女性調情的滋味，故亦設法與之接近。（頁 166）

B 頭中將聽到這話，想道：「我在色情上也總算無微不至的了，但老女這門路卻不曾想到。」他很想看看春心永不消滅的模樣，便和這內侍私通了。（頁190）

　　林譯「好色喜新」，豐譯「色情上總算無微不至的了」，相近但林譯婉轉自然。最後對源氏與頭中將的競爭做如下描繪：

（この御中どものいどもこそ、あやしかりしか）

○「紅葉賀」

A 蓋彼心中常想：源氏之君不過是生爲帝子而已，自己則是大臣之中特蒙皇帝恩寵的左大臣之子，母親又是公主出身，從小金枝玉葉般受人呵護長大，有什麼比不上人家之處呢？說實在的，無論人品啦，種種條件他都俱全，可謂有美皆備。這兩位人物之間的競爭，有說不盡的趣事逸聞，不過，若要一一說出，未免太過繁瑣，故此處略而不書。（頁171）

B 他想：源氏公子只是皇上的兒子而已；他自己呢，父親在大臣中是聖眷最厚的貴戚，母親是皇上同胞妹妹，他從小受父母無限寵愛，哪一點比不上源氏公子呢？在實際上，他得人品的確也十全其美，無善不臻。這兩個人在色情上的競爭，無奇不有。爲欲避免煩冗，恕不盡述。（頁197）

　　林譯「說不盡的趣事逸聞」，豐譯「色情上的競爭，無奇不有」，兩者形塑的兩位貴公子形象可說天差地別，以下是與光源氏「色好み」的段落，敬請一併參酌，不逐條細論。

（かくすきわざするは）

○「葵」

A 桐壺院聞悉後，甚爲不悅。「她一度也是故儲君所寵愛過的人，如何能以常人般輕率相待？至於齋宮，則我一向視她如宮中諸公主，也不宜怠慢了她。你這種不檢點的風流韻事，若不收斂些，恐怕遲早要遭受世

人非難的。」（頁 190）

B 桐壺院聞此消息，對源氏公子說：「吾弟在世之日，最寵愛這位妃子。無論從哪方面說，都應該尊重這位妃子。<u>像你這樣任情恣意，輕薄好色</u>，勢必遭受世人譏評。」（頁 212）

（また例のみだりがはしきことをも聞えいでつつなぐさめきこえたまふに）

○「葵」

A 葵夫人的佛事雖已做完，光源氏在忌除之前，仍守在左大臣邸裡。怕他不習慣獨居的寂寞，三位之中將自動地時時來探訪慰問。他總是帶來些新聞話題，其中有認真的話題，當然啦，照常的，<u>也難免參雜一些風流趣事</u>。大概那位老侍女的事也常給搬出來當笑話的吧。（頁 206～207）

B 這七七四十九天之內，源氏公子一直籠閉在左大臣邸內。頭中將現在已升任三位中將，知道他不慣閉居，甚是同情，常常陪伴他，爲他講述世間種種見聞，以資安慰。重大嚴重的事情也有，<u>像往日那樣輕薄好色的事情也有</u>。尤其是關於那個內侍的事，常常取作笑柄。（頁 234）

（かけてさやうの世づいたる筋におぼし寄るな）

○「澪標」

A（六條夫人）唉，談何容易呀。即使是有父親可依靠，沒有親娘的孩子總是可憐的。何況，就算是您答應要好好撫養她，恐怕難免要顧忌別人猜嫉的眼光吧。也許是我多心，不過，<u>千萬不要對那孩子存什麼色情的念頭</u>吧。我自己命薄，知道女人總是在這方面多一層顧慮，所以，請讓她發生這樣的事情才好。源氏之君聽後，大感意外，沒想到她竟把話說的這般露骨哩。他連忙安慰道：近來我已經與往日大不相同了，沒想到<u>你還把我看成從前一般的好色啊</u>。等著瞧吧，事實自然會證明的。（頁 348）

B 源氏公子聽了，覺得這話說得好直率！便答道：年來我已倍嘗酸楚，深

通世故。你以爲我還像昔年一樣易動好色之情麼？此真乃出我意外！罷了罷了，我不必多說，日久見人心。（頁397）

（世の常のあだことのひきつくろひ飾れるに壓されて）

○「繪合」

A　平典侍辯道：「伊勢海兮無底深，浪湧沙灘消足跡，徒嫌古老兮何堪任。」如何可以受時下那些繪情繪色的豔體小說的影響而埋沒了業平的名字呢？（頁385～386）

B　左方的平典侍辯護道：「不知伊勢千尋海，豈可胡言是淺灘」怎能以<u>凡庸虛飾的色情之作</u>，來貶低業平的盛名？（頁435）

（かうあながちなることに胸ふたがるくにの、……いにしへの好きは、）

○「薄雲」

A　唉，沒想到自己到如今還有<u>這種偷戀的癖好</u>呢。雖則<u>從前犯下的過失</u>比起這種更爲嚴重，但是當時總是年少無知，菩薩也或許會原諒的吧；究竟現在的自己年紀漸增，閱世已多，對這些事情居然也略知分寸了啊。（頁427）

B　他自己也感覺到：「<u>我作亂倫之戀而自尋煩惱的老毛病</u>，還是照舊呢？」又想：「向梅壺女御求愛，實在太不應該！從前那椿事，講到罪過，比這件事深重得多。然而那時年幼無知，神佛亦原諒我。但是現在豈可再犯？」想到這裡，又覺得此事已可放心，畢竟修養加深，不會再重蹈覆轍了。（頁483）

○「朝顏」

A　其實，大家早已知其居心，故而背後紛紛議論著：「噯噯，他這<u>好色的老毛病</u>哪，真是所謂白璧微瑕。誰知到又會發生什麼事情呢。」（頁

439）

B　左右之人私下非議：「天哪！他那<u>多情多愛的老毛病</u>始終難改呢。真是白璧之瑕了！但願不要闖禍啊！」（頁494）

A　侍女們紛紛爲源氏之君抱屈。「唉呀，真太對不起人啦！咱們女主人何以如此寡情呢？人家並沒有什麼<u>魯莽的舉動</u>呀。真箇可憐哪！」背後且有人如此批評哩。（頁442）

B　但聞侍女們相與談論：「啊呀，太對人不起了！小姐待他如此薄情，真想不到呵！他並沒有<u>輕佻浮薄之相</u>，真冤枉了他。（頁498）

（好きものどもの）

○「玉鬘」

A　那<u>些登徒子之輩</u>平時一本正經板著臉孔來這兒，還不是因爲沒有什麼好煩惱的種子存在的緣故。得好好利用這女孩子，瞧瞧這些<u>好色之徒</u>的廬山真面目才行。紫夫人卻不表贊成。「多奇怪的父親喲，首先，您這種想招惹人家的心理就不應該有。」（頁503）

B　那些<u>好色之徒</u>到這裡來，總是裝得一本正經，就爲了我家沒有香餌。我要好好地教養這妮子，管教這些人都脫下假面具來。紫姬說：哪有這種糊塗爺！找得一個女兒來，首先要她誘惑人心。真正豈有此理。（頁568）

（情けだちたる筋は……すくすくしき公人……なほしたにはほのすきたる筋の心をこそとどむべかめれ）

A　「從前的人哪，論學問，了不起的可真不少，但是，這種興趣方面就比不上時下的人了。我原來想把中將培養成爲認真的政治家，老實說，乃是因爲怕他將來會像我這樣<u>不務正事</u>；不過，<u>人還是多少解點兒風情的好</u>。一天到晚繃著個臉，一本正經的，也是傷腦筋啊。」聽他這語氣，真箇慈父心腸哩。（頁521）

B 古昔之人，在學問方面固然優勝得多，但在趣味方面，到底趕不上現代人。我曾經打算把中將養成一個方正的官吏，希望他不要像我那樣<u>耽好風流</u>。其實<u>人心終須富有情趣才好</u>。木石心腸，鐵面無私，畢竟是討厭的吧。（頁586）

（恋の山には孔子のたふれまぬひつべきべきけしきに愁へたるも）

○「蝴蝶」

A 連平時一本正經的右大將，都應了諺語所謂「<u>戀愛途上孔子仆</u>」，看他<u>為情癡迷煩惱的樣子，著實有趣</u>。（頁531）

B 承香殿女御的哥哥鬚黑右大將，本來裝得道貌岸然，一本正經，現在也學諺語所謂「<u>爬上戀愛山，孔子也跌倒</u>」，<u>苦苦地向玉鬘求愛了</u>。（頁594）

（ゆくりかにあはつけきこととおぼし知らるれば）

○「蝴蝶」

A 「玉手豐腴，體態柔軟，肌膚細膩，愈看愈使人愛憐之情油然而生。……不過，究竟他自己心底也明白，這種舉動，未免<u>太唐突而魯莽</u>，復恐侍女們會猜疑，故而趁夜未太晚便離去。（頁536）

B 那雙玉手像春筍一般圓肥，身材肌膚像水蔥一般鮮嫩。…… 源氏雖然有心為此，但也知道此乃<u>唐突輕佻之行為</u>，因此立刻回心轉意。（頁600）

（宮は好ましき御心に）

○「螢」

A 「採菖蒲兮拔其根，使知淺薄兮為足貴，緣何飲泣兮難思。

心境可真年輕啊。」寥寥數行，墨痕淡淡。唉，假如字蹟之間能添些風情韻味就好了。恐怕對<u>風流解趣</u>的兵部卿之宮而言，這多少有美中不足之憾吧？（頁548）

B 玉鬘自己大概亦有此意，便答詩云：「菖根溪底泣，深淺未分明，一旦離

泥出，原來不甚深。

頗有稚氣。」此詩用淡墨寫成。兵部清親王看了答詩，想道：寫得更有風情些才好。他那色情之心略覺美中不足。（頁608）

（この世馴れたる物語など、な読み聞かせたまひそ）

○「螢」

A　紫夫人這邊呢？應明石小姐的要求，她當然也放不下小說。有一卷「狛野物語」的畫卷攤開在那裡，（中略）他一生也不知道經歷過多少無與倫比的種種韻事呢。「這種描繪男女之情的故事，最好別叫小姐看見才好。就算她對故事裡那種偷戀的女主角還不至於發生興趣吧，也得提防她看慣世間這等男女關係呀。」（頁553）

B　紫姬以小女公子愛好爲由，也戀戀不捨地偷看故事小說。她看了狛野物語的畫卷。……源氏在戀愛上經驗豐富，竟是少有其例的。他又說：在小女兒面前，不可閱讀此種色情故事。對於故事中那些偷情竊愛的女子，她雖然不會感興趣，但她看見此種事情乃世間所常有，認爲無關緊要，那就不得了啊！（頁615）

（かけかけしきありさまにて、心をなやまし）

○「藤袴」

A　自己雖然也有真正的父親，可是看樣子，他對這裡的主人多少有些戒忌，不便於勉強把自己收領回去吧。這樣下去，恐怕遲早總要碰上什麼不名譽事情，自個兒懊惱，又要讓世人傳爲話柄也未可知。（頁618）

B（玉鬘）生身父親內大臣呢，深恐太政大臣心中不悅，因而不敢強要把我收回去公然當作女兒看待。如此說來，我無論入宮或住在六條院，都不能避免討厭的色情事件。結果自己懊惱無盡，而外人議論紛紛，此身何其不幸！（頁675）

（なほすきじきしき咎を負ひて）

○「梅枝」

Ａ　就拿我自己來說吧：從小生長在深宮裡，行動一向受拘束，連做錯一點事情，都要擔心被別人責爲輕率。即便是這樣，也還不免<u>遭世人非難爲好色</u>。（頁 667）

Ｂ　我自幼生長宮中，一舉一動，不能任意，生活十分拘束。略有過失，便會受到輕率之譏，故必須時時小心翼翼。然而還是<u>獲得了好色的罪名，常受世人譏議</u>。（頁 730）

　　綜合上述，對「色好み」的迻譯，豐子愷幾乎對平安時代的男女之情的美感與風情毫無所悉似地，不管是對源氏、頭中將、惟光、良清、源典侍，或者父皇對源氏的耳題面命，源氏自身的反省等都譯作「好色」或「色情」；林譯除了「好色」一詞之外，更重要的是因場面、身分、人物的不同，作「風流」「韻事」「風情」「解趣」等，試著貼近平安貴族男女的戀愛美學，因爲這是中日文學文化史上極大的歧異，如何翻譯傳釋非常重要，錢稻孫在〈源氏物語選譯〉的序文中寫道：「纏綿細膩的語調，代表著日本語言的溫柔優美，而參插離奇的布局，又啓發了後代的筆路。」[12]，分析譯文在「色好み」的理解與掌握，以及運用的翻譯策略上，無庸置疑地，林先生的譯筆更接近紫式部溫柔優美以及纏綿細膩的語調。

　　第二章提到的大陸學者普遍鍾愛豐子愷譯本的心情可以理解，不過恐也因而有所偏頗，因爲多篇論文中，都只引用了吉川幸次郎博士稱讚豐子愷爲散文名家的資料，而無具體論及其《源氏》譯文的內容。其實當時受出版社之託爲豐譯稿校閱的周作人在日記[13]和給友人的書信[14]中都有提及，內容如下：

---

[12]《譯文》，「亞洲文學專號」（北京：新華書店，1957 年 8 月）。
[13]張菊香、張鐵榮編，《周作人年譜》（北京：人民文學出版社，2000 年）。
[14]鮑耀明編，《周作人晚年書信》（香港：真文化出版公司，1997 年）。

　　1 月 23 日「人民文學出版社文潔若來訪，請為鑑定《源氏物語》校記，辭未獲免。」

　　1 月 27 日「開始閱《源氏物語》校記。」

　　2 月 27 日「閱《源氏物語》，發現譯文極不成，喜又俗惡成語，<u>對於平安朝文學的空氣，似全無了解</u>，對於豐子愷氏譯《源氏》，表示不可信任。」

　　3 月 5 日「在日記中記有『略閱《源氏》校記，<u>豐子愷文只是很漂亮，濫用成語，不顧原文空氣相合與否，此上海派手法也</u>。文潔若予以校正，但恨欠少其實，此譯文根本不可用。』」

　　3 月 10 日「看《源氏物語》校記至 14 篇，在日記中記有：『<u>原譯文只配寫雙珠鳳說書，以譯源氏豈不冤苦</u>。但我得了此一役，亦大幸也。』」

　　3 月 16 日「文潔若來訪，力請寫關於《源氏物語》譯稿的鑑定意見。<u>因領導上（樓適夷）反以豐譯俗惡為佳也</u>。雖頗麻煩，只得應之。」

　　3 月 19 日「寫校閱《源氏物語》譯文意見。」

又，周作人 1964 年 7 月 13 日致鮑耀明信說：「十三妹最近論豐子愷，卻並不高明，<u>因近見豐氏《源氏》譯稿，乃是茶店說書，似尚不明白《源氏》是什麼書也</u>。」

　　周作人給了「對於平安朝文學的空氣，似全無了解」、「只配寫雙珠鳳說書，以譯《源氏》豈不冤苦」、「茶店說書，似尚不明白《源氏》是什麼書也」的酷評，雖然文字漂亮，卻無法傳達原作的作品氛圍，反倒像是茶

店說書的通俗小說。確實卷名譯如章回小說，文中「話分兩頭」、「萬歲爺」等，據豐子愷女兒豐一吟說法，是參考古今小說，受其影響頗深。對照本章分析豐譯「色好み」的用法，頗有同感[15]。

四、結語

　　世界文學史上的名著能有多種譯本其實是讀者之福，而且本該如此。而三年、五年甚至十年費盡心思，辛苦耕耘的成果，包括我在內沒有翻譯過該書的人，短短一篇論文很難爲不同譯本分出軒輊高下，可惜目前《源氏物語》中譯研究似乎還無法擺脫此一困境，小文整理檢討目前學界比較兩譯本的相關論文，仍多以「誤譯」、「不足」爲論述模式，這對文學的翻譯研究意義有限。

　　進一步以《源氏物語》中描寫男女關係的重要美學理念「色好み」爲主，全面性分析林譯與豐譯的文字表現，以及隱身在文字背後可能蘊含的文化理解以及翻譯策略的運用，也清楚勾勒出林先生譯文努力貼近原作的溫柔婉約風格，以及配合人物場景、身分、地位、角色不同，縝密多重的迻譯描繪出平安時代男女戀愛的「風雅多情」世界。

　　最後，無意貶低任何譯本，不過，目前《源氏物語》的中譯本研究，幾乎對周作人的評語隻字未提，然而作爲學術研究自然不合常理，從某個角度來說，周作人的意見確實也反映了翻譯文體，以及譯者對原著時代和文學氛圍掌握與表現的重要問題。

---

[15]又，根據徐迎春的論文：(括弧內爲修訂)
紅葉賀：色好み「便動了好色（輕挑）之心」
桐壺卷：理職・内匠寮「也由宮廷營造司（修理職・内匠寮）奉旨大加改造」
末摘花：陸奥紙の厚肥えたる「見信紙很（是）粗厚的陸奥紙」
徐迎春「その意訳は、「陸奥紙」など中国語にはない言葉については、その部分的な意味を捉えて訳出したことが『原稿』から窺える。しかし、その意訳は、「陸奥紙」の例が示すように、中国の読者からすれば分かりやすい訳と言えるが、『源氏物語』の本文の意味や雰囲気を壊してしまっていることもあるのである。出版に際して、豊子愷が試みた意訳は、出版社と豊一吟によって直訳の形に修正され、脚注でその意味は補われた。

使用文本

・林文月譯，《源氏物語》（一）、（二）、（三）、（四）（臺北：洪範書店，1999 年）。

・豐子愷譯，《源氏物語》（上）、（中）、（下）（臺北：遠景出版公司，1993 年）。

・清水好子、石田穣二校注，《源氏物語》共八冊（東京：新潮社，1976～1985 年）。

參考文獻

・阿部秋生等校注，「新編日本文学全集」，《源氏物語》（東京：小学館，1994～1998 年）。

・工藤重矩，《源氏物語の婚姻と和歌解釈》（東京：風間書房，2009 年）。

・市古貞次、野間光辰編，《日本古典文学大辞典》（東京：岩波書店，1985 年）。

・柳井滋等校注，《源氏物語》（東京：岩波書店，1993～1997 年）。

・吉沢義則，《校対源氏物語新釈》（東京：平凡社，1937～1940 年）。

・与謝野晶子，《全訳源氏物語》（東京：角川書店，1971～1972 年）。

・谷崎潤一郎，《新新訳源氏物語》（東京：中央公論社，1968 年）。

・円地文子譯，《源氏物語》（東京：新潮社，1972～1973 年）。

——選自「林文月學術成就與薪傳國際學術研討會」

臺北：臺灣大學中國文學系，2013 年 9 月 5～6 日

林譯源氏物語的和歌（節錄）

◎川合康三[*]

　　文學的語言，除了傳達內容之外，語言本身即有很大的作用，而在文類當中，這種情形又以詩最爲顯著。內容的傳達可以用其他語言替換，但語言自身所扮演的本質性的角色，若是要與其他的語言替換，換言之即翻譯文學語言的這件事，根本就是不可能的。

　　雖說是如此，且即便假設完全的翻譯是不可能的，文學的翻譯還是具有很大的意義。其一是藉由翻譯，產生異語言、異文化的接觸，可豐富自己國家的文學。其二是透過在翻譯途中所遭逢的困難，能夠更了解原作當中所擁有的文學要素。

　　《源氏物語》中加入了許多和歌，是由散文以及和歌所組成的作品。故事當中含有和歌是當時文學的普遍型態，並且縱觀當時社會，和歌的應酬也普遍是作爲男女之間高雅的往來行爲。倘若只是大致進行理解的話，認爲和歌是不必要的，因而予以省略的翻譯雖然也是有的，但林譯《源氏物語》卻對和歌的翻譯用盡了巧思。

　　將以短詩型文學作爲本質的日本詩歌，翻譯成以長詩型文學作爲採用本質的中國詩歌，形式上的如此之差異首先就會產生翻譯上的困難。林譯所採用的是像劉邦〈大風歌〉一般三句就結束，對中國來說相當罕見的短小詩型。而在詩中加入「兮」的用法，則對應了內在於和歌之中的節點，就這一點來說也是相當合適的選擇。

　　和歌爲了要在短少的語數中呈現豐富意涵所採用的技法，像是「掛詞」、

---

[*]京都大學文學研究科教授、臺灣大學客座教授。

「本歌取り（引用過去和歌的修辭法）」等等修辭，雖在翻譯中被割愛了，但那畢竟是不得不然的處置。而作爲將之捨棄的補償，林譯的和歌即使是視作中國詩也不存在違和感，是相當自然的翻譯。

　　而最應該受到矚目的則是林譯和歌是以三行作爲表記詩作的方法。這種方法由被視作爲日本近代最好的歌人石川啄木所創始；將和歌分作三行來書寫，令人驚奇般地合適。然而林先生應當不是仿效啄木的表記方式，將中文譯詩分作三行，而應是透過自幼習得的日語、日本文學與文化，體會到了內在於和歌的節奏，因而自己所使用的表記方式便相同於啄木的表記法所達到的層次。林譯源氏物語的和歌，便是如此精采地以中文譯詩再現了詩的本質，以及翻譯中最困難的語言的音樂性層面。

　　　　　　　　　　——節錄〈林譯源氏物語的和歌〉之中文摘要

　　　　　　　　　　——選自「林文月學術成就與薪傳國際學術研討會」
　　　　　　　　　　臺北：臺灣大學中國文學系，2013 年 9 月 5～6 日

蓬萊文章陶謝筆
謹評林文月教授的日本古典文學譯介

◎金文京*

一、前言——近現代中國的日本古典文學翻譯

　　林文月教授的文筆活動大概可以分爲三個領域。第一，以六朝爲主的
中國古典文學研究。第二，日本古典文學的翻譯。第三，散文創作。三管
齊下，誠爲不易。本人認爲其中第二部分最能展現林教授的學識和文才。
林教授的翻譯，文筆流利，考證嚴謹，可謂達意華彩兼而有之。

　　中國近代以來，翻譯日本古典文學有不少名家，其中尤以錢稻孫、周
作人、豐子愷爲代表，當無異論。此三位都出身於浙江，且都有留日經
驗，在民國前期的文化藝術界影響頗鉅。而其日本古典文學的譯介，雖因
周、錢兩氏於二戰結束後被指責爲文化漢奸，豐氏亦十年浩劫中備受迫
害，飲恨而終，以致其公開出版屢經周折，然時至於今，大陸學界對他們
的翻譯予以高度評價，無不仰爲典範之作。他們的譯介工作，確實有草創
之功不可淹沒。然而吾人從今日學術標準來衡量的話，似也不無美中不足
之處。

　　錢稻孫（1887～1966）學貫東西，以他深厚的日文基礎以及中文素養
翻譯《萬葉集》[1]，當時來說確實是一時最好的人選，且其譯文之典雅早有
定評。可是今大來看，他譯文之典雅，卻有曲高和寡之嫌，似不宜雅俗共
賞。何況他翻譯的僅僅是全書 4500 首中的 300 首而已，不足以窺其全豹。

錢氏所翻譯的日本古代文學除《萬葉集》之外，還有《伊勢物語》[2]、《源氏物語》[3]的部分節譯，卻流行不廣，其他則《近松門左衛門選集》[4]、《井原西鶴選集》[5]，都是近世以後的通俗文學。

　　周作人（1885～1967）所翻譯的作品共有《古事記》（1963 年）、《平家物語》（1966 年，未完）《日本狂言選》（1955 年）、《枕草子》（1961年）、《浮世澡堂》（1958 年）和《浮世理髮館》（1959 年）、《日本落語選》（1960 年）[6]。《古事記》是日本第一部史書，其文章為日本化的變體漢文，不能算是純粹的日文。《平家物語》的文體是和漢混用體，翻成中文遠比純和文的《源氏物語》容易。至於《日本狂言選》、《浮世澡堂》等則皆中近世的作品，且偏於通俗文學。因此，他翻譯的真正日本古典文學只有《枕草子》一篇而已。這也許是他嗜好的反映，也可能是其晚年處境坎坷不得已而致然，這些翻譯絕大多數是當時受人民文學社的囑咐而著筆，似不是自願。可是，中國近代知識分子當中，了解日本文化之深，恐怕無出周作人之右者，因知之深，也知難之深，他翻譯《枕草子》之後，再也不涉足古典作品，或許是知難而退也未可知[7]。

　　豐子愷（1898～1975）翻譯的，《源氏物語》[8]、《落窪物語》[9]、《竹取物語》、《伊勢物語》[10]共有四部作品。這四部都是平安時代具有代表性的古典作品，豐氏堪稱為近代中國介紹平安王朝文學最重要的譯家。其實，他

---

[2] 錢稻孫，〈漢譯伊勢物語〉，《書滲》第 42 號（北京近代科學圖書館，1942 年 9 月）；〈伊勢物語〉，《藝文雜誌》第 1 卷第 1 期、第 3 期（1943 年 7 月、9 月）；〈伊勢習譯〉，《藝文雜誌》第 2 卷第 10 期（1944 年 10 月）。總共只有 1～35 段。

[3] 錢稻孫，〈源氏物語(選譯)〉，《譯文》（北京：人民文學出版社，1958 年 8 月號）。只有第一帖〈紫上〉。

[4] 錢稻孫譯，《近松門左衛門選集》（上海書店出版社，2012 年）。

[5] 錢稻孫譯，《井原西鶴選集》（上海書店出版社，2011 年）。

[6] 以上根據張菊香、張鐵榮編，《周作人年譜》（北京：人民文學出版社，2000 年）。

[7] 周作人對《枕草子》的翻譯就說：「這部平安時代女流作家的隨筆太是有名了。本來是不敢嘗試，後來卻勉強擔負下來了，卻是始終覺得不滿意，覺得是超過自己的力量的工作」，見《周作人年譜》，1959 年 11 月 11 日。

[8] 豐子愷譯，《源氏物語》（北京人民文學出版社，1980 年）。

[9] 豐子愷譯，《落窪物語》（上海譯文出版社，2011 年）。

[10] 豐子愷譯，《伊勢物語──在五中將的日記》（上海譯文出版社，2012 年），包括《竹取物語》。

的譯文卻難以視爲上乘之作。有時因對作品內涵或背景的了解不夠，只能譯出泛泛表面上的意思，省略了很多不可或闕的典故，甚至不無誤譯。充其量，僅適合略解大意，不堪細讀欣賞。據說，他的《源氏物語》曾經過周作人和錢稻孫的審訂，這大概是編輯部門也考慮到豐氏語言能力之不足而然。可是譯文中不大看得出審訂的痕跡。以周、錢兩氏豐厚的學識，很難想像滿意於豐氏的譯文[11]，可是要改須徹底改，而當時的情況恐怕不允許這樣做，只好敷衍了事罷了。豐氏留日的時間僅僅是十個月而已，之前雖然也學過日語，顯然，他的日語能力不足於翻譯難度較大的古典作品，卻膽敢再三再四試於此，不得不謂缺乏自知之明，也不免貽譏後世了。

　　林文月教授，到目前爲止，已翻譯過《源氏物語》（1978 年，修訂版1982 年，修訂三版 1987 年）、《枕草子》（1989 年）、《和泉式部日記》（1993 年）、《伊勢物語》（1997 年）四部平安時代的作品。這四部作品除《伊勢物語》的作者不明之外，全都是女流的作品，卻也不能說林教授特意挑選女流作品，因爲不安文學的核心就是這些女流作品，上面四部作品幾乎可以網羅平安文學的代表作。雖說如此，林教授做爲一位女性譯家，解讀翻譯這些女流作品，確實有她的優勢。日本曾把《源氏物語》翻成現代文的作家有与謝野晶子、谷崎潤一郎、圓地文子、瀨戶內寂聽，其中三位是女性，唯一男性的谷崎潤一郎以崇拜女性爲出名，或可從此領略到其中的奧祕。林教授最近亦有明治時代女流作家樋口一葉的譯作（《十三夜》，2011 年）。林教授以女性細緻的觀察力解讀這些作品，再以流利的筆致迻譯出來，更以對中日兩國文學語言的廣泛學識，附加學術性的註解，確乎不同凡響，後來居上，能使前面三位瞠乎其後。因此，當今日本古典文學的中文翻譯而言，譯文之雅俗得宜，註解之嚴謹得詳，竊謂應以林教授爲最。

---

[11] 周作人對豐譯《源氏物語》頗有貶詞，至云「對於平安朝文學的空氣，似全無了解，對於豐子愷氏譯《源氏》，表示不可信任。」見《周作人年譜》1964 年 2 月 27 日。參看朱秋而〈中譯本《源氏物語》試論——以光源氏的風流形象爲例〉（「林文月先生學術成就與薪傳國際學術研討會」宣讀論文，2013 年）。

　　本人不揣匪淺，敢陳管窺之見，以就教於林教授及與會學者。非敢評議，聊表欣慕之意而已。

二、和歌翻譯的問題

　　和歌在日本古典文學中的重要地位自不待言。何況，林教授翻譯的前面四部平安王朝作品中，除《枕草子》是純粹的隨筆不用和歌之外，其他三部作品中和歌都占有關鍵性的地位。如何翻譯和歌，應該是翻譯日本古典文學的核心問題之一。

　　錢稻孫《萬葉集》的翻譯，隨著原文長短歌形式之不同，分別採用四五六七言句，亦有句中插「兮」字的楚歌體。可是短歌（即後來一般所說的和歌）多半都用五言四句的絕句方式。《伊勢物語》的節譯則全部用五言絕句來翻。豐子愷《源氏物語》和《伊勢物語》中的和歌，大部分用七言兩句，少數用五言四句。這種齊言句的翻譯，後來被很多大陸譯家所採用，如楊烈譯《古今和歌集》（復旦大學出版社，1983 年）全部用五言絕句，在大陸學界似乎成為定局。惟有周作人則翻譯《古事記》中的歌謠全用白話體，不愧是白話文學的鬥將。

　　相對於此，林教授則從翻譯《源氏物語》伊始，一貫使用她獨創的三句而首尾句插「兮」字且押韻的似是而非的楚歌體。對此，林教授在《源氏物語》序文中自做說明：

> 全書中出現的 795 首和歌，避免採用白話詩的譯法，而自創三行、首尾句押韻的類似楚歌體形式。如此，在白話的散文敘事之中時時出現比較古趣的詩歌，或者可以使人在視覺與聽覺上，有接近原著的典麗感受。

　　這種三句三行的譯法，確實有利於接近原著的典麗感受，優於五言絕句或白話體。原因有二：

　　1.和歌雖由五七五七七，31 字而成，一般可分為五‧七五‧七七的三

個部分，有兩處停頓點。且和歌傳統的寫法，一般也分行且各行高低不同、錯落有致。因此，林教授三句三行的譯法，以及每行比前一行低一字的寫法，可謂符合和歌原來的格局與傳統寫法。

2.翻譯外文，文體上既要重視通達易懂，同時也要講究適當的異化作用。如果譯文跟本國語言的文體毫無差別的話，很容易給讀者天下文章只不過如此相同的誤解。散文如此，詩歌尤為如此。且以為中國人是最容易陷入這種誤解的民族，翻譯日文時更為如此，因為很多中國人都先入為主地認為古代日本文化是從中國傳過去的。譬如說，豐子愷譯《源氏物語》第一回〈桐壺〉有下面一段：

此外還寫著種種詳情，函後并附詩一首：
「冷露淒風夜，深宮淚滿襟。
　遙憐荒渚上，小草太孤零。」

讀此一段，因為前面既然說「附詩一首」，中國讀者很容易誤解原文也是五言絕句，說不定有人甚至自以為押韻不切是古代日人詩作能力差勁之故了。林譯是如下：

信末附著一首御詠：
　秋風起兮露華深，
　　宮城野外多幼荻，
　　　安得稚兒兮慰朕心。

這樣，讀者雖然不懂原文和歌的形式如何，起碼可以悟到日本和歌的確不同於中國的詩歌，因為中國沒有這種體制的詩歌。這就是異化。「御詠」一詞是意味天皇之作的日語詞彙，雖然中文所沒有，參照上下文則不至於不懂，這也算是異化之一種。林譯追求達意之餘，還能兼顧異化作

用，最爲難得。

此一首和歌的原文是：

宮城野の露吹きむすぶ風の音に小萩がもとを思ひこそやれ

林譯在註解中說明：

宮城野在今日本仙台市東郊，爲產荻草名地。歌中幼荻以喻皇子。

可謂既簡且備，足以避免宮城野外誤讀爲宮城的野外。豐譯省略了宮城野此一地名已不足取，反映到「深宮」更是誤導讀者的敗筆。

林教授的此一三句譯法，雖爲獨創，竊以爲可能從漢高祖〈大風歌〉得到某種啓發的。〈大風歌〉如此：

大風起兮雲飛揚，威加海內兮歸故鄉，安得猛士兮守四方？

第二句去了「兮」字，改爲不押韻，就是林教授的三句譯法。且前面提到的譯歌第一句說「秋風起兮」，第三句云「安得稚兒兮」，此歌爲《源氏物語》開頭第二首，如此類同，恐怕不是偶然。

三、林譯和歌的押韻

前面三句譯法的問題，因爲是林譯中算是最有特色的形式，以往討論的人應該不少。因此，爲了進一步探討林譯和歌與眾不同的特徵，在此想提出林譯的押韻問題。

錢稻孫把和歌翻成五言絕句，既然是絕句，所押的原則上是平聲韻，也有少數例外押仄聲韻的。至於豐譯的五言詩，前面已經看到他「襟」（－m）「零」（－ng）不分，有時也不分「昏」（－n）「明」（－ng），換句話

說，－n－m－ng 的鼻音韻全部通押。這是明清通俗文學如詞話、彈詞之類的押韻法，用到 11 世紀的作品《源氏物語》的和歌，很不合適。也因此，豐譯的五言詩，嚴格意義來說談不上是絕句。當初錢稻孫審訂豐譯《源氏物語》時，不可能沒察覺此一點，卻似乎沒有提意見。

　　林譯的三行楚歌體，既爲獨創，自不受近體詩的限制。實際上，林譯的押韻情況很複雜，押平押仄都有。尤爲值得一提的是，押唇鼻音韻（－m）和入聲韻（－p、－t、－k）特別多。如《源氏物語》共 795 首中，押唇鼻音韻有 30 首（平聲 19 首，仄聲 11 首），押入聲韻則 105 首。

　　《和泉式部日記》共 144 首，押唇鼻音韻有 10 首（平聲 8 首，仄聲 2 首），押入聲韻則 11 首。

　　《伊勢物語》共 234 首（包括異本 25 首），押唇鼻音韻有 14 首（平聲 6 首，仄聲 8 首），押入聲韻則 28 首。總共 1173 首中，押唇鼻音韻有 54 首（平聲 33 首，仄聲 21 首），押入聲韻則 144 首，合起來 198 首，占有百分之十七。

　　據王力《漢語詩律學》[12]，唇鼻韻母中的覃、鹽兩韻是窄韻，咸韻則險韻，因字數少而素稱難押，入聲各韻也字數不多，亦當准此。林譯和歌中將近五分之一的作品竟然用上這些韻，可謂不少。唇鼻韻和入聲韻，在多數北方語言和普通話、國語中早已消失，只有少數方言尚能保留。也因此，這些韻的使用給林譯和歌多少添加古雅的韻味，這也不失爲林譯不同凡響、跌宕有姿的特色之一了。

　　下面順便指出林譯和歌中出韻的例子。

《源氏物語》：

　　執榊葉兮祭祀宮，夜深天寒霜更白，疑是木棉兮掛神壇。（第三冊 765 頁）

---

[12]王力，《漢語詩律學》（上海教育出版社，1958 年），頁 44。

「宮」當作「官」。

似夢幻兮浮生憂，恨不消匿如雪散，霏霏猶降兮未休止。（第三冊 927
頁）「休止」當作「止休」。

昔亡人兮愛此花，今忍荒廢棄此去，春之藩籬兮了無痕。（第三冊 930
頁）「花」似可改為「園」。

深山雪兮消又積，松葉幾度覆皚皚，惟人一去兮渺無蹤。（第四冊 1034
頁）「蹤」當作「跡」。

空等待兮徒盼望，末山松下波往返，癡情冀盼兮卿豈知？（第四冊 1228
頁）「盼望」似可改為「望期」。

《和泉式部日記》：

豈敢望兮此天空，念君今日值七夕，身既遭忌兮徒增悲。（70 頁）「空」
似可改為「涯」。

葉色漸染兮著此樹，輕微微兮露白露，如何已見秋意濃。（117 頁）第二
句和第三句應顛倒。

《伊勢物語》：

渡染河兮到此城，既渡此河幾多人，不欲染色兮可禁得？（141 頁）
「城」當作「域」。

君自忖兮或相會，此心此情令我悲，爭似身亡兮豈察變？（157 頁）
「會」當作「見」。

聲擾擾兮庭野蟲，汝等何為頻鳴啼，吾且忍泣兮敢吐衷。（294 頁）「啼」
似可改為「叫」。

這些雖為偶然筆誤或千慮一失，終是白璧微瑕。再版時可以訂正。

四、《伊勢物語》三家翻譯的比較

　　《伊勢物語》以和歌及其相關故事的散文做爲一段，全書總共有 125 段（另有異文約二十段），體例頗類唐代的《本事詩》。而其主角多半是匿名的男子，其實是平安時代有名的歌人在原業平。《伊勢物語》對後世的影響深遠，其在日本文學史上的重要地位，絕不亞於《源氏物語》。至於其中譯本，目前有錢稻孫的節譯以及豐子愷、林教授的完譯，正好互爲比較，以窺各家的特色及風格。茲因篇幅有限，僅以較爲膾炙人口的二首和歌爲例，不擬涉及散文部分。

　　其一是第四段，原歌是：「月やあらぬ春やむかしの春ならぬわが身ひとつはもとの身にして」。此歌一般日本人都耳熟能詳，可以成誦。

　　　錢譯：月非往時月，春非舊日春。淒涼獨有我，猶是故來身。
　　　豐譯：月是去年月，春猶昔日春。我身雖似舊，不是去年身。
　　　林譯：月豈異兮春如昔，此月此春已皆非，唯有吾身今獨未易。

　　此歌雖然很有名，解釋卻有分歧，關鍵是兩個「や」字的意義。一說認爲此「や」字代表反語，就說：月豈不是舊時月？春豈不是往時春？月和春均如往年，而所愛的人已不在，獨吾一人依然故我。另一說則認爲「や」字代表單純的疑問，就云：月豈是舊時月？春豈是往時春？月和春已與往年不同，而獨吾一人依然故我。[13]

　　錢譯所根據的是第二說，月春與我構成鮮明對比，意思很明顯。豐譯雖然根據第一說，中間卻沒有「所愛的人已不在」的補充說明，月春我均爲故態，讀起來很費解，尤其是後半「我身雖似舊，不是去年身」簡直不成話了。惟林譯融合兩說，第一句主第一說，第二句又似傾向第二說，頗

---

[13] 參看《日本古典文學大系》9，《竹取物語・伊勢物語・大和物語》（岩波書店，1955 年），頁 113 註解、頁 191 補注。

能展現原歌委婉轉折的語氣。而考慮到意思曖昧兩可，註解中闡明第一說
的趣旨，加以說明：

　　歌意謂：月豈有異？此月乃是往昔的月；春亦豈別於往昔之春？但物是
　　人非，一切不同於去年；唯有我隻身孤單，人兒已棄我他去。

譯歌與註解兩相參看，釋然無有誤解餘地了。
　　其二是第九段，共有四首和歌，第一首原文是：「から衣きつつなれに
しつましあればはるばるきぬるたびをしぞ思ふ」。此歌的巧妙處就在於每
句的頭一字合起來乃成為「かきつばた」，即燕子花（古云杜若）。是事先
指定把這五個字做為句頭字的一種遊戲性題詠。文中主角乃即席口占詠成
此歌，足見他才思敏捷。

　　錢譯：燕侶相依慣，子何輕別離。花看征途遠，開眼但悽迷。
　　豐譯：拋卻衣冠與愛侶，遠遊孤旅好淒涼。
　　林譯：唐衣柔兮因常著，有妻親愛在京城，遙興懷思兮旅無樂。

　　豐譯「拋卻衣冠」完全脫離原文，莫名其妙，顯然是誤讀所致。且兩
句讀起來索然無味。錢譯則每句頭字合起來乃成「燕子花開」，能夠巧擬原
歌的安排，不愧是名家生花妙筆。不過，這種絕招，高手偶一為之則可，
絕不可做為一般通則，因為搞不好畫虎不成，反而會破壞全局的。錢譯雖
然高明，沒譯出原文的「唐衣」一節，卻加了原文沒有的「開眼」，都是缺
點。
　　林譯幾乎完整地譯出原文的意思，卻放棄了原歌句頭的遊戲性巧設，
而在註解中引用原文詳加說明，足以做為可行的準則。
　　以上僅就兩例，已然可以窺見林譯的優越性質。

五、《伊勢物語》的箋文

　　《伊勢物語》因為是短篇段落的集合，林教授在每段原文之後，除通常的註解外，還加了箋文。這些箋文雖是依附原文說明其主題意旨，以期有助於讀者進一步的了解，有時也旁及其他相關的內容。其中提及中國文學中的類似作品或事物，尤為引人注目。例如 13 段的漢代秦嘉詩；24 段的薛平貴故事；44 段的武則天與宋之問的典故；46 段的元白酬和；52 段的端午節民間習俗；63 段的《遊仙窟》、《李娃傳》；69 段的《鶯鶯傳》；78 段的《洛陽伽藍記》；80 段的白居易與陶淵明的詩；82 段的梁孝王兔園之遊等等，不一而足。這些雖然多半是前人研究的轉述，其中亦不乏林教授的個人創見，具有比較文學的學術研究性質。如 63 段的箋文說明日文的「垣間見」（窺伺）與日本建築特色的關係，轉而指出《遊仙窟》、《李娃傳》的男女始見亦由有意無意間的窺伺始，見解精闢，發人深思。

　　林教授在箋文中偶爾也抒發自己的讀書心得或感想。如 23 段〈筒井筒〉的箋文，針對青梅竹馬的男女佳偶後來卻由男方始亂終棄的原文內容，林教授就說：

> 本故事男主人公之變心，即起因於女方家長亡故後，其經濟情況逐漸陷入困境所致。男主人公自身移情別戀，卻對含悲相送之妻子心生疑慮，躲藏窺伺之。如此男人真正卑微不足取。相對於此，女子則自有其崇高情操與美德，既對愛情勇於全面接受，復有忍耐獻身之包容性。

如此嚴厲的指責，顯然是出於林教授個人的感觸，亦可視為代表林教授個人乃至一般中國人的人生觀。此一故事在《伊勢物語》中相當有名，以致「筒井筒」成為青梅竹馬的代詞，幾乎人人皆知。可是，一般日本人閱讀此一故事時，似乎不大會懷有指責男人薄倖的感想。

　　這些箋文因幾乎篇篇都有，且篇幅不算短，有時甚至與原文相若，勢

必給讀者帶來深刻的印象,以致除導讀作用之外,從中也能夠多多少少領略到林教授個人的看法,如同閱讀她的散文一般。

林教授的文筆活動可分為研究、翻譯、創作三個方面。可是她的《伊勢物語》除翻譯之外,兼有研究及創作的因素。至此,林教授的三個領域已經跨越文類,渾然融合,形成既獨特又強烈的個人風格。

六、小結

前面說過,林教授三管齊下(其實,包括插圖應說四管),可是論述到此,不禁發問,是三(四?)管齊下還是一筆三(四?)現?林教授在《源氏物語》的序文以及《伊勢物語》的序文、箋文當中,反復討論「物語」的涵義。所謂「物語」,簡單地說就是講故事,既為事出有據,不完全是虛構,卻有濃厚的虛構性質,「可謂介乎神話與小說之間的一種文體」(《伊勢物語》序文)。「物語」是日本古典文學的核心概念,林教授長年從事於物語文學的譯介,對此自有獨到的見解。而這很難想像不影響到她的散文創作。

說實在,林教授的散文作品中,頗能看得出類似「物語」的因素。例如,《人物速寫》(2004 年)由十篇有關個別人物的故事而成,林教授站在聆聽者的立場,娓娓轉述那個人的時而聳人耳目、時而令人拍案叫絕的動人故事,其中亦不乏極盡人間男女愛情百態的奇情怪事者,且故意隱沒其姓名,僅以羅馬字來暗示。其中實實虛虛,撲朔迷離,頗有「物語」的風味,尤其類似《伊勢物語》的風格。不知是否受到某種啟發?

《人物速寫》中的〈H〉一篇,是林教授和明治時代女流作家樋口一葉的對談,顯然是虛構,算是一種神話。其實,兩人對話的內容不外乎是林教授閱讀、翻譯樋口一葉作品所獲的心得。這種內容一般都由論文的形式來發表,林教授別出心裁,借用超越時間的虛構架設,似乎有意跨越文類。文中林教授對樋口一葉訴說:

　　我前後翻譯過你好幾篇作品，每一篇的後面都要附上注解，這也許是我
　　個人的習慣，因為我覺得譯文有時不能完整把握原著的文字表面，同時
　　又兼顧文字內層所隱藏的更深厚的韻味。這也是我翻譯《源氏物語》以
　　來，每譯必注的常態了。因為我選擇做為翻譯的對象，都是重要的、有
　　價值的文學作品，我不希望只是做個故事的代言人而已。

可謂現身說法，親自揭開自己翻譯工作的底蘊。林教授既然不願「只是做
個故事的代言人而已」，勢必難免動員所有的才識與方法，爲了達到她崇高
的目標，要全力以赴，遑顧文類之分？

　　而這種做法，給我們後人的啓發良多。當今學界越來越趨專業化，做
翻譯應該安分守己做爲代言人，不得自我發揮。寫論文，應該遵守規格，
連施註也有一定的格局，不許越雷池半步。結果，論文變成等於工廠產出
的規格商品，談不上個性。先師吉川幸次郎先生，生前常說：有關文學作
品的論文也應是文學作品，內容方面自不同於創作，須受客觀條件的限
制，可是文體應該追求自我風格。於是，他也經常勸人撰寫盡量少用註解
的論文。這種想法，與當代流行的做法是完全背道而馳的，卻與林教授的
作風似有默契，值得我們思考、學習，以期薪火相傳。

　　最後，本人再度要強調，當今中譯日本古典文學的第一人，非林教授
莫屬。本論題爲「蓬萊文章陶謝筆」，下一句應說「中間文月獨清發」吧。
那麼，將來如何又把這清輝發揚光大？這要看下一代年輕學者的努力了。

——選自「林文月學術成就與薪傳國際學術研討會」

臺北：臺灣大學中國文學系，2013 年 9 月 5～6 日

林文月教授的「六朝學」

◎王文進[*]

　　林老師的著作多的令人目不暇接。若用電腦索引，計有 29 部，其中有翻譯、散文創作及學術論文。其中學術論文集中在六朝的領域。

　　學術論著通常較常被學術界引用的有《中古文學論叢》、《山水與古典》、《澄輝集》。

　　《中古文學論叢》係 1989 年大安出版社出版，林老師 56 歲時的論著。《山水與古典》目前市面流傳的是三民書局 1996 年版，其實係 1967 年，純文學出版社出版。至於《澄輝集》1983 年洪範版也易於令人誤導，其實是 1967 年文星出版社出版，林師時年 34。但其中有關六朝論著最早實係林師 22 歲大學學士畢業論文，有些則是碩士論文。換言之，若由成書收錄的作品為據，應由 22 歲至 56 歲。但有一篇極重要的作品，〈潘岳陸機詩中的「南方」意識〉寫於 1992 年《臺大中文學報》。另有〈讀陶潛責子詩〉發表於 1994 年《中外文學》，時 61 歲。故林師對六朝學術領域的執迷耕耘長達 60 年。中間又花費極大經歷翻譯《源氏物語》、《枕草子》、《伊勢物語》、《和泉式部日記》諸日本經典鉅著。散文集更是和楊牧、余光中不相上下。若將這些精力通通匯聚於六朝研究，則其成果將難以計量。

二、

　　今僅就林師三本收錄成書及〈潘岳陸機詩中的「南方」意識〉一文連貫起來，回顧林師六朝學術發展的規模。

[*]東華大學中國語文學系教授。

其實林師的學術風格，獨樹一幟，係學術的嚴謹鎔鑄著作家的才情。雖然林師上課時一再叮嚀，學術歸學術、創作歸創作。但是，這些矜持用在林師的論著上，也許較對應於中間階段。但在寫〈潘岳的妻子〉此一精采的論著時，顯示論文的格式已束縛不了林師一再壓抑積蘊的才情，再度奔瀉其大學時期寫〈論曹操之為人及其作品〉時豐沛的感性與知性。當然，此一時期的熱情，完全內斂築構於學術的規範之中。

三、

據林師在洪範版《澄輝集》序言中自述，〈論曹操之為人及其作品〉係大學時期由鄭因百先生指導的畢業論文，時年未滿 22。事隔 28 年後，林師自己重讀少作，自云：「覺得字裡行間竟洋溢一股向學的熱誠，而且大概也是由於年紀輕的緣故吧，口吻反而充滿堅定的信心，絲毫不必吞吐猶豫而出，彷彿只要確實用心思考後的論斷就應該融通圓滿似的。」林師自行引了一段文中的論斷：

> 漢末的道德節氣在表面上是發揚而絢爛的，然而事實上，這只是蓋在虛偽的道德與衰頹的氣節上的薄紗所發出的惑人光輝。那一層薄紗是用虛榮的纖維織成的。「舉賢良方正能言直言極諫之士」的察舉制度下，政府鼓勵孝子廉吏，因此誘使一般人為求仕進而從事「立德」。凡事故意標榜，往往是失策的，漢末的道德氣節便是一例。道德本是為人之規範，適度即可，貴在自然平易，無須大聲疾呼地去宣傳。當時因為過分注重美德高行，致使「道德」二字流於空虛矯裝飾。

林師自己也非常珍惜這樣「流麗而自信的筆調」，我們今天重讀這段文字，也非常緬懷當年林師交織著學術的雄心與文學的才情，鎔鑄一爐的「林氏風格」。

林師完成了探討曹氏父子的作品之外，於 1959 年完成其碩士論文：

〈謝靈運及其詩〉。《澄輝集》中，〈陶淵明與謝靈運〉、〈謝靈運與顏延之〉
兩篇也係同一時期的作品。林師自己在《澄輝集》序言中，云：

> 儘管從前寫的文章多少有些稚嫩或武斷的口吻，卻都是個人讀書的真正
> 心得，不甘人云亦云拾人牙慧。譬如在面對「謝靈運及其詩」這樣一個
> 題目時，我寧願直接閱讀傳記、咀嚼作品，去體會這位中國文學史上反
> 傳統，頗具叛逆性格的人物，其內心深處的矛盾與孤獨感，以及其作品
> 所秉具的趣味與特質，而不願徘徊在毀譽參半的各家詩話中。

以上所引，看似簡單，其實卻是當今學者最容易走岔的地方。「重視作
品本身」一直是林師治學的重要祕訣，林師六朝學第一階段的基礎就是對
謝靈運的文本及有關史傳、原典的直接分析，「我個人始終認為轉讀別人的
評論而不深入閱讀作品，即使不致被導引入誤途，也只能得到一些表面的
浮光掠影罷了；只有切實讀原著原典自我深思，然後再參考文學理論或他
家意見，才能建立比較充實而獨立的思想體系。」這種治學的態度間接的
在《山水與古典》、《中古文學論叢》發揮其影響力。

四、

《山水與古典》中，〈從遊仙詩到山水詩〉、〈宮體詩人之寫實精神〉、
〈中國山水詩的特質〉、〈陶謝詩中孤獨感的探討〉幾篇係 1973 年至 1976
年密集發表於《中外文學》中的重要作品。尤其〈中國山水詩的特質〉一
文，幾乎被當今所有討論六朝山水詩的論文再三引用，林師運用文本直接
閱讀的方法，分別在謝靈運〈登永嘉綠嶂山〉、〈從斤竹澗越嶺溪行〉；鮑照
〈登廬山〉；謝朓〈晚登山三還望京邑〉；顏延之〈始安郡還都與張湘洲登
巴陵城樓作〉和謝惠連〈汎南湖至石帆〉諸作品中，發現六朝山水詩「記
遊、寫景、興情、悟理」的重要基本結構。對於區分六朝山水詩與唐代山
水詩的性質有非常明確的標示，也就是六朝山水詩在記遊、寫景之後，往

往留有玄言詩的尾巴。除此之外,林師還在作品中發現「朝←→晚」、「水←→山」、「山←→水」、「俯←→仰」、「見←→聞」等基本的對仗格式。這些都對於六朝山水詩形貌的掌握有提綱挈領的功能。〈鮑照與謝靈運的山水詩〉則是 1975 年發表於《文學評論》第二集的重要作品,根據鄭因百先生的「永嘉堂札記」上鮑照生卒年考:「約少於陶淵明近五十歲,少於顏延之、謝康樂近三十歲,長於謝玄暉五十歲左右。」於是將鮑照的山水詩視爲大謝與小謝之間的過渡人物,鮑照詩集中,以樂府擬代之作居多,且風格驚挺創新,遂受矚目,而論者多忽略其山水詩篇。新加坡中文系蘇瑞隆教授〈二謝之間的橋樑——論鮑照山水詩〉一文,開宗明義即云:「對謝鮑山水詩的討論最早乃林文月教授之作。」林師此文不但對大小謝山水詩的研究提供了中間銜接的重要人物,對鮑照詩的評價也提供了另外一層角度。綜觀以上作品,其論述風格較爲冷靜,尤其〈宮體詩人的寫實精神〉雖然所論的係最易於渲染的宮體詩,但全文卻以「巧構形似」的寫作技巧直接對照宮體詩中描寫女性衣飾、身體、姿容、神態的寫實精神,對宮體詩在詩歌發展史上提出正面價值的論述。

五、

　　《中古文學論叢》係 1979 至 1989 年間所寫,時爲林師 46 歲至 56 歲之際,此一時期的作品,除了有第二階段的冷靜、嚴謹性格之外,其生命深處作家的才情終於又以另外一種權威式的語調交錯其間。其中最具代表性的一篇,係〈潘岳的妻子〉一文。本文依據傅璇琮《潘岳繫年考證》,企圖確定潘岳與其妻楊氏結婚之年,進而推測其共同廝守的恩愛歲月種種。及其悼亡詩蘊藏的澎湃情感。傅璇琮《潘岳繫年考證》29 歲下有文:「潘岳於十二歲時楊肇即以長女爲妻,其結婚於何時,無史料可證,大要當在本年以前。」林師認爲傅氏此說雖沒有明確的論斷,但其推測大致可取。但又引〈悼亡賦〉爲之佐證:「伊良嬪之初降,幾二紀以迄茲。遭兩門之不造,備荼毒而嘗之。嬰生難之至極,又薄命而早終。含紛華之芳烈,翻零

落而從風……」林師扣緊「伊良嬪之初降，幾二紀以迄茲」確定至楊氏來嫁，至其歸天，二人大約有 23、24 年的婚姻生活，而楊氏在潘岳 52 歲時卒於洛陽德宮里，據此逆推，二人成婚或當在潘岳 28、29 歲時。28、29 歲才結婚，以古人習俗言之，即可謂之晚婚。但，林師卻據此推出二人一段傳奇因緣。日人松本幸男在其《潘岳的傳記》中推測：「潘岳的晚婚，或與服父喪有關。」但是林師斷言楊肇賞識潘岳而許嫁其女時，岳為 12 歲，而楊氏或者僅一、二歲，據此再推論，岳 28、29 歲時，楊女當為 16、17 歲，年齡的差距，才是造成潘岳晚婚的原因。此一推論更能深入說明潘岳與妻子伉儷情深的原因，進而對其〈悼亡詩〉中悲不可抑的情感找到重要的因素。最為精采的，在於解析〈內顧詩〉二首之一的慧眼獨具：

> 靜居懷所歡。登城望四澤。春草鬱青青。桑柘何奕奕。芳林振朱榮。渌水激素石。初征冰未泮，忽焉衿絺綌。漫漫三千里。迢迢遠行客。馳情戀朱顏，寸陰過盈尺。夜愁極清晨，朝悲終日夕。山川信悠永，願言良弗獲。 引領訊歸雲，沈思不可釋。

　　林師對此詩的詮釋極為精采透徹，尤其論及「初征冰未泮，忽焉衿絺綌。漫漫三千里。迢迢遠行客。」四句，極為傳神深切：「『初征冰未泮，忽焉衿(一作振)絺綌』，說明離別妻子初來到客地的時間是在隆冬，河上冰未溶解，而今則已整條河流解凍暢流，有如抖開的布帛。(此句若解為：取出春季之布衣換穿，未免詩意平凡。此蓋與謝朓「澄江靜如練」句意相似。)」其實「整條河流解凍暢流，有如抖開的布帛」此一意象的掌握應該來自宋祁〈玉樓春〉：「東城漸覺風光好，縠皺波紋迎客棹。綠楊煙外曉寒輕，紅杏枝頭春意鬧。」此四句中的「縠皺波紋迎客棹」。但林師以作家獨特的敏銳直接判定，整條河流有如抖開的布帛是極精采的詮釋。林師又認為：「『漫漫三千里。迢迢遠行客』二句，傅璇琮云：『懷縣在晉時屬司州河內郡，在今河南省或陟縣西南，距洛陽或鞏縣甚近，既非絕域，更無三千

裡之路程，這些都與懷縣不合。……綜觀潘岳一生蹤跡，似並無遠行三千理之絕域。此詩是否潘岳所作，尚有可疑。」但文學本不避誇詞，此所謂「三千里」與「白髮三千丈」同屬文人誇張之形容，傅氏從現實觀點解詩，竟懷疑此詩非潘岳所作，未免太過拘泥於字面。」凡此皆見林師對文獻引用考證的細膩及其將考證所得以作家的敏銳情感相連結的痕跡。

〈潘岳的妻子〉一文，仔細品讀「悼亡賦」、「哀永逝文」、「內顧詩」二首、「悼亡詩」三首、及「哀詩」一首。結果發現，潘岳對妻子雖然恩愛不渝、深情款款，但林師所得的結論為：「我不知道潘岳的妻子是怎樣的一個女子」，林師此言實耐人尋味。的確，中國古代的文人，寫其妻子的模樣，率皆含糊帶過，莫非本文言在此而意在彼乎？而林師全文含蓄不露、欲言又止，實有深意在焉。

至於〈洛陽伽藍記的冷筆與熱筆〉、〈洛陽伽藍記的文學價值〉兩篇，則為林師為六朝學界開拓新領域的重量之作。

北魏人楊衒之的著作「洛陽伽藍記」雖然是一部屬性常常引起爭議的書，但大體言之，唐代以來，多數人都以非歷史即地理類視之，沒有人把此書當作一本文學性的書看待，不過近代研究這本書的學者，在重視其歷史與地理的價值之外，也頗注意到它的文學方面的價值。例如周祖謨「洛陽伽藍記校釋」序云：「作者楊衒之不但熟悉當時的掌故，而且長於著述，敘事簡括，文筆雋秀，足可與酈道元水經注媲美。既是地理書，又是一部史書，並且是一部極好的文學著作」。范祥雍「洛陽伽藍記校注」序云：「洛陽伽藍記以記北魏京城洛陽佛寺的興廢為題，實際的記述了當時的政治、人物、風俗、地理以及掌故傳聞，具有很高的文學價值和歷史價值」。楊勇「洛陽伽藍記之旨趣與體例」(收在「洛陽伽藍記校箋」)引言云：「洛陽伽藍記為一地理之書，亦一歷史之書，其於文學，更有深遠之影響力」。周一良在「洛陽伽藍記的幾條補注」云：「洛陽伽藍記是一部有名的歷史著作，也是有名的文學作品」。

　　林師面對《洛陽伽藍記》這種介於文學與史學交錯糾纏的作品，自行創造了「冷筆」與「熱筆」這種前所未有但又精準具體的學術術語，貼切地照應出《洛陽伽藍記》的「史學性格」與「文學性格」。《洛陽伽藍記》一書係自民國 70 年林師於臺大中文研究所「魏晉南北朝文學專題研究」課程中，所授教材，二十餘年來，《洛陽伽藍記》之學，居然在臺灣學界成為一們新興的學問。筆者當年應中國時報歷代經典寶庫邀請，撰寫該書，是以分別於 70 年、71 年連續兩年在林師課程中修習聽講，並與同窗學友，交互論道，於 74 年終於撰成《淨土上的烽煙──洛陽伽藍記研究》一書。由於《洛陽伽藍記》一書所架構的北朝時空背景，對於筆者南朝研究領域形成極有力的對照背景，20 年後，筆者又將《洛陽伽藍記》與《水經注》交互參照，發現楊衒之與酈道元對於當時南朝政權文化的態度截然不同，楊衒之代表強烈的北朝正統文化的捍衛者，相對的，酈道元卻在山水的描述中，對南朝文化形成嚮往與寬容，於是遂有〈北魏文士對南朝文化的兩種態度〉一文，筆者一度感到靜止與停頓的六朝學術領域，因為《洛陽伽藍記》與《水經注》的交互作用，頓時出現了新的轉折與視野。撫今追昔，亦發感念昔日在文學院東側追隨林師研治《洛陽伽藍記》一書的情景。

　　〈潘岳陸機詩中的「南方」意識〉一文發表於 1992 年《臺大中文學報》。此文乃〈潘岳的妻子〉與〈陸機的擬古詩〉兩文之後必然順勢而成之作，林師既然在〈潘岳的妻子〉一文中發現潘岳一生之中有兩段時間離洛陽赴外任，其一是 33 歲左右至 36 歲左右，曾先後任河陽（今河南省孟縣西）令、及懷縣（今河南省武陟縣西南）令，二地皆在洛陽之北、黃河北岸；另一次是在六十四歲時任長安令。於是遂在潘詩 46 首中找到含「南」字者七首，並且推敲出潘詩所謂南者係京城也，係仕途富貴之所在也。而陸機係吳亡後自江南赴洛的王孫公子，陸詩 123 首中，含「南」字者 12 首，陸機 29 歲自吳國北上中原後，其詩章中的「南」字，除了極少數係一般方位的泛指之外，其所指稱者均是長江下游的故鄉──吳郡華亭。不同

於潘詩中黃河芒山之外較近的南方——洛陽；陸詩中的南方，是真正距離中原晉京十分遼遠的東南方水鄉之土。

　　太康時代最具典型的代表文人，自來首推潘岳與陸機。《詩品》並列二家於上品，舉謝混語曰：「潘詩爛若舒錦，無處不善；陸文若排沙簡金，往往見寶。」鍾嶸又加按語：「余常言：『陸才如海，潘才如江。』」文心雕龍體性篇則曰：「安仁輕敏，故鋒發而韻流；士衡矜重，故情繁而辭隱。」潘、陸遂成為後世文學評論者樂於相提並論的對象。〈潘岳陸機詩中的「南方」意識〉一文卻別開蹊徑，以潘岳對洛陽富貴的依戀及陸機對吳郡故鄉的想望為著力點，舉重若輕的勾勒出兩人政治處境與人格性情的差異。《中古文學論叢》出版於 1989 年，此文發表於 1992 年，故未及收入於是書。但此文乃林師在六朝學領域中極為重要的作品，故謹錄述於此。

——選自「第二屆人文典範的探詢學術研討會」
臺北：臺灣大學中國文學系、東華大學中國文學系，2008 年 4 月 25 日

命運眷顧＋個人才具
專訪林文月

◎蔡詩萍*

我們因躲防空警報而在防空壕中遇到一名日本兵，他逐一詢問我們的籍貫以解悶。有人回答來自東京，有人回答來自大阪……，最後輪到我時，我回答是「臺灣人」時，他一時間楞住了，後來才又彷彿想起什麼，臉部表情突然變得很奇怪，這使得我感到羞愧與憤怒，當時雖然年紀小，不明白為何有這種感覺產生，但就是不喜歡這種和一般人不同的感覺。

日租界裡的臺灣小孩

蔡詩萍：您曾在《讀中文系的人》一書中提到童年的情景，文章中寫著，您是在上海出生的臺灣人，童年時期，上海話、臺灣話及日文都會說，尤其日文更成了生活中極重要的語言，反倒是後來回到了臺灣才開始以自己的母語做為溝通，這種在「認同」上所產生的困擾，在您生命中產生了什麼樣的影響？

林文月：在我七、八歲左右，當時，根本不知什麼是認同，但就總是覺得自己和環境周遭的人很不一樣，我和我的兄弟姊妹雖然都出生在上海，但我們都是臺灣人。另一方面，在法律上，我們又是日本公民，我和我的妹妹在上海的日本租界裡，跟著一群日本小學生念書，全校只有我們

*作家、節目主持人。

兩個人是臺灣人，我們的外貌，談吐雖和大家沒有差異，但總覺得老師看待我們的眼光很不一樣，因為我的名字仍是林文月，並未如日本女孩取為××子。尤其，我最怕的是母姊會，當我的母親坐在一排日本媽媽的行列裡，穿著洋裝，梳著中國人的髮髻，就顯得和那些穿著和服的媽媽格外不同，而且她說的日本話有個腔調，這些都令我頗感難為情。

還有一次，我們因躲防空警報而在防空壕中遇到一名日本兵，他逐一詢問我們的籍貫以解悶。有人回答來自東京，有人回答來自大阪……，最後輪到我時，我回答是「臺灣人」時，他一時間愣住了，後來才又彷彿想起什麼，臉部表情突然變得很奇怪，這使得我感到羞愧與憤怒，當時雖然年紀小，不明白為何有這種感覺產生，但就是不喜歡這種和一般人不同的感覺。

此外，我的功課向來極好，但由於我是臺灣人，因此，一直無法當上班長，充其量只能當到副班長，也就無法獲得父親答應我的獎品——溜冰鞋了。這些點滴微小之事，都讓我覺得我的身分的確和一般人有很大的不同。

打好文學基礎

蔡詩萍：您漢文方面的底子是在何時奠定的？您早期對於文學的閱讀，似乎多半仍透過日本來學習，請談談這部分。

林文月：漢文方面的底子應自小學六年級開始，在此之前，我所能閱讀的範圍並不廣，但我對於文學一直很感興趣，父母親訂閱了課外讀物供我們每月在家閱讀，日本在這方面做得很好，每個年級都有專屬適合閱讀的刊物。直到小學五年級，我開始有了機會接觸世界文學，當時因戰爭結束，我們仍在上海，未到臺灣，其間約有半年的時間成了真空狀態，我們成為失學的小孩，這一段時間，我看了很多大哥收藏的書，其中有很多日文的翻譯小說，我似懂非懂的讀了很多。因此，相形之下，中文的閱讀起步就相當晚，小學六年級及初中之後，才開始有這方面的接觸。

蔡詩萍：繪畫是您在生活中極重要的一項興趣，您在〈讀中文系的人〉這篇文章中也曾提到，當年您曾報考臺大中文系及師範學院藝術系，請您談談談這段歷程。

林文月：我自小學就對繪畫產生極大的興趣，一直不斷的創作著，在我高三那年，參加課外活動，每週都去習畫，原本有一大群的同學參加，到後來僅剩我一人，老師仍熱心的指導我。後來，我同時投考了臺大中文系及師範學院的美術系，結果都錄取上。當我不知如何抉擇之際，繪畫老師建議我去念臺大，而將繪畫視作終生的興趣，那方是種享受。其實，我一生中，很多時候都顯得被動，無法積極下決定，但都適時的有人提供意見給我，因此我又往下一階段走去。

走上學術研究之路

蔡詩萍：您進了中文系，後來也順利的考上研究所，到何時您才確立將中文學術研究視為終生的職志？

林文月：其實如我剛才所說，我向來無大志，多半是命運決定了我，而且是在我未選擇之前，命運就選擇了我。就像我前一段所談，在我無法驟下決定該讀中文或美術科系之際，就有老師善意的提供意見給我。而中文系四年亦是如此，我本打算畢業後留在學校當個助教就好，而就在研究所報名截止日的最後一天，遇到當時的系主任臺靜農教授，他說已知會院長，並要我盡速去報名。於是我匆匆報了名，並把自己關在家中拚命念了一個禮拜的書，結果很幸運的，考取了研究所。之後，我很認真的念書，寫了畢業論文，當時由於未有博士班，因此學校就留我在校。這一切的發展，似乎不由分說的決定了我的未來，我本無大志向，但當旁人建議我應如何去做時，我就會全力以赴去完成。

蔡詩萍：閱讀您的散文，可以發現，其中的題材與生活息息相關，如您做為一個中文系的研究者，會將研究中國文學的感想形諸文字；又如您從年輕單身到進入婚姻的階段，到後來有了下一代，關於生活周遭的題材

都能成為您寫作的材料。這樣的選擇，是您一開始就決定的方向，還是這類的題材較易發揮。

林文月：這類的題材對我而言，的確是較容易發揮的。一般而言，外界的轉變對我的影響通常不會太大，從古至今，史上有很多這樣的例子，有些人是跳到漩渦裡，有些人是不受影響，依然能在漩渦外。如陶淵明就是個例子，他的作品中有些是相當自我的，仔細推敲，那是有其時代背景的，他的苦悶是因此而產生的，但他並沒有人大聲疾呼。我比較願意是那樣的人，雖非隱逸之人，但卻不願意趕在流行中而迷失了自己。

跳脫流行風潮漩渦

蔡詩萍：在您念大學那段期間，臺大外文系在整個臺灣文藝風潮中或是西方文學觀念的引進上，都扮演了極重要的角色，您覺得以您中文系的背景，和您前後期一些外文系出身的作家，像陳若曦、王文興、白先勇、歐陽子等人，最大的不同是什麼？

林文月：《文學雜誌》的時代，我寫了很多的東西，但沒有一篇創作，都是論文，這和當時大學教育的方針有關，外文系一般來說較無包袱，老師多鼓勵學生接觸現代文學，一不小心就會碰到 1930 年代的文學，臺灣當時當無極有名氣的作家，所以我們沒有辦法在那時討論現代文學，像周作人、胡適之、郭沫若等作家，在當時都是不可碰觸的禁忌。中文系唯一能做的是清代之前的學術研究，幾乎沒有人從事文學創作，當時我在夏濟安先生的《文學雜誌》發表了很多論文，但多是古典的研究，反倒是外文系出身的人較有機會創作。

第一本散文

蔡詩萍：《京都一年》是您第一本的散文創作，這一路寫下來，是否曾刻意去經營如《擬古》、《飲膳札記》這類特殊型式或題材的創作？

林文月：其實，說來慚愧，我是到三十幾歲才出第一本散文集，在此

之前所發表的作品都散見報章而未能整理，更別說集結出書了。《京都一年》可算是國科會給我機會去日本研究而產生的副產品，是我生命中一個重要的分水嶺，在此之前，我是一個中文系的教員及學者，生活的重心主要是教書及寫作論文，偶爾寫些東西也從未想過要發表，到了京都之後，主要是要寫中日比較文學的論文，也為日後翻譯《源氏物語》埋下了前因，當時林海音先生經營《純文學》雜誌，要求我每月寫篇文章給他，於是我以京都為中心，寫些如京都的節慶、穿著、飲食、書店……等題材，12 個月後，我到臺灣又陸續補充了些內容。但仔細回想起來，當時我仍屬相當傳統的寫作方式，先訂了題目，再圍繞著題目下筆，且盡量寫詳細，而不知如何剪裁，這當然也有好處，聽說林懷民率團到京都表演時，要團員人手一冊，因為我在創作時有如學者進行研究般的謹慎詳細，例如我寫舊書店，便逐家訪視做記錄，再進行整理，有時遇到問題，當下無法解決，便到圖書館找資料，因此，我的散文中還有註解，那看來是可笑且不可思議的。

　　在此之後，我發現我厭倦了長篇大論學術性的論著，也不再嘗試《京都一年》那種鉅細靡遺的文章，我開始認為創作時應有些空間，一如繪畫有所留白，不但在文章結構上多費心思，並在語言句法力求突破，嘗試用自己的語言表達，不再吊書袋。《遙遠》、《午後書房》都是這段時期作品。

散文絕非鬆散之作

　　我開始注意氣氛的醞釀及文體的經營，在《遙遠》中開始寫些抽象的題材，雖有特定的時間地點，但我把焦點放在把一剎那的事情寫出，或寫些模糊不易掌握的情緒；而《午後書房》中我很正經的寫了一篇序〈散文的經營〉，提出散文絕非鬆散之作的看法，散文幾乎要像詩一般嚴謹，而且要經營而讓人不覺是經營，並提出了一些看法和步驟。

　　《擬古》的創作是源於我正好有一篇學術論著討論到潘岳的擬古詩，我推翻了學者原先認為這是潘岳早期學詩的過程一說，提出那是潘岳相當

成熟之技巧及思維去挑戰古人。因此，由於好奇，我也嘗試以此來擬古，但不局限於古人，只要是作古之人，不論是清朝之前，甚至民國之後，不限國籍，都可以我是所擬的對象，但絕不可以是勉強去找對象來模擬。如書中有幾篇是寫給兒女的書信，在此之前，傅雷寫過，但在我未讀他給傅聰所寫的信之前，我就有寫信給自己的兒女的習慣。這種不謀而合的想法，使得我嘗試選了他某些篇章，將之與我給兒女的信結合爲一，但我仍用自己的語言及表達方式去呈現，在讀者閱讀的層面來說，是可以獨立分開來看的。其實，我會有此發想，尚有另一經驗，一次我在紐約的美術館，看到一名畫家模仿前人的畫作，但並非純然抄襲，而是將自己模擬的作品放在前人畫作之前，讓人去對二者進行比較。這也間接促成我嘗試《擬古》這樣的創作。

擬古有如翻譯

蔡詩萍：在《京都一年》中可鮮明的看出您從學術生涯過渡到作家的脈絡，而在《擬古》的嘗試之後，您的散文觀有何新的認識或了解？

林文月：就好比您讀一個作家的作品，若不是爲了訪問，您不會非常刻意用心去讀，因此，我要模擬前人的作品時就顯得格外用心。也有點像翻譯，必須自己去詮釋作品，並去發現作家行文的特色。在《擬古》14 篇作品中，我很用心去閱讀所擬作家的作品，甚至像我的老師臺靜農先生的《龍坡雜文》，先前已讀得很熟，要模擬之際仍要重新再閱讀。這是個特殊且有意思的挑戰，記得我在發表這一系列的作品時，有些朋友就很擔心如此擬古下去，該如何最好，深怕我喪失了自己的風俗，但我認爲這是我的創作過程之一，我仍爲此試驗感到高興。

很多菜我已忘記曾做過

蔡詩萍：您的近作《飲膳札記》可算是題材鮮明的一本書，請您談談。

林文月：《飲膳札記》的寫作動機我在後記中有所交代，主要是有一天，我在整理書房一角，發現了很早之前隨手記下的老菜單，當時主要是提醒自己避免重複請同一客人人吃某一道菜餚，並預先記錄上菜的次序，以供做菜的備忘。但在十幾、二十幾年後翻閱這份紀錄，突然間我有種非常難過的心情，固然有些菜我已忘了自己曾做過，但更令我難過的是，很多我請過的客人都已不在了，如我的親人、我的老師 。因此，當我在整理這些菜單的時候，我有了一種想法、很多時候，很多事情過去就沒有了，若不將它記下來，我根本不記得我請過什麼人，請過什麼菜，可是卻又明明曾經存在，因此，我覺得文字很重要，我不但寫做菜的經過及次序，更要寫所請的客人所說過的話，及歡聚的場景用文字保留下來。

為長恨歌翻譯源氏物語

蔡詩萍：翻譯也算是您作品極具分量的一部分，您最早翻譯日本作品是從什麼時候開始？而您所翻譯的《源氏物語》在您的創作生涯裡產生了什麼樣的影響，若無您的翻譯，恐怕至今在國內就無法透過中文翻譯本來看這部作品了。

林文月：其實，早在我大學即將畢業及研究所時期，我就曾爲東方出版社翻譯過世界文學名著及世界偉人傳記。至於翻譯《源氏物語》，包括日本人將此翻譯成現代文，大概沒有人在 50 歲之前完成，因爲這是部困難的古典作品。

我在京都進行中日比較文學的研究，範圍包含了這本書，因此，我在那段時間半懂非懂的讀了這本書。隔了一、二年，我到日本參加一個筆會，以日文寫了一篇〈長恨歌〉對於《源氏物語》第一帖的影響的研究論文，後來回到國內，我把這篇論文翻譯成中文，遇到了一個大問題，對國人來說，〈長恨歌〉大家琅琅上口，而《源氏物語》並沒幾人讀過，因此，我爲了讓大家能讀懂我的論文，我試著以一兩萬字翻譯了《源氏物語》的第一帖。

　　發表之後，發現讀者對於這部分的附錄遠勝於論文本身，而《中外文學》的編輯也試著邀請我把後面繼續翻譯完成，能翻譯多少算多少，於是我接下這份工作，並盡量要求自己每個月都要翻譯一帖，除了第三十八帖因原文有八萬字，內容過長而分期翻譯，或遇《中外文學》製作專刊而暫停之外，我沒有缺過任何一期，翻譯到後來，感覺彷彿在跑馬拉松賽似的，連臺靜農先生都看不下去，要我偶爾休息也不會有人責怪，但我認為我做得下去，而且，只要我一旦休息，就會有下一次的休息。

——選自《中國時報》，2000 年 3 月 21～24 日，37 版

輯五◎
研究評論資料目錄

作家、作品評論專書與學位論文

專書

1. 徐志宇編　　林文月教授（黃林秀蓮訪問學人特刊）　　香港　香港中文大學崇
基書院　2000 年 5 月　48 頁

本書爲林文月應邀訪問香港中文大學期間，所進行的演講、訪問特刊。全書共 6
篇：〈林文月教授略歷〉、〈校園生活午餐會演講：學術研究與自由創作〉、〈週
會演講：雙語教育背景與我的寫作〉、〈週年教育研討會「文學與現代人生」演
講：文學與現代生活〉、〈吐露夜話：唐代文化對日本平安文壇的影響〉、〈神學
組演講：談《洛陽伽藍記》──一本宗教與血腥的書〉。

學位論文

2. 李京珮　　林文月散文藝術風格的傳承與新變　成功大學臺灣文學系　碩士論
文　林瑞明教授指導　2006 年 7 月　197 頁

本論文先以全集式閱讀，後聚焦於散文進行論述；主要觀察林文月的文學歷程，分
析其學術研究、日本文學翻譯、散文創作與傳記書寫等文本；在「傳承」臺靜農的
文學主張及文字韻致之後，其 30 多年散文書寫歷程的藝術技巧及美學轉折，最後與
同世代女性散文家的文本比較，突顯林文月散文的文學史意義。全文共 8 章：1.緒
論；2.林文月的文學歷程；3.散文藝術風格傳承（一）：林文月與臺靜農　魯迅精
神的傳承與轉化；4.散文藝術風格傳承（二）：文化背景與散文性格的建構；5.散文
藝術風格新變（一）：跨越經典的審美追求；6.散文藝術風格新變（二）：生活美學
與人文關懷；7.林文月散文的文學史閱讀；8.結論。正文後附錄〈林文月文學活動年
表〉。

3. 許婉姿　　林文月散文創作觀及其實踐　東吳大學中國文學系　碩士論文　沈
謙，何寄澎教授指導　2006 年 7 月　182 頁

本論文以林文月「散文」爲研究核心，並提舉其「散文創作觀」，以相互參照，既
爲耙梳一位創作者的藝術理想，也爲識見林文月散文藝術之完成。全文共 6 章：1.緒
論；2.林文月的人生歷程；3.林文月散文創作觀；4.林文月散文的主題內涵；5.林文
月散文藝術；6.結論。正文後附錄〈林文月發表單篇散文及評論〉、〈林文月著作評
論〉、〈傳記與訪談〉、〈林文月散文分類一覽表〉。

4. 張少明　　林文月散文研究　政治大學國文教學碩士學位班　碩士論文　沈

謙，張堂錡教授指導　2006 年 12 月　207 頁

本論文追尋林文月各時期的創作作品，探討其文學觀、創作主題、藝術表現，及其在散文發展史上的意義與成就。全文共 6 章：1.緒論；2.林文月生平經歷與文學因緣；3.林文月的散文創作分期及其文學觀；4.林文月散文的創作主題；5.林文月散文的藝術表現；6.結論——林文月在散文發展史上的意義與成就。

5. 簡　琪　林文月散文研究（1969—2006）　臺灣師範大學國文學系在職進修
　　　碩士班　碩士論文　許俊雅教授指導　2006 年　148 頁

本論文自林文月的人生歷程進入，探討其文學理念及其散文作品的主題內容、語言藝術與特質。全文共 7 章：1.緒論；2.林文月的人生歷程；3.林文月的文學經營與散文創作理念；4.林文月散文的主題內涵；5.林文月散文的語言藝術；6.林文月散文的特質；7.結論。

6. 許芳儒　記憶·身分·書寫——林文月散文析論　中央大學中國文學系　碩
　　　士論文　李瑞騰教授指導　2007 年 6 月　208 頁

本論文從文本閱讀展開考察，並旁及相涉之文學理論，以此研究瞭解林文月的散文成就，並分析其作品的思想特質及主題意識、表現手法，以窺見其散文世界的面貌，進而確認其在臺灣現代散文史上的位置。全文共 5 章：1.緒論；2.記憶：被書寫的時間與空間；3.身份：敘述的開展與延伸；4.書寫：吸收與吐納的持續；5.結論。正文後附錄〈林文月散文作品單篇目錄暨內容提要〉、〈林文月年表〉。

7. 陳玉蕾　林文月散文的常與變　高雄師範大學國文學系國文教學碩士班　碩
　　　士論文　王義良教授指導　2008 年 1 月　216 頁

本論文以林文月「散文」為研究主題。旨在探究林文月散文書寫的常與變，論析林文月散文書寫之變遷演進，從而歸納出林文月散文之恆常質素——常，以及其變化內涵——變，並進一步指出其散文書寫在這些恆常的質素與變化內涵的交互作用之下，所呈現出的美學特質。全文共 5 章：1.緒論；2.林文月散文創作歷程；3.題材的常與變；4.寫作藝術之常與變；5.結論。

8. 游淑玲　林文月多元散文研究　佛光大學文學系　碩士論文　朱嘉雯教授指
　　　導　2008 年 12 月　174 頁

本論文以林文月散文著作為研究核心，並融合探討林文月的多元文化風格的創作觀，以相互參照。全文共 5 章：1.緒論；2.多元文化底蘊的歷程和創作類別；3.多元的散文創作主題；4.林文月散文創作的藝術特色；5.結論。正文後附錄〈林文月重要

生平事件年表〉。

9. 黃美鳳　　林文月散文飲膳經驗之探究　彰化師範大學國文學系　碩士論文
　　　林明德教授指導　2008 年　196 頁

本論文主要探討現代著名作家林文月的散文成就，分析其作品中飲膳書寫的哲理思
想、主題內涵、藝術表現等。同時從林文月散文創作道路的實踐，呈現散文美學思
維，來探索林文月在現代散文發展史上的地位。全文共 6 章：1.緒論；2.林文月其人
其事及其作品；3.林文月飲膳書寫的主題意涵；4.林文月飲膳書寫的藝術表現；5.林
文月飲膳書寫與其他作家的比較；6.結論。

10. 劉香君　　林文月散文研究──在樸實中見風采　彰化師範大學國文學系　碩
　　　士論文　游志誠教授指導　2008 年　124 頁

本論文主要以林文月的散文作品為核心，並將其文化背景鋪陳出來，說明她的散文
文學淵源歷程，然後逐漸聚焦到散文的意涵、文字、類型與風格分析論述。全文共
7 章：1.緒論；2.林文月創作生命歷程與散文的淵源；3.林文月散文的思想；4.林文
月散文的女性書寫；5.林文月散文的文體類型；6.林文月散文的敘事特色；7.結
論。

11. 許惠玟　　林文月的散文美學　臺北教育大學語文與創作學系　碩士論文　陳
　　　俊榮教授指導　2008 年 8 月　206 頁

本論文以美學方法來研究林文月散文藝術的內涵及表現，以體現林文月散文創作之
審美感悟、羅列林文月散文美的實徵、揭示林文月的散文美學。全文共 5 章：1.緒
論；2.散文主題的內涵；3.散文的藝術；4.散文的風格；5.結論。

12. 林雅瓊　　鄉情、國史、世界觀──論林文月、蔡珠兒及李昂的女性跨國飲食
　　　書寫　中興大學臺灣文學與跨國文化研究所　碩士論文　陳國偉教
　　　授指導　2010 年 7 月　98 頁

本論文從林文月、蔡珠兒及李昂三位女性作家的跨國飲食書寫，呈現出特別的家
鄉、殖民地、全球的飲食風情；討論視角乃就身體、時間、空間、符號四方向，交
互切入三位作家的作品，除了生活態度和寫作風格差異，在她們的跨國飲食經驗
上，可看到林文月著重人性溫情，蔡珠兒定眼食物的歷史文化，李昂則關注全球化
經濟、政治、性和性別意識等問題。全文共 5 章：1.緒論；2.人情料理：林文月的
飲食書寫；3.知性廚娘：蔡珠兒的飲食書寫；4.愛吃鬼遊記：李昂的飲食書寫；5.
結論：餐桌絮語。

13. 洪汶珀　　臺灣散文的飲食書寫探析──以林文月、蔡珠兒為例　新竹教育大學人資處語文教學碩士班　碩士論文　黃雅莉教授指導　2010 年 137 頁

本論文以林文月與蔡珠兒的飲食散文為主要研究對象，綜合評述林文月和蔡珠兒倆人對飲食散文的貢獻，復從二人的創作差異之比較以見飲食文學的發展與嬗變。全文共 7 章：1.緒論；2.臺灣飲食散文的發展；3.作家生平及其創作；4.思想內涵的差異；5.表現技巧的不同；6.風格的不同；7.林、蔡二家飲食書寫的文學史意義。

14. 魏緗慈　　臺灣女性散文家的童年書寫──以琦君、林海音、林文月和張曉風為中心　成功大學臺灣文學系　碩士論文　蔡明諺教授指導　2012 年 12 月　139 頁

本論文以琦君、林海音、林文月與張曉風為主要研究對象，分析其以散文這樣的文類，描寫兒時家庭與教育、故鄉往事等童年書寫相關主題時，在形式與內容上所表現出的異同，進而深究造成這些差異可能的原因，及其在臺灣文學史上的意義；從而思索經歷時代的洗濯，女性散文之更迭與變化，並藉此說明女性散文與童年書寫之特質與意義。全文共 5 章：1.緒論；2.有女初長成：女性散文家的家庭與教育經驗；3.何處是故鄉：童年書寫與懷鄉憶舊；4.余憶童稚時：女性散文家童年書寫中散文的蛻變；5.結論。正文後附錄〈琦君、林海音、林文月、張曉風之綜合年表〉。

15. 吳思穎　　地方的記憶與認同──林文月的「空間」書寫　中興大學中國文學系　碩士論文　羅秀美教授指導　2013 年 1 月　197 頁

本論文就空間進行研究，由文本閱讀延伸思考以瞭解在不同空間中的林文月所展現出來的獨特思想與風格，歷經中日大戰使其產生對國族的混淆及個人的認同、身為文學家之後所延續的文學命脈以及其所深蘊的女性意識對其生命所形成的影響。全文共 6 章：1.緒論；2.成長的記憶──出生與定居；3.幸福空間的記憶──廚房與書房；4.旅行的記憶──學術交流與觀光遊覽；5.我的地方：生命空間所形塑的心靈歸鄉；6.結論。

16. 林欣美　　林文月改寫的《基督山恩仇記》研究　臺南大學國語文學系　碩士論文　陳光明教授指導　2013 年 1 月　118 頁

本論文探討林文月改寫《基督山恩仇記》，以少年讀者的角度與成人翻譯版本之異同；研究以敘述學中相關的類型說明，細分小說人物與情節之探析。全文共 6 章：

1.緒論；2.文獻探討；3.研究設計；4.敘述；5.故事；6.結論。

作家生平資料篇目

自述

17. 林文月　《京都一年》自序[1]　京都一年　臺北　純文學出版社　1971 年 2
月　頁 1—3

18. 林文月　《京都一年》　風簷展書讀　臺北　純文學出版社　1985 年 1 月
頁 519—521

19. 林文月　自序　京都一年　臺北　三民書局　2007 年 5 月　頁 15—17

20. 林文月　《京都一年》以後　京都一年　臺北　純文學出版社　1971 年 2 月
頁 185—187

21. 林文月　《京都一年》以後　京都一年　臺北　三民書局　2007 年 5 月　頁
204—206

22. 林文月　前記　山水與古典　臺北　純文學出版社　1976 年 10 月　頁 1—6

23. 林文月　說童年　中外文學　第 6 卷第 3 期　1977 年 8 月　頁 88—95

24. 林文月　一個讀中文系的人　聯合報　1978 年 8 月 8 日　12 版

25. 林文月　一個讀中文系的人——後記　讀中文系的人　臺北　洪範書店
1978 年 9 月　頁 211—216

26. 林文月　讀中文系的人　臺大人的故事　臺北　采風出版社　1980 年 1 月
頁 27—34

27. 林文月　我怎麼開始翻譯《源氏物語》　讀中文系的人　臺北　洪範書店
1978 年 9 月　頁 173—180

28. 林文月　我怎麼開始翻譯《源氏物語》　我的第一步（上）　臺北　時報文
化出版公司　1981 年 5 月　頁 69—77

29. 林文月　我怎麼開始翻譯《源氏物語》　千載難逢竟逢——《源氏物語》千
年紀念　臺北　洪範書店　2009 年 9 月　頁 35—45

---

[1]本文後改篇名為〈自序〉。

30. 林文月　　　後記　遙遠　臺北　洪範書店　1981 年 4 月　頁 183—187

31. 林文月　　　《遙遠》後記　洪範雜誌　第 2 期　1981 年 6 月　1 版

32. 林文月　　　回顧與自省——關於《源氏物語》中譯本　世界文學（聯副三十年
　　　　　　　　文學大系・評論卷 20）　臺北　聯合報社　1981 年 12 月　頁 389
　　　　　　　　—398

33. 林文月　　　《澄輝集》序言　洪範雜誌　第 11 期　1983 年 2 月　2 版

34. 林文月　　　序言　澄輝集　臺北　洪範書局　1983 年 2 月　頁 1—6

35. 林文月　　　《山水與古典》　風簷展書讀　臺北　純文學出版社　1985 年 1 月
　　　　　　　　頁 179—182

36. 林文月　　　關於〈十六歲的日記〉　聯合文學　第 4 期　1985 年 2 月　頁 47
　　　　　　　　—51

37. 林文月　　　關於〈十六歲的日記〉　作品　臺北　九歌出版社　1993 年 7 月
　　　　　　　　頁 195—200

38. 林文月　　　關於〈十六歲的日記〉　作品　臺北　九歌出版社　2008 年 6 月
　　　　　　　　頁 171—176

39. 林文月　　　《午後書房》後記　洪範雜誌　第 25 期　1986 年 2 月　4 版

40. 林文月　　　散文的經營——代序[2]　午後書房　臺北　洪範書店　1986 年 2 月
　　　　　　　　頁 1—8

41. 林文月　　　簷夢上的春雨——林文月的散文觀　散文教室　臺北　九歌出版社
　　　　　　　　2002 年 2 月　頁 26

42. 林文月　　　代序——散文的經營　生活可以如此美好　香港　天地圖書公司
　　　　　　　　2002 年　〔2〕頁

43. 林文月　　　林文月的散文觀　新世紀散文家：林文月精選集　臺北　九歌出版
　　　　　　　　社　2002 年 7 月　頁 23

44. 林文月　　　後記——散文的經營　三月曝書　上海　上海人民出版社　2009 年
　　　　　　　　1 月　頁 230—235

---

[2] 本文後改篇名爲〈林文月的散文觀〉。

45. 林文月　　終點以後——《源氏物語》中譯修訂本出版誌感[3]　午後書房　臺北　洪範書店　1986 年 2 月　頁 177—182

46. 林文月　　終點之後——《源氏物語》中譯修訂本出版誌感（一九八一）　千載難逢竟逢——《源氏物語》千年紀念　臺北　洪範書店　2009 年 9 月　頁 47—53

47. 林文月　　後記　午後書房　臺北　洪範書店　1986 年 2 月　頁 201—204

48. 林文月　　三種文筆[4]　文訊雜誌　第 24 期　1986 年 6 月　頁 226—234

49. 林文月　　我的三種文筆　交談　臺北　九歌出版社　1988 年 2 月　頁 109—123

50. 林文月　　三種文筆　聯珠綴玉——十一位女作家的筆墨生涯　臺北　文訊雜誌社　1988 年 7 月　頁 147—156

51. 林文月　　我的三種文筆　如銀河傾瀉而下的感覺　臺北　石頭出版公司　1990 年 8 月　頁 126—140

52. 林文月　　我的三種文筆　生活可以如此美好　香港　大地圖書公司　2002 年　頁 5—16

53. 林文月　　三種文筆　文學好因緣　臺北　文訊雜誌社　2008 年 7 月　頁 357—369

54. 林文月　　我的三種文筆　三月曝書　上海　上海人民出版社　2009 年 1 月　頁 71—81

55. 林文月　　我的三種文筆　交談　臺北　九歌出版社　2011 年 11 月　頁 115—128

56. 林文月　　一張照片的故事——母親初作丈母娘　民生報　1987 年 5 月 10 日　4 版

57. 林文月　　予豈好辯——東京《源氏物語》共同討論會追記　交談　臺北　九歌出版社　1988 年 2 月　頁 93—107

---

[3]本文後改篇名為〈終點之後——《源氏物語》中譯修訂本出版誌感（一九八一)〉。
[4]本文後改篇名為〈我的三種文筆〉。

58. 林文月　予豈好辯——東京《源氏物語》共同討論會追記　交談　臺北　九歌出版社　2011 年 11 月　頁 101—114

59. 林文月　無聲的交談——寫在《交談》之前[5]　九歌雜誌　第 84 期　1988 年 2 月　2 版

60. 林文月　無聲的交談（代序）　交談　臺北　九歌出版社　1988 年 2 月　頁 3—5

61. 林文月　無聲的交談——初版序　交談　臺北　九歌出版社　2011 年 11 月　頁 9—12

62. 林文月　我譯《枕草子》（上、下）　聯合報　1988 年 7 月 30—31 日　21 版

63. 林文月　我譯《枕草子》　作品　臺北　九歌出版社　1993 年 7 月　頁 69—81

64. 林文月　我譯《枕草子》　作品　臺北　九歌出版社　2008 年 6 月　頁 66—77

65. 林文月　手的故事　一又二分之一：女作家的婚姻故事　臺北　林白出版社　1988 年 11 月　頁 65—71

66. 林文月　人生不樂復何如——我與文學的因緣　幼獅文藝　第 464 期　1992 年 8 月　頁 34—39

67. 林文月　人生不樂復何如——我與文學的因緣　作品　臺北　九歌出版社　1993 年 7 月　頁 11—19

68. 林文月　人生不樂復何如——我與文學的因緣　作品　臺北　九歌出版社　2008 年 6 月　頁 17—24

69. 林文月　曾經受傷過，也自己治癒了——《作品》在夢與真實間　九歌雜誌　第 149 期　1993 年 7 月　2 版

70. 林文月　自序[6]　作品　臺北　九歌出版社　1993 年 7 月　頁 1—3

---

[5] 本文後改篇名為〈無聲的交談（代序）〉、〈無聲的交談——初版序〉。
[6] 本文後改篇名為〈凝思——一九九三年初版自序〉。

71. 林文月　　凝思——一九九三年初版自序　作品　臺北　九歌出版社　2008 年
　　　　　　　6 月　頁 7—9

72. 林文月　　和泉式部及其《和泉式部日記》——代序　和泉式部日記　臺北
　　　　　　　純文學出版社　1993 年 7 月　頁 1—8

73. 林文月　　重讀〈水月〉舊譯　作品　臺北　九歌出版社　1993 年 7 月　頁
　　　　　　　241—245

74. 林文月　　重讀〈水月〉舊譯　作品　臺北　九歌出版社　2008 年 6 月　頁
　　　　　　　214—217

75. 林文月　　譯後記　和泉式部日記　臺北　純文學出版社　1993 年 7 月　頁
　　　　　　　187—192

76. 林文月　　《擬古》自序　洪範雜誌　第 51 期　1993 年 9 月　1 版

77. 林文月　　自序　擬古　臺北　洪範書店　1993 年 9 月　頁 1—11

78. 林文月　　序[7]　青山青史——連雅堂傳　臺北　雨墨文化公司　1994 年 10 月
　　　　　　　頁 27—30

79. 林文月　　雨墨版序　青山青史——連雅堂傳　臺北　有鹿文化公司　2010 年
　　　　　　　8 月　頁 10—12

80. 林文月　　林文月論林文月——羞澀而恆毅　聯合報　1994 年 12 月 5 日　37
　　　　　　　版

81. 林文月　　林文月論林文月　回首　臺北　洪範書店　2004 年 2 月　頁 201—
　　　　　　　202

82. 林文月　　楔子　飲膳札記　臺北　洪範書店　1999 年 4 月　頁 1—4

83. 林文月　　《飲膳札記》楔子　洪範雜誌　第 61 期　1999 年 5 月　1 版

84. 林文月　　跋言　飲膳札記　臺北　洪範書店　1999 年 4 月　頁 147—157

85. 林文月　　《飲膳札記》跋言　洪範雜誌　第 61 期　1999 年 5 月　2—3 版

86. 林文月　　學術研究與自由創作　林文月教授（黃林秀蓮訪問學人特刊）　香
　　　　　　　港　香港中文大學崇基書院　2000 年 5 月　頁 14—18

---

[7] 本文後改篇名為〈雨墨版序〉。

87. 林文月　　雙語教育背景與我的寫作　林文月教授（黃林秀蓮訪問學人特刊）
　　　　　　　香港　香港中文大學崇基書院　2000 年 5 月　頁 19—22

88. 林文月　　京都，我心靈的故鄉　文訊雜誌　第 179 期　2000 年 9 月　頁 41
　　　　　　　—42

89. 林文月　　京都，我心靈的故鄉　回首　臺北　洪範書店　2004 年 2 月　頁
　　　　　　　49—52

90. 林文月講；孫梓評整理　　悲歡哀樂的飲食記憶——非食譜的《飲膳札記》
　　　　　　　（1—3）　中央日報　2001 年 4 月 30 日—5 月 2 日　18 版

91. 林文月　　跋語　生活可以如此美好　香港　天地圖書公司　2002 年　頁 467
　　　　　　　—469

92. 林文月講；陳九菊記　　單純、自然；努力、平凡——林文月的年少歲月　少
　　　　　　　年十五二十時　臺北　正中書局　2003 年 8 月　頁 85—92

93. 林文月　　十二月，在香港——代跋　回首　臺北　洪範書店　2004 年 2 月
　　　　　　　頁 203—211

94. 林文月　　致 M.N.——代跋　人物速寫　臺北　聯合文學出版社　2004 年 3
　　　　　　　月　頁 161—166

95. 林文月　　飲膳往事　中國時報　2005 年 8 月 25 日　E7 版

96. 林文月　　飲膳往事　飲食雜誌　第 1 期　2005 年 9 月　頁 86—89

97. 林文月　　自序　寫我的書　臺北　聯合文學出版社　2006 年 8 月　頁 5—11

98. 林文月　　《源氏物語》　寫我的書　臺北　聯合文學出版社　2006 年 8 月
　　　　　　　頁 61—81

99. 林文月　　巴巴拉吉[8]　寫我的書　臺北　聯合文學出版社　2006 年 8 月　頁
　　　　　　　129—148　。

100. 林文月　　巴巴拉吉翻譯有感　破天而降的文明人　臺北　九歌出版社
　　　　　　　2010 年 7 月　頁 1—14

101. 林文月　　新新版序兼懷悅子　京都一年　臺北　三民書局　2007 年 5 月

---

[8] 本文後改篇名為〈巴巴拉吉翻譯有感〉。

頁 1—6

102. 林文月　深秋再訪京都——《京都一年》新版代序　京都一年　臺北　三民書局　2007 年 5 月　頁 8—14

103. 林文月　重讀的心情——《作品》新版序言[9]　聯合文學　第 284 期　2008 年 6 月　頁 50—51

104. 林文月　重讀的心情——新版序言　作品　臺北　九歌出版社　2008 年 6 月　頁 3—6

105. 林文月　《擬古》——學術研究與文學創作之結合　聯合文學　第 288 期　2008 年 10 月　頁 57—71

106. 林文月　《擬古》——學術研究與文學創作之結合　蒙娜麗莎微笑的嘴角　臺北　有鹿文化公司　2009 年 9 月　頁 65—89

107. 林文月　游於譯——回首譯途　聯合文學　第 288 期　2008 年 10 月　頁 73—85

108. 林文月　游於譯——回首譯途　蒙娜麗莎微笑的嘴角　臺北　有鹿文化公司　2009 年 9 月　頁 91—111

109. 林文月　千載難逢竟逢——《源氏物語》千年紀大會追記　千載難逢竟逢——《源氏物語》千年紀念　臺北　洪範書店　2009 年 9 月　頁 3—32

110. 林文月　千載難逢竟逢——《源氏物語》千年紀大會追記　最初的讀者　香港　明報月刊出版社　2009 年 11 月　頁 380—402

111. 林文月　自序　蒙娜麗莎微笑的嘴角　臺北　有鹿文化公司　2009 年 9 月　頁 2—9

112. 林文月　譯者序　破天而降的文明人　臺北　九歌出版社　2010 年 7 月　頁 7—13

113. 林文月　校書感想　破天而降的文明人　臺北　九歌出版社　2010 年 7 月　頁 155—160

---

[9]本文後改篇名為〈重讀的心情——新版序言〉。

114. 林文月　　序　青山青史——連雅堂傳　臺北　有鹿文化公司　2010 年 8 月　頁 4—8

115. 林文月　　中央文物供應社版前言　青山青史——連雅堂傳　臺北　有鹿文化公司　2010 年 8 月　頁 14—15

116. 林文月　　散步迷路——增訂版序　交談　臺北　九歌出版社　2011 年 11 月　頁 3—8

117. 林文月講　　最初的讀者　臺灣大學新百家學堂文學講座 1：臺灣文學在臺大　臺北　臺灣大學出版中心　2012 年 5 月　頁 36—67

118. 林文月演講；顏訥記錄整理　　擬古：一種散文書寫的方法　文訊雜誌　第 319 期　2012 年 5 月　頁 97—103

119. 林文月講；顏訥記錄　　擬古：一種散文書寫的方法　我們的文學夢　臺北　上海銀行文教基金會　2013 年 5 月　頁 75—91

他述

120. 林海音　　臺籍作家的寫作生活〔林文月部分〕　文星　第 26 期　1959 年 12 月　頁 26—28

121. 陳清玉　　從不後悔讀中文系的林文月　中華日報　1978 年 11 月 1 日　11 版

122. 郭豫倫　　附錄——林文月的希望　遙遠　臺北　洪範書店　1981 年 4 月　頁 181—182

123. 林海音　　三鄭一林[10]　聯合報　1983 年 9 月 2 日　8 版

124. 林海音　　三鄭一林　剪影話文壇　臺北　純文學出版社　1984 年 8 月　頁 130—132

125. 林海音　　三鄭一林　林海音作品集・剪影話文壇　臺北　遊目族文化公司　2000 年 5 月　頁 132—134

126. 黃天才　　林文月在國際筆會探討中日文學交流　中央日報　1984 年 5 月 17

---

[10]本文「三鄭一林」為 1956 年左右臺大中文系的 4 位高材生：鄭清茂、鄭雨發、鄭陽全與林文月。

　　　　　　　日　2 版

127. 堀江琉璃子　　將源氏物語翻譯成中文——林文月女士　朝日新聞　1984 年
　　　　　5 月 20 日　14 版

128. 〔九歌雜誌〕　　書緣·書香〔林文月部分〕　九歌雜誌　第 84 期　1988 年
　　　　　2 月　4 版

129. 陳素芳　林文月腹有詩書氣自華　中華日報　1988 年 3 月 17 日　15 版

130. 陳素芳　林文月腹有詩書氣自華　九歌雜誌　第 86 期　1988 年 4 月　1 版

131. 仙　枝　手居數管才筆：林文月從六朝的典麗中走來（上、下）　中央日
　　　　　報　1988 年 9 月 16—17 日　16 版

132. 〔九歌雜誌〕　　書緣·書香〔林文月部分〕　九歌雜誌　第 111 期　1990
　　　　　年 5 月　4 版

133. 〔九歌雜誌〕　　書緣·書香〔林文月部分〕　九歌雜誌　第 112 期　1990
　　　　　年 6 月　3 版

134. 陳美儒　林文月教授來自古典書香　青春少年行　臺北　黎明文化公司
　　　　　1990 年 9 月　頁 165—172

135. 姚儀敏　脫略世塵的風華——側寫散文作家林文月女士　中央月刊　第 23
　　　　　卷第 11 期　1990 年 11 月　頁 74—77

136. 鄭明娳　林文月　大學散文選　臺北　業強出版社　1991 年 10 月　頁 217

137. 康原　林文月小傳　文學的彰化——彰化縣新文學作家小傳　彰化　彰化
　　　　　縣立文化中心　1992 年　頁 228

138. 〔杜慶忠編〕　　林文月小傳　彰化縣作家資料檔案摘要　彰化　彰化縣立
　　　　　文化中心　1993 年 6 月　頁 92

139. 連　戰　一本至情至性的傳記　青山青史——連雅堂傳　臺北　雨墨文化
　　　　　公司　1994 年 10 月　頁 25

140. 沈　謙　林文月——中文系的幸運與驕傲　中央日報　1995 年 5 月 19 日
　　　　　19 版

141. 宋　裕　羞澀而恆毅的林文月　明道文藝　第 239 期　1996 年 2 月　頁

137—143

142. 董　橋　　不看芙蓉爭看她　中國時報　1997 年 1 月 9 日　31 版

143. 〔九歌雜誌〕　　書緣・書香〔林文月部分〕　九歌雜誌　第 196 期　1997
年 7 月　4 版

144. 徐淑卿　　林文月追憶逝水年華　中國時報　1999 年 5 月 20 日　42 版

145. 徐淑卿　　林文月，追憶逝水年華　洪範雜誌　第 62 期　1999 年 9 月　3 版

146. 〔徐志宇編〕　　林文月教授略歷　林文月教授（黃林秀蓮訪問學人特刊）
香港　香港中文大學崇基書院　2000 年 5 月　頁 6

147. 柯慶明　　我所不知道的林文月　聯合報　2001 年 4 月 11 日　37 版

148. 柯慶明　　我所不知道的林文月先生——爲「林文月教授手稿資料展」而作
臺灣現代文學的視野　臺北　麥田出版公司　2006 年 12 月　頁
325—331

149. 王蘭芬　　永遠的林文月　民生報　2001 年 4 月 13 日　A6 版

150. 王蘭芬　　林文月學術、創作、翻譯卓越堪稱典範　民生報　2001 年 4 月 13
日　A6 版

151. 董　橋　　遙寄林文月　聯合報　2001 年 11 月 26 日　37 版

152. 黃　羽　　一個認真的靈魂林文月　中央日報　2002 年 11 月 12 日　17 版

153. 王景山　　林文月　臺港澳暨海外華文作家辭典　北京　人民文學出版社
2003 年 7 月　頁 352—353

154. 邱若山　　精緻文學的古典素養　中國時報　2004 年 4 月 12 日　E2 版

155. 陳希林　　林文月人物速寫・鏡中取影　中國時報　2004 年 4 月 17 日　C8
版

156. 王蘭芬　　林文月譯作不輟，和樋口一葉對話　民生報　2004 年 4 月 17 日
13 版

157. 董　橋　　人生清淡凝成深情翠微　中國時報　2004 年 4 月 26 日　E2 版

158. 〔陳萬益選編〕　　林文月　國民文選・散文卷 2　臺北　玉山社出版公司
2004 年 8 月　頁 126

159. 錢欽青　傾聽林文月、郭思敏‧流動的安靜之美　聯合報　2005 年 11 月 22 日　E1 版

160. 陳建仲　文學心鏡：林文月　聯合文學　第 260 期　2006 年 6 月　頁 8—9

161. 陳建仲　林文月　文學心鏡　臺北　聯合文學出版社　2008 年 5 月　頁 48 —49

162. 陳昌明　捷運科技大樓站　聯合報　2006 年 11 月 28 日　E7 版

163. 陳義芝　當代散文家評點——林文月　文字結巢　臺北　三民書局　2007 年 1 月　頁 226—227

164. 李明慈　作家瞭望臺——林文月　比整個世界還要大：散文選讀　臺北 三民書局　2007 年 9 月　頁 187

165. 〔封德屏主編〕　林文月　2007 臺灣作家作品目錄　臺南　國立臺灣文學 館　2008 年 7 月　頁 418—419

166. 蘇偉貞　林文月在寧南城　中國時報　2008 年 8 月 10 日　E4 版

167. 陳義芝　作者簡介　散文新四書‧秋之聲　臺北　三民書局　2008 年 9 月 頁 41

168. 許悔之　無題　聯合文學　第 288 期　2008 年 10 月　頁 2—3

169. 何寄澎　與林文月先生有關的一些記憶　聯合文學　第 288 期　2008 年 10 月　頁 117—121

170. 郝譽翔　最美的傳奇——記林文月老師　聯合文學　第 288 期　2008 年 10 月　頁 125—126

171. 〔路寒袖編著〕　作者介紹／林文月　青少年臺灣文庫 2— 散文讀本 2： 狂歌正年少　臺北　國立編譯館　2008 年 12 月　頁 81

172. 〔林佛兒〕　前輩作家寫真簿——林文月　鹽分地帶文學　第 30 期　2010 年 10 月　頁 18—19

173. 應鳳凰，傅月庵　林文月——《飲膳札記》　冊頁流轉——臺灣文學書入 門 108　臺北　印刻文學生活雜誌出版公司　2011 年 3 月　頁 214 —215

174. 羅茵芬　　擬古與創新——林文月　誰領風騷一百年：女作家　臺北　天下遠見出版公司　2011 年 9 月　頁 178—182

175. 陳宛茜　　80 歲寫《巨流河》，齊邦媛：我只寫好人〔林文月部分〕　聯合報　2011 年 12 月 25 日　A14 版

176. 江家華　　書寫百年河山‧齊邦媛、林文月對談　中國時報　2011 年 12 月 25 日　A12 版

訪談、對談

177. 桂文亞　　訪林文月談：翻譯《源氏物語》甘苦　聯合報　1975 年 10 月 15 日　12 版

178. 桂文亞　　翻譯《源氏物語》甘苦——訪問林文月教授　心靈的菓園——訪學人和作家　臺北　皇冠出版社　1976 年 10 月　頁 77—90

179. 夏祖麗　　林文月的古典書房[11]　書評書目　第 45 期　1977 年 1 月　頁 30—38

180. 夏祖麗　　林文月訪問記——古典書房的女主人　握筆的人　臺北　純文學出版社　1977 年 12 月　頁 75—86

181. 吳　僑　　與林文月教授談「傳記文學」　書評書目　第 55 期　1977 年 11 月　頁 13—17

182. 林淑蘭　　這是她吸取的地方，也是她吐露的地方　中央日報　1978 年 6 月 7 日　11 版

183. 林文月，曾野綾子講；丘彥明記　　製造一支棉花糖——曾野綾子、林文月對談錄　聯合報　1979 年 10 月 27 日　8 版

184. 林文月，曾野綾子講；丘彥明記　　製造一支棉花糖——曾野綾子、林文月對談錄　午後書房　臺北　洪範書店　1986 年 2 月　頁 183—200

185. 林　芝　　人如其文的林文月　幼獅少年　第 96 期　1984 年 10 月　頁 96—99

186. 林　芝　　人如其文的林文月　望向高峰：速寫現代散文作家　臺北　幼獅

---

[11]本文後改篇名爲〈林文月訪問記——古典書房的女主人〉。

文化公司　1992 年 12 月　頁 105—110

187. 林　芝　人如其文的林文月　妙筆生花：伴你我成長的現代作家　臺北
正中書局　2005 年 2 月　頁 57—68

188. 謝斐如　亦真・亦善・亦美——林文月由內而外的優雅生活　我們的　第 6
期　1985 年 9 月　頁 58—66

189. 陳幸蕙　午後書房對白：秋日訪林文月　中國時報　1986 年 12 月 5 日　8
版

190. 聯副編輯室　快談：訪林文月　聯合報　1987 年 4 月 17 日　8 版

191. 羅鳳珠　讀中文系的人——訪林文月教授　國文天地　第 31 期　1987 年
12 月　頁 52—55

192. 林少雯　林文月——艱困歲月中氣度悠閒的 50 年代青年　幼獅文藝　第
435 期　1990 年 3 月　頁 24—27

193. 余行之　最佳顧問：林文月　聯合文學　第 67 期　1990 年 5 月　頁 110—
111

194. 紀　華　林文月——讀書是一種癡迷　誠品閱讀　第 4 期　1992 年 6 月
頁 84—85

195. 洪進業　杏壇退休，翻譯與創作不倦　中國時報　1993 年 7 月 9 日　31 版

196. 黃秀慧　三個「我」——林文月的文學心情　聯合報　1994 年 5 月 16 日
37 版

197. 李　泥　與源氏交談，為物語擬古，林文月悠游於創作與翻譯的園地　中
央日報　1994 年 5 月 22 日　19 版

198. 鄧蔚偉　林文月談翻譯：異國情調，趣味所在　聯合報　1994 年 7 月 9 日
35 版

199. 陳芳婷　林文月・林文英・從父親抱回長城一塊磚說起（上、下）　中央
日報　1994 年 10 月 12—13 日　16 版

200. 金聖華　明月來相照——林文月教授訪問錄　明報月刊　第 248 期　1994
年 12 月　頁 81—88

201. 莊宜文　在沒有疆域的國度──林文月的閱讀天地（上、下）　聯合報　1997 年 12 月 22─23 日　41 版

202. 莊宜文　在沒有疆域的國度──林文月的閱讀天地　閱讀之旅（下）　臺北　聯經出版公司　1998 年 5 月　頁 228─241

203. 王開平　如此遙遠，如此美好──訪散文家林文月　聯合報　1999 年 4 月 26 日　41 版

204. 吳迎春　真正下廚的作家　康健雜誌　第 14 期　1999 年 11 月　頁 194─198

205. 林麗真，劉玉燕記　盡一個「人」的本份　福運雜誌　第 136 期　2000 年 1 月　頁 46─54

206. 蔡詩萍，王妙如記　命運眷顧＋個人才具──專訪林文月（1─4）　中國時報　2000 年 3 月 21─24 日　37 版

207. 林文月等[12]　林文月座談會──書房廚房間的特殊氣質　中國時報　2000 年 4 月 20 日　37 版

208. 林黛嫚訪；鄭蓉記　優游於學術、翻譯、創作之間──林文月談寫作　中央日報　2001 年 4 月 30 日　18 版

209. 林麗如　文筆、譯筆與彩筆──專訪林文月教授[13]　文訊雜誌　第 201 期　2002 年 7 月　頁 82─86

210. 林麗如　擬古追憶──深情淺說的林文月　走訪文學僧：資深作家訪問錄　臺北　文訊雜誌社　2004 年 10 月　頁 371─379

211. 陳宛茜　徜徉書房‧林文月最自在　聯合報　2004 年 4 月 26 日　12 版

212. 林心如　林文月‧傾聽月華之聲　誠品好讀　第 42 期　2004 年 4 月　頁 84─85

213. 黑眼睛　與林文月教授的一席話　啓思教學通訊　2004 年第 1 期　2004 年　頁 18─19

---

[12]與會者：陳芳明、林文月、魏可風、平路；紀錄：李欣倫。

[13]本文後改篇名〈擬古追憶──深情淺說的林文月〉。

214. 錢欽青　林文月——烹調的美好時光　聯合報　2006 年 1 月 6 日　E1 版

215. 高有智　美食佐書畫 ・林文月母女生活家　中國時報　2009 年 12 月 5 日　A10 版

216. 陳若齡　林文月——不變的年味・手做蘿蔔糕　聯合報・初三特刊　2012 年 1 月 25 日　2—3 版

年表

217. 陳義芝　林文月著作年表　簷夢春雨　臺北　朱衣出版社　1994 年 5 月　頁 16—17

218. 〔中央日報〕　林文月小檔案　中央日報　2001 年 4 月 30 日　18 版

219. 柯慶明　林文月寫作年表　新世紀散文家：林文月精選集　臺北　九歌出版社　2002 年 8 月　頁 313—316

220. 林心如　林文月創作年表　誠品好讀　第 42 期　2004 年 4 月　頁 85

221. 李京珮　林文月文學活動年表　林文月散文藝術風格的傳承與新變　成功大學臺灣文學系　碩士論文　林瑞明教授指導　2006 年 7 月　頁 175—197

222. 許芳儒　林文月年表　記憶・身分・書寫——林文月散文析論　中央大學中國文學系　碩士論文　李瑞騰教授指導　2007 年 6 月　頁 193—201

223. 游淑玲　林文月重要生平事件年表　林文月多元散文研究　佛光大學文學系　碩士論文　朱嘉雯教授指導　2008 年 12 月　頁 153—155

224. 〔廖之韻主編〕　林文月著作年表　蒙娜麗莎微笑的嘴角　臺北　有鹿文化公司　2009 年 9 月　頁 253—255

225. 〔編輯部〕　林文月創作年表　最初的讀者　香港　明報月刊出版社　2009 年 11 月　頁 404—407

226. 魏綢慈　琦君、林海音、林文月、張曉風之綜合年表　臺灣女性散文家的童年書寫——以琦君、林海音、林文月和張曉風爲中心　成功大學臺灣文學系　碩士論文　蔡明諺教授指導　2012 年 12 月　頁

　　　　　　　　　107—139

其他

227.　曾意芳　　林文月獲選「九歌散文獎」　中央日報　1999 年 5 月 20 日　9 版

228.　趙靜瑜　　林文月、董陽孜・榮獲政院文化獎　自由時報　2012 年 4 月 6 日　A18 版

229.　汪宜儒　　林文月、董陽孜・獲文化獎　中國時報　2012 年 4 月 6 日　A22 版

230.　〔人間福報〕　　林文月、董陽孜・獲行政院文化獎　人間福報　2012 年 4 月 6 日　7 版

231.　周美惠　　美學錦旗：林文月、董陽孜獲文化獎　聯合報　2012 年 4 月 6 日　A18 版

232.　林采韻　　連戰表姐林文月・獲政院文化獎　旺報　2012 年 4 月 6 日　A18 版

233.　王爲萱　　林文月、董陽孜獲行政院文化獎　文訊雜誌　第 319 期　2012 年 5 月　頁 143

234.　王爲萱　　林文月先生學術成就與薪傳國際學術研討會　文訊雜誌　第 336 期　2013 年 10 月　頁 149

作品評論篇目

綜論

235.　王鼎鈞　　作品充滿鄉土色彩的臺灣作家〔林文月部分〕　文星　第 26 期　1959 年 12 月　頁 25

236.　〔龍族詩刊〕　　林文月教授談詩　龍族詩刊　第 9 期　1973 年 7 月　頁 241—243

237.　胡有瑞　　古典小說的析論——簡介林文月、樂蘅軍的作品　中央日報　1977 年 9 月 6 日　4 版

238.　何寄澎　　真幻之際、物我之間：林文月散文中的生命觀照及胞與情懷

（上、下）[14]　國文天地　第 25—26 期　1987 年 6—7 月　頁 68
—71，82—86

239. 何寄澎　　真幻之際・物我之間——林文月散文中的生命觀照及胞與情懷
　　　　　　　中華現代文學大系（臺灣 1970—1989）評論卷（貳）　臺北　九
　　　　　　　歌出版社　1989 年 5 月　頁 821—841

240. 何寄澎　　真幻之際、物我之間——林文月散文中的生命觀照與胞與情懷
　　　　　　　當代臺灣文學評論大系・散文批評卷　臺北　正中書局　1993 年
　　　　　　　5 月　頁 291—314

241. 陳　星　　臺、港女作家林文月、小思合論　杭州師範學院學報　1991 年第
　　　　　　　1 期　1991 年 3 月　頁 74—82

242. 劉　麟　　林文月的人和散文　中華日報　1994 年 1 月 29 日　12 版

243. 徐　學　　當代臺灣散文的生命體驗〔林文月部分〕　臺灣研究集刊　1995
　　　　　　　年第 1 期　1995 年 2 月　頁 59—60

244. 羅宏益　　擬古與創新——評林文月擬古散文之創作　國文天地　第 117 期
　　　　　　　1995 年 2 月　頁 60—66

245. 羅宏益　　擬古與創新——評林文月擬古散文之創作　傳習　第 13 期　1995
　　　　　　　年 4 月　頁 107—114

246. 莊若江　　情美理豐學者風範——林文月散文創作論　世界華文文學論壇
　　　　　　　1995 年第 2 期　1995 年 6 月　頁 15—18

247. 莊若江　　情美理豐，學者風範——林文月散文創作論　臺港與海外華文文
　　　　　　　學評論和研究　第 12 期　1995 年 7 月　頁 15—18

248. 施懿琳，楊翠　　七〇年代彰化縣文學與臺灣文學根脈合流——散文作家風
　　　　　　　貌殊異——出身世家，文風恬適——林文月　彰化縣文學發展史
　　　　　　　（下）　彰化　彰化縣立文化中心　1997 年 5 月　頁 407—408

249. 陳幸蕙　　午後書房裡的三隻彩筆——散文家林文月和她的文學世界　明道

---

[14]本文探討林文月散文，以呈現其對於生命的關照以及對事物的同情與關懷。全文共 4 小節：1.生
命觀照；2.胞與情懷；3.寫作方式；4.結論。

文藝　第 278 期　1999 年 5 月　頁 26—34

250.〔編輯部〕　　經驗——記憶的收藏——經驗的百寶盒〔林文月部分〕　階
梯作文 2　臺北　三民書局　1999 年 10 月　頁 59—60

251. 凌性傑　當味蕾顫動記憶生香　中央日報　1999 年 11 月 22 日　26 版

252. 陳芳明　她自己的書房——林文月的散文書寫（上、下）　中國時報
2000 年 3 月 20—21 日　37 版

253. 陳芳明　她自己的書房——林文月的散文書寫　深山夜讀　臺北　聯合文
學出版社　2001 年 3 月　頁 198—205

254. 陳芳明　她自己的書房——林文月的散文書寫　深山夜讀　臺北　聯合文
學出版社　2008 年 9 月　頁 198—205

255. 莊若江　林文月——學者才人，典雅文章　臺港澳文學教程　上海　漢語
大辭典出版社　2000 年 10 月　頁 149—150

256. 顏建富等[15]　　林文月與他的文學事業（上、下）　中央日報　2001 年 5 月 1
—2 日　18 版

257. 何寄澎　林文月散文的特色與文學史意義　新世紀散文家：林文月精選集
臺北　九歌出版社　2002 年 7 月　頁 13—22

258. 何寄澎　林文月散文的特色與文學史意義　明道文藝　第 317 期　2002 年
8 月　頁 68—75

259. 何寄澎　林文月散文的特色與文學史意義　三月曝書　上海　上海人民出
版社　2009 年 1 月　頁 7—12

260. 何寄澎　林文月散文的特色與文學史意義　蒙娜麗莎微笑的嘴角　臺北
有鹿文化公司　2009 年 9 月　頁 242—252

261. 何寄澎　林文月散文的特色與文學史意義　最初的讀者　香港　明報月刊
出版社　2009 年 11 月　〔3〕頁

262. 許秦蓁　少女林文月（1933—）——童年的地理版圖　戰後臺灣的上海記
憶與上海建構　中央大學中國文學系　博士論文　康來新教授指

---

[15]與會者：顏建富、齊邦媛、方瑜、陳明姿、張淑香。

導　2003 年 1 月　頁 63—84

263. 許秦蓁　少女林文月（1933—）——童年的地理版圖　戰後臺灣的上海記
憶與上海建構　臺北　大安出版社　2005 年 9 月　頁 59—78

264. 陳芳明　臺灣新文學史——女性詩人與散文家的現代轉折〔林文月部分〕
聯合文學　第 220 期　2003 年 2 月　頁 220

265. 余椒雪　林文月散文中的重要意象　國文天地　第 214 期　2003 年 3 月
頁 27—37

266. 陳室如　萌芽與過渡——臺灣現代旅行書寫發展述析（上）1949—1987
〔林文月部分〕　出發與回歸的辯證——臺灣現代旅行書寫研究
（1949—2002）　彰化師範大學國文學系　碩士論文　王年雙教
授指導　2003 年 6 月　頁 40—42

267. 崔成宗　謝朝華而啓夕秀——論林文月的擬古散文　文學與美學・第七集
臺北　文史哲出版社　2004 年 7 月　頁 287—325

268. 葉力慈　讀書有感——從〈臺灣肉粽〉認識林文月　東海大學圖書館館訊
第 43 期　2005 年 4 月　頁 24—27

269. 陳明姿著；佐藤實希子譯　林文月的文學與日本　臺大日本語文研究　第 9
期　2005 年 7 月　頁 45—80

270. 鹿憶鹿　生活如此美好的背後——林文月散文的敘事風格[16]　沿波討源，雖
幽必顯——認識臺灣作家的十二堂課　桃園　中央大學　2005 年
8 月　頁 209—225

271. 張瑞芬　溫州街的書房——論林文月散文　聯合文學　第 254 期　2005 年
12 月　頁 102—106

272. 張瑞芬　溫州街的書房——論林文月散文　五十年來臺灣女性散文・評論
篇　臺北　麥田出版公司　2006 年 2 月　頁 140—148

273. 徐耀焜　五味紛錯，什錦拼盤——臺灣當代多元風格的飲食書寫——文人

---

[16]本文透過林文月生平背景、散文作品以及敘事風格，以了解林文月散文與臺灣散文書寫議題的多
元化。全文共 4 小節：1.生平背景；2.作品介紹；3.林文月散文的敘事風格；4.結語。

飲饌書寫的承祧與發揚——林文月　舌尖與筆尖的對話——臺灣當代飲食書寫研究（1949—2004）　彰化師範大學國文學系　碩士論文　王年雙教授指導　2006 年 1 月　頁 64—76

274. 陳芳明　在母性與女性之間——五○年代以降臺灣女性散文的流變〔林文月部分〕　五十年來臺灣女性散文・選文篇（下）　臺北　麥田出版公司　2006 年 2 月　頁 22

275. 何寄澎　試論林文月、蔡珠兒的「飲食散文」——兼述臺灣當代散文體式與格調的轉變[17]　臺灣文學研究彙刊　第 1 期　2006 年 2 月　頁 191—205

276. 張瑞芬　「回歸古典」，或「跨越鄉土」？——崛起於七○年代的兩派臺灣女性散文——古典傳承與中文系學院作家——林文月、方瑜[18]　臺灣文學研究學報　第 2 期　2006 年 4 月　頁 140—144

277. 張瑞芬　「古典派」與「鄉土派」——古典傳承與中文系學院作家——林文月、方瑜　臺灣當代女性散文史論　臺北　城邦・麥田出版公司　2007 年 4 月　頁 325—330

278. 陳伯軒　筆端的會話／繪畫——論林文月散文人物書寫的語言藝術　靜宜人文社會學報　第 2 期　2007 年 2 月　頁 77—98　本

279. 林韻文　追憶生命之美好——論林文月的散文寫作[19]　臺灣文學研究學報　第 4 期　2007 年 4 月　頁 75—93

280. 王文進　林文月教授的六朝學　第二屆「人文典範的探詢」學術研討會　臺北　臺灣大學中國文學系，東華大學中國文學系　2008 年 4 月 25 日

---

[17] 本文藉林文月及蔡珠兒的作品示範當代臺灣飲食散文最鮮明的兩種類型，更由此揭示臺灣散文體式與格調的轉變。全文共 4 小節：1.前言；2.《飲膳札記》的特質；3.《紅燜廚娘》的特質；4.結語。

[18] 本文後改篇名為〈「古典派」與「鄉土派」——古典傳承與中文系學院作家——林文月、方瑜〉。

[19] 本文針對林文月創作手法與語言藝術特色的分析，從「語言」的角度對於人物書寫進行細部詮釋。全文共 5 小節：1.緒論；2.穩構的形象：側記式人物書寫；3.傳神的虛影：對話式人物書寫；4.語言差異及特殊類型；5.結論。

281. 李京珮　　鄉愁的顯影——論林文月的京都書寫　第 3 屆古典與現代研討會
　　　　　　　高雄　文藻外語學院應用華語文系主辦　2008 年 5 月 3 日

282. 李京珮　　鄉愁的顯影——論林文月的京都書寫　應華學報　第 4 期　2008
　　　　　　　年 12 月

283. 吳明益　　書寫沉默的島嶼——當代臺灣散文——文學的憶術：當代臺灣散
　　　　　　　文的演化簡史〔林文月部分〕　文學@臺灣：11 位新銳臺灣文學
　　　　　　　研究者帶你認識臺灣文學　臺南　國立臺灣文學館　2008 年 9 月
　　　　　　　頁 229

284. 張瑞芬　　古月今塵——林文月寫譯人生　聯合文學　第 288 期　2008 年 10
　　　　　　　月　頁 122—124

285. 張瑞芬　　古月今塵——林文月寫譯人生　鳶尾盛開——文學評論與作家印
　　　　　　　象　臺北　聯合文學出版社　2009 年 6 月　頁 217—221

286. 陳玉蕾　　淡雅素顏下的圓熟——淺析林文月散文題材的演變[20]　雄中學報
　　　　　　　第 11 期　2009 年 6 月　頁 1—36

287. 陳學祈　　臺灣書話散文的共性與殊性——以林文月、傅月庵為例[21]　新地文
　　　　　　　學　21 世紀世界華文文學高峰會議特刊　2010 年 3 月　頁 151—
　　　　　　　171

288. 朱玉鳳　　遷臺作家飲食散文的藝術審美特色——文人獨特的研究範式〔林
　　　　　　　文月部分〕　1948—1949 遷臺作家飲食散文研究　南京師範大學
　　　　　　　文藝學研究所　碩士論文　艾秀梅教授指導　2011 年 4 月　頁 26
　　　　　　　—28

289. 陳憲仁編　林文月　Contemporary Taiwanese Literature and Art Series——
　　　　　　　Essays 當代臺灣文學藝術系列——散文卷　臺北　中華民國筆會
　　　　　　　2011 年 9 月　頁 44

---

[20]本文歸納林文月創作散文題材的演進。全文共 4 小節：1.生命感受的演變；2.思維體悟的演變；3.
　散文題材演變的意義；4.結語。
[21]本文從林文月與傅月庵的書話散文討論臺灣書話散文的共性與殊性。全文共 4 小節：1.前言；2.
　書話的界定；3.當前臺灣書話散文的兩個代表類型；4.結語。

290. 連方瑀　　我的三姐林文月　中國時報　2012 年 5 月 15 日　E4 版

291. 黃雅歆　　基本認識與書寫策略──「知己」的必需：局限？或者特色〔林
　　　　　　　文月部分〕　自我、家族（國）與散文書寫策略：臺灣當代女性
　　　　　　　散文論著　臺北　文津出版社　2013 年 3 月　頁 45─49

292. 金南喜　　老師的第三支筆──林老師，飲酒詩與我　林文月先生學術成就
　　　　　　　與薪傳國際學術研討會　臺北　臺灣大學中國文學系主辦　2013
　　　　　　　年 9 月 5─6 日

293. 陳　星　　林文月及其散文的「白馬湖風韻」　林文月先生學術成就與薪傳
　　　　　　　國際學術研討會　臺北　臺灣大學中國文學系主辦　2013 年 9 月
　　　　　　　5─6 日

294. 金文京　　蓬萊文章陶謝筆──謹評林文月教授的日本古典文學譯介　林文
　　　　　　　月先生學術成就與薪傳國際學術研討會　臺北　臺灣大學中國文
　　　　　　　學系主辦　2013 年 9 月 5─6 日

分論
◆單行本作品
論述
《山水與古典》

295. 彭　歌　　六朝如夢──讀林文月著《山水與古典》　聯合報　1977 年 1 月
　　　　　　　8 日　12 版

296. 黃雅歆　　論文的理性與散文的感性──評介《山水與古典》　在閱讀與書
　　　　　　　寫之間：評好書 300 種　臺北　三民書局　2005 年 2 月　頁 133

《澄輝集》

297. 鐘麗慧　　林文月──《澄輝集》　人間福報　2012 年 5 月 7 日　15 版

散文
《京都一年》

298. 張夢瑞　　《京都一年》歷久彌新　民生報　1996 年 9 月 14 日　15 版

299. 王錫璋　　《京都一年》　國語日報　1996 年 10 月 15 日　12 版

300. 衣若芬　　靜止的漣漪──評介《京都一年》　在閱讀與書寫之間：評好書
　　　300 種　臺北　三民書局　2005 年 2 月　頁 132

《讀中文系的人》

301. 〔洪範雜誌〕　　《讀中文系的人》　洪範雜誌　第 25 期　1986 年 2 月 5 日
　　　4 版

302. 沈　謙　　傳遞文化薪火──評林文月《讀中文系的人》　中國語文　第 69
　　　卷第 6 期　1991 年 12 月　頁 85─87

303. 沈　謙　　評林文月《讀中文系的人》　書本就像降落傘　臺北　黎明文化
　　　公司　1992 年 8 月　頁 104─107

《遙遠》

304. 琦　君　　心靈的契合──讀林文月的散文集《遙遠》（上、下）　臺灣新
　　　生報　1981 年 4 月 13─14 日　12 版

305. 琦　君　　心靈的契合──讀林文月的散文集《遙遠》　遙遠　臺北　洪範
　　　書店　1981 年 4 月　頁 1─10

306. 琦　君　　心靈的契合──讀林文月的散文《遙遠》　洪範雜誌　第 2 期
　　　1981 年 6 月　1 版

307. 磐　石　　推介林文月的《遙遠》　中華日報　1981 年 7 月 16 日　9 版

308. 磐　石　　推介林文月的《遙遠》　洪範雜誌　第 4 期　1981 年 10 月　2 版

309. 鮑　芷　　《遙遠》　洪範雜誌　第 5 期　1981 年 12 月　3 版

310. 林下風　　溫柔敦厚──林文月的《遙遠》　洪範雜誌　第 7 期　1982 年 4
　　　月　2 版

《午後書房》

311. 陳昌明　　淡中藏美麗：讀林文月《午後書房》　文訊雜誌　第 23 期　1986
　　　年 4 月　頁 179─182

312. 陳昌明　　淡中藏美麗──讀林文月《午後書房》　洪範雜誌　第 27 期
　　　1986 年 7 月　3 版

313. 陳信元　　七十五年二月─三月文學出版──林文月《午後書房》　文訊雜

　　　　　　誌　第 23 期　1986 年 4 月　頁 256

314. 安　立　　經營的散文——評介《午後書房》　自立晚報　1986 年 5 月 5 日
　　　　　　12 版

315. 安　立　　經營的散文——評介《午後書房》　洪範雜誌　第 32 期　1987 年
　　　　　　8 月 10 日　2 版

316. 黃秋芳　　《午後書房》：林文月的散文世界　自由青年　第 77 卷第 6 期
　　　　　　1987 年 6 月　頁 36—41

317. 黃秋芳　　《午後書房》——林文月的散文世界　風景　臺北　希代書版公
　　　　　　司　1989 年 1 月　頁 13—28

318. 〔文藝作品調查研究小組〕　　《午後書房》　書林采風　臺北　國家文藝
　　　　　　基金管理委員會　1992 年 6 月　頁 127—128

319. 〔國家文藝基金管理委員會編〕　　《午後書房》　心靈饗宴　臺北　國家
　　　　　　文藝基金管理委員會　1992 年 6 月　頁 119—120

320. 魏可風　　《午後書房》　錦囊開卷　臺北　國家文藝基金管理委員會
　　　　　　1993 年 6 月　頁 267—269

《交談》

321. 余光中　　讀書快評：《交談》　聯合報　1988 年 3 月 8 日　21 版

322. 余光中　　評林文月《交談》　九歌 20　臺北　九歌出版社　1998 年 3 月
　　　　　　頁 233

323. 余光中　　成熟而深永的珍品——淺談《交談》的風格特色　九歌雜誌　第
　　　　　　86 期　1988 年 4 月　1 版

324. 余光中　　成熟而深永的珍品——淺談《交談》的風格特色　交談　臺北
　　　　　　九歌出版社　2011 年 11 月　頁 215—216

325. 鄭明娳　　羞澀的對話：評林文月《交談》　聯合文學　第 44 期　1988 年 6
　　　　　　月　頁 197—198

326. 胡坤仲　　平凡事物真性情——《交談》細膩真摯　九歌雜誌　第 89 期
　　　　　　1988 年 7 月　2 版

《作品》

327. 侯吉諒　讀書人書評會推薦：《作品》　聯合報　1993 年 7 月 15 日　33
版

328. 何寄澎　感傷與喜悅──簡評林文月《作品》　文訊雜誌　第 95 期　1993
年 9 月　頁 20─21

329. 曉　瑜　師恩難忘，所以林文月又畫又寫──美麗的《作品》有美麗的心
情　九歌雜誌　第 196 期　1997 年 7 月　2 版

《擬古》

330. 李瑞騰　每週新書金榜：《擬古》　聯合報　1993 年 9 月 16 日　40 版

331. 李瑞騰　聯合報〈讀書人〉每周新書金榜：《擬古》　洪範雜誌　第 52 期
1994 年 2 月　3 版

332. 簡　媜　中國時報〈開卷〉一周好書榜：《擬古》　洪範雜誌　第 52 期
1994 年 2 月　3 版

333. 小　民　感人的慈母心──讀兩位女作家給女兒的書信〔《擬古》部分〕
書評　第 15 期　1995 年 4 月　頁 7─8

《飲膳札記》

334. 李　黎　滋味的藝術・藝術的滋味　聯合報　1999 年 5 月 3 日　48 版

335. 李　黎　滋味的藝術，藝術的滋味──評介《飲膳札記》　洪範雜誌　第
62 期　1999 年 9 月　3 版

336. 李　黎　滋味的藝術・藝術的滋味　玫瑰蕾的名字　臺北　聯合文學出版
社　2000 年 7 月　頁 210─213

337. 方　瑜　飲膳召回的往昔時光──《飲膳札記》　中國時報　1999 年 5 月
20 日　42 版

338. 王蘭芬　飲食文學字字讓人垂涎──學者引經據典論美饌，人人說得一口
好菜　民生報　1999 年 5 月 22 日　6 版

339. 陳玲芳　該吃的用看的──飲食文學正流行　臺灣日報　1999 年 5 月 24 日
12 版

340. 陳思和　　　人格的珍饈——林文月《飲膳札記》　中央日報　1999 年 8 月 11
　　　　　　　　日　18 版

341. 陳芳明　　　讀林文月的《飲膳札記》——第 22 屆時報文學獎推薦獎評審意
　　　　　　　　見：溫婉而古典[22]　中國時報　1999 年 10 月 25 日　37 版

342. 陳芳明　　　溫婉而古典——評林文月的《飲膳札記》　深山夜讀　臺北　聯
　　　　　　　　合文學出版社　2001 年 3 月　頁 207—209

343. 陳芳明　　　溫婉而古典——評林文月的《飲膳札記》　深山夜讀　臺北　聯
　　　　　　　　合文學出版社　2008 年 9 月　頁 207—209

344. 〔聯合報〕　　《飲膳札記》「讀書人一九九九最佳書獎文學類」評語　聯
　　　　　　　　合報　1999 年 12 月 27 日　41 版

345. 郝譽翔　　　婉轉附物，怊悵切情——論林文月《飲膳札記》[23]　趕赴繁花盛放
　　　　　　　　的饗宴：飲食文學國際研討會論文集　臺北　時報文化出版公司
　　　　　　　　1999 年 12 月　頁 513—544

346. 郝譽翔　　　婉轉附物，怊悵切情——論林文月《飲膳札記》　大虛構時代
　　　　　　　　臺北　聯合文學出版社　2008 年 9 月　頁 85—111

347. 林黛嫚等[24]　　看得見的情感力量與思想火光——中央閱讀 1999 十大好書榜
　　　　　　　　揭曉　中央日報　2000 年 1 月 17 日　22 版

348. 何雅雯　　　林文月《飲膳札記》　1999 臺灣文學年鑑　臺北　行政院文建會
　　　　　　　　2000 年 10 月　頁 287—288

349. 何雅雯　　　林文月《飲膳札記》　文訊雜誌　第 180 期　2000 年 10 月　頁
　　　　　　　　27—28

350. 歐宗智　　　幸福人生是經營出來的——林文月《飲膳札記》評介　為有源頭
　　　　　　　　活水來　臺北　清傳商職文教基金會　2001 年 2 月　頁 39—42

351. 廖宏文　　　綺戀佳餚珍饈——讀《飲膳札記》　青年日報　2002 年 12 月 8 日

---

[22]本文後改篇名為〈溫婉而古典——評林文月的《飲膳札記》〉。
[23]本文藉「今日良宴會」、「努力愛春華」以及「所思在遠道」討論《飲膳札記》寫作旨趣與風格。
　全文共 4 小節：1.今日良宴會；2.努力愛春華；3.所思在遠道；4.結語。
[24]主持人：林黛嫚；與會者：平路、李魁賢、李奭學、林水福；紀錄：張瀛太。

8 版

352. 韓　秀　味覺與鄉愁　與書同在　臺北　三民書局　2003 年 2 月　頁 18—22

353. 賴明珠　《飲膳札記》　中國時報　2005 年 2 月 6 日　B3 版

354. 陳伯軒　嚐鮮與懷舊——讀林文月《飲膳札記》　國文天地　第 250 期　2006 年 3 月　頁 57—59

355. 賴孟潔　味蕾的遞變——戰後臺灣飲食文學源流與發展：飲食書寫中的集體記憶——飲食男女：林文月、韓良露、蔡珠兒、王宣一　唐魯孫飲食散文研究　中央大學中國文學系碩士在職專班　碩士論文　葉振富教授指導　2006 年 7 月　頁 92—95

356. 吳云代　走出低迴傷逝，細嘗異國滋味——試論從林文月《飲膳札記》到蔡珠兒《紅燜廚娘》的飲食書寫[25]　漫遊與獨舞：九○年代臺灣女性散文論集　臺北　秀威資訊科技公司　2007 年 10 月　頁 279—296

357. 黃冠翔　重構歷史與人生——論林文月《飲膳札記》的飲食書寫[26]　第四屆臺北教育大學臺灣文化研究所研究生學術研討會　臺北　臺北教育大學臺灣文化研究所主辦　2008 年 6 月 22 日

358. 黃冠翔　重構歷史與人生——論林文月《飲膳札記》的飲食書寫　新地文學　第 14 期　2010 年 12 月　頁 43—58

359. 陳學祈文；葉衽榤校訂　　燉煮文字、勾芡回憶：嚐林文月的《飲膳札記》　明道文藝　第 395 期　2009 年 2 月　頁 41—47

360. 董慧文　今日良宴會，著以長相思——談林文月《飲膳札記》的結構　中國語文　第 107 卷第 1 期　2010 年 7 月　頁 85—96

《回首》

---

[25] 本文分析林文月《飲膳札記》與蔡珠兒《紅燜廚娘》，以呈現飲食文學書寫傳統的承續與轉變。全文共小節：1.前言；2.飲食書寫的承續與發揚/轉變與出新；3.結語。

[26] 本文討論林文月《飲膳札記》中所呈現的獨特飲食書寫。全文共 4 小節：1.前言；2.個人歷史的重構；3.類食譜的書寫策略；4.結語。

361. 張　讓　　減法的美學　聯合報　2004 年 5 月 2 日　5 版

362. 陳　芳　　「嚇倒」了？——林文月先生《回首》讀後　香港文學　第 237
期　2004 年 9 月　頁 64—65

《人物速寫》

363. 藍鯨眼　　寧靜一隅的傾訴，與傾聽——從 J.L 到 M.N，林文月時則動人的
故事　聯合文學　第 234 期　2004 年 4 月　頁 171

364. 陳宛茜　　林文月《人物速寫》看見自己　聯合報　2004 年 4 月 17 日　6 版

365. 石曉楓　　傾聽與交談間的節制深情　中央日報　2004 年 5 月 16 日　17 版

366. 石曉楓　　傾聽與交談間的節制深情——林文月《人物速寫》評介　金門文
藝　第 3 期　2004 年 11 月　頁 18—19

367. 王旭明　　《人物速寫》　中國時報　2004 年 5 月 17 日　E3 版

368. 徐國能　　樸素的華麗《人物速寫》　聯合報　2004 年 5 月 23 日　5 版

《寫我的書》

369. 黃雅歆　　知性散文的簡淨美感　中國時報　2006 年 9 月 9 日　E2 版

370. 張輝誠　　書中自有情誼如水：評《寫我的書》　聯合報　2006 年 9 月 10 日
E5 版

371. 張瑞芬　　非關「寫我」——秋日讀陳淑瑤《瑤草》、林文月《寫我的書》
聯合文學　第 264 期　2006 年 10 月　頁 68—71

372. 鍾怡雯　　2006 文學類——年度名家選書——時間的意義〔《寫我的書》部
分〕　聯合報　2006 年 12 月 31 日　E4 版

373. 鍾怡雯　　時間的意義〔《寫我的書》部分〕　內斂的抒情：華文文學評論
臺北　聯合文學出版社　2008 年 12 月　頁 15—16

文集

《新世紀散文家：林文月精選集》

374. 衣若芬　　請坐　中央日報　2002 年 7 月 29 日　15 版

《三月曝書》

375. 〔書香兩岸〕　好書推薦・大陸——《三月曝書》　書香兩岸　第 9 期

2009 年 7 月　頁 80

◆多部作品

《回首》、《人物速寫》

376. 張瑞芬　　生命的行旅──讀林文月《回首》與《人物速寫》　文訊雜誌
　　　　　　　第 223 期　2004 年 5 月　頁 26—27

377. 張瑞芬　　生命的行旅──讀林文月《回首》與《人物速寫》　狩獵月光：
　　　　　　　當代文學及散文散評　臺北　聯合文學出版社　2007 年 4 月　頁
　　　　　　　55—58

378. 蔡振豐　　優雅的由來──林文月《回首》與《人物速寫》　聯合文學　第
　　　　　　　235 期　2004 年 5 月　頁 26—27

《京都一年》、〈步過天城隧道〉

379. 黃雅歆　　「獨我」與「唯我」的視角──「旅行我」與「女遊我」的位置
　　　　　　　與書寫策略〔《京都一年》、〈步過天城隧道〉部分〕　自我、
　　　　　　　家族（國）與散文書寫策略：臺灣當代女性散文論著　臺北　文
　　　　　　　津出版社　2013 年 3 月　頁 202—205，209—210

單篇作品

380. 沈　謙　　萬物靜觀皆自得──評林文月〈蒼蠅與我〉　幼獅少年　第 96 期
　　　　　　　1984 年 10 月　頁 102—105

381. 沈　謙　　萬物靜觀皆自得──評林文月〈蒼蠅與我〉　獨步，散文國：現
　　　　　　　代散文評析　臺北　讀冊文化公司　2002 年 10 月　頁 107—116

382. 沈　謙　　從緊張到和諧──林文月的〈蒼蠅與我〉　中央日報　1997 年 7
　　　　　　　月 31 日　21 版

383. 林繼生　　諧趣怡人，寄寓深遠──〈蒼蠅與我〉賞析　中央日報　1999 年
　　　　　　　4 月 24 日　26 版

384.〔編輯部〕　物趣描摹〔〈蒼蠅與我〉部分〕　階梯作文 2　臺北　三民書
　　　　　　　局　1999 年 10 月　頁 157—160

385. 陳惠齡　　現代散文教學情境設計（下）〔〈蒼蠅與我〉部分〕　國文天地

第 185 期　2000 年 10 月　頁 98

386. 許婉姿　作家的心靈，孤寂的分享——再讀林文月〈蒼蠅與我〉　幼獅文
　　　　　　藝　第 613 期　2005 年 1 月　頁 54—57

387. 古遠清　博雅通達，深情雋永——評臺灣學人散文叢書〔〈蒼蠅與我〉部
　　　　　　分〕　文訊雜誌　第 288 期　2009 年 10 月　頁 29

388. 葉維廉　散文的藝術〔〈遙遠〉部分〕　中外文學　第 13 卷第 8 期　1985
　　　　　　年 1 月　頁 122

389. 葉維廉　散文的藝術〔〈遙遠〉部分〕　七十四年文學批評選　臺北　爾
　　　　　　雅出版社　1986 年 4 月　頁 73—74

390. 賴芳伶　〈遙遠〉簡析　中國現代散文選析 2　臺北　長安出版社　1985
　　　　　　年 3 月　頁 808—809

391. 邢富君　〈遙遠〉賞析　臺灣散文鑑賞辭典　太原　北岳文藝出版社
　　　　　　1991 年 12 月　頁 639—640

392. 劉　翔　〈遙遠〉選評　港臺抒情文學精品 6　合肥　安徽文藝出版社
　　　　　　1992 年 7 月　頁 112

393. 陳大爲　〈遙遠〉評析　臺灣現代文學教程：當代文學讀本　臺北　二魚
　　　　　　文化公司　2002 年 8 月　頁 148—149

394. 陳室如　〈遙遠〉賞析　遇見現代小品文　臺北　麥田出版公司　2004 年
　　　　　　1 月　頁 165—168

395. 賴芳伶　〈秋道太太〉簡析　中國現代散文選析 2　臺北　長安出版社
　　　　　　1985 年 3 月　頁 805

396. 劉　爽　〈秋道太太〉賞析　臺灣散文鑑賞辭典　太原　北岳文藝出版社
　　　　　　1991 年 12 月　頁 621—623

397. 賴芳伶　〈翡冷翠在下雨〉簡析　中國現代散文選析 2　臺北　長安出版社
　　　　　　1985 年 3 月　頁 815

398. 楊　定　繽紛多釆的豐收季節——第九屆時報文學獎散文類決審會議記實
　　　　　　〔〈午後書房〉部分〕　中國時報　1986 年 10 月 8 日　8 版

399.〔蕭　蕭編〕　　林文月〈午後書房〉賞析　臺灣現代文選‧散文卷　臺北　三民書局　2005 年 6 月　頁 39—41

400. 陳幸蕙　　〈臉——外一章〉編者註　七十五年散文選　臺北　九歌出版社　1987 年 2 月　頁 68

401. 蕭　蕭　　〈幸會〉編者註　七十六年散文選　臺北　九歌出版社　1988 年 2 月　頁 229

402.〔鄭明娳，林燿德主編〕　　〈白髮與臍帶〉賞析　給你一份愛——親情之書　臺北　正中書局　1989 年 10 月　頁 108

403.〔鄭明娳，林燿德主編〕　　〈白髮與臍帶〉　有情四卷——親情　臺北　正中書局　1999 年 12 月　頁 70

404.〔鄭明娳，林燿德選註〕　　〈臺先生和他的書房〉　智慧三品／書香　臺北　正中書局　1991 年 7 月　頁 74—75

405. 邱憶伶編　　〈臺先生和他的書房〉閱讀導引　讀書，大樂事　臺北　正中書局　2009 年 9 月　頁 97

406. 劉　爽　〈生日禮物〉賞析　臺灣散文鑑賞辭典　太原　北岳文藝出版社　1991 年 12 月　頁 628—630

407. 王基倫等[27]　〈生日禮物〉賞析　國文 1　臺北　東大圖書公司　2007 年 8 月　頁 46—47

408. 陳幸蕙　十六歲的〈生日禮物〉　明道文藝　第 277 期　1999 年 4 月　頁 24—29

409. 邢富君　〈一本書〉賞析　臺灣散文鑑賞辭典　太原　北岳文藝出版社　1991 年 12 月　頁 635—637

410. 林錫嘉　〈溫州街到溫州街〉編者註　八十年散文選　臺北　九歌出版社　1992 年 3 月　頁 228

411. 熊瑞英　從〈溫州街到溫州街〉——談林文月散文裡的澀　雛鳳清鳴——

[27]編著者：王基倫、王學玲、朱孟庭、林偉淑、林淑芬、范宜如、高嘉謙、曾守正、黃俊郎、謝佩芬、簡淑寬、顏瑞芳、羅凡政。

玄奘大學中國語文研究所第三屆研究生學術研討會　新竹　玄奘大學中國語文學研究所學會　2004 年 4 月 25 日

412. 蕭　蕭　〈溫州街到溫州街〉賞析　臺灣現代文選　臺北　三民書局 2004 年 5 月　頁 49

413. 范宜如　〈溫州街到溫州街〉賞析　閱讀文學地景‧散文卷　臺北　行政院文建會　2008 年 4 月　頁 36

414. 簡　媜　〈父親〉編者註　八十一年散文選　臺北　九歌出版社　1993 年 3 月　頁 322

415. 向　陽　人與土地的吟哦──〈當代臺灣散文十家作品展〉散文對話〔〈深秋再訪京都〉部分〕　中外文學　第 24 卷第 12 期　1996 年 5 月　頁 138—139

416. 向　陽　人與土地的吟哦──〈當代臺灣散文十家作品展〉散文對話〔〈深秋再訪京都〉部分〕　喧嘩、吟哦與嘆息：臺灣文學散論 臺北　駱駝出版社　1996 年 11 月　頁 127—128

417. 蕭　蕭　輯三‧新世界的零件〔〈潮州魚翅〉部分〕　八十五年散文選 臺北　九歌出版社　1997 年 4 月　頁 112

418. 林錫嘉　輯四‧心弦彈唱〔〈夜談〉部分〕　八十六年散文選　臺北　九歌出版社　1998 年 4 月　頁 206

419. 簡　媜　輯一‧藏魂〔〈秋陽似酒風已寒〉部分〕　八十七年散文選　臺北　九歌出版社　1999 年 4 月　頁 6

420. 焦　桐　博觀約取的敘述藝術──序《八十八年散文選》〔〈A〉部分〕 八十八年散文選　臺北　九歌出版社　2000 年 4 月　頁 15

421. 鍾怡雯　〈A〉評析　臺灣現代文學教程：散文讀本　臺北　二魚文化公司 2002 年 8 月　頁 83—84

422. 鍾怡雯　林文月〈A〉賞析　因為玫瑰──當代愛情散文選　臺北　聯合文學出版社　2006 年 2 月　頁 26—54

423. 簡宗梧　妙造自然誰與裁──評林文月的〈鑰匙〉　庚辰雕龍　臺北　三

民書局　2000 年 8 月　頁 215—222

424. 浦基維，涂玉萍，林聆慈　　辭章創作與個人際遇——親情、愛情——親情
〔〈給母親梳頭髮〉部分〕　散文・新詩義旨古今談　臺北　萬
卷樓圖書公司　2002 年 1 月　頁 69

425. 王昌煥　　樸實清暢、深情至性——林文月〈給母親梳頭髮〉一文賞析　國
文天地　第 211 期　2002 年 12 月　頁 81—87

426. 許建崑　　母親的力量〔〈給母親梳頭髮〉部分〕　閱讀的苗圃：我的讀書
單　臺北　幼獅文化公司　2007 年 10 月　頁 100

427. 許秦蓁　　再現童年記憶的地理版圖——細讀林文月〈江灣路憶往〉[28]　第 6
屆青年文學會議　臺北　文訊雜誌社主辦　2002 年 11 月 8—9 日
頁 1—25

428. 許秦蓁　　再現童年記憶的地理版圖——細讀林文月〈江灣路憶往〉（摘
要）　文訊雜誌　第 206 期　2002 年 12 月　頁 42

429. 許秦蓁　　再現童年記憶的地理版圖——細讀林文月〈江灣路憶往〉　時／
空的重組與再現——臺灣文學與城市論述　臺北　秀威資訊科技
公司　2009 年 3 月　頁 143—174

430. 〔孟　樊編〕　遊記散文〔〈步過天城隧道〉部分〕　旅行文學讀本　臺
北　揚智文化公司　2004 年 3 月　頁 182

431. 黃宗潔　　林文月散文中的人・情・味——從〈蘿蔔糕〉一文談起　幼獅文
藝　第 613 期　2005 年 1 月　頁 58—63

432. 蕭　蕭　　林文月〈F〉賞析　攀登生命顛峰　臺北　聯合文學出版社　2005
年 3 月　頁 85—86

433. 李杰憲　　林文月〈歡愁歲月〉　多元的交響：世華散文評析　臺北　唐山
出版社　2005 年 6 月　頁 48—53

---

[28]本文以實地考察與史料對比的方式，對林文月〈江灣路憶往〉進行細部的文本詮釋與解讀。全文
共 5 小節：1.前言——值得細讀的豐富文本；2.身分解碼——何處是家鄉？；3.江灣路憶往——童
年記憶的地理版圖；4.告別童年——少女的成長；5.「回家」——從近鄉情怯到令人幻滅。正文
後附錄參考資料與圖片。

434. 黃　梅　　〈樹〉編者的話　天地與我並生　臺北　香海文化公司　2006 年
　　　　　　　9 月　頁 242—243

435. 李明慈　　密門之鑰——〈窗外〉　比整個世界還要大：散文選讀　臺北
　　　　　　　三民書局　2007 年 9 月　頁 187—189

436. 陳義芝　　〈白夜——阿拉斯加印象〉作品導讀——重與輕，澄明與冰涼
　　　　　　　散文新四書・秋之聲　臺北　三民書局　2008 年 9 月　頁 42—43

437. 路寒袖　　作品導讀／〈記憶中的一爿書店〉　青少年臺灣文庫 2——散文讀
　　　　　　　本 2：狂歌正年少　臺北　國立編譯館　2008 年 12 月　頁 88

438. 林黛嫚編　　〈迷園〉賞析　從傾城到黃昏：培養青年敘事力　臺北　幼獅
　　　　　　　文化　2012 年 6 月　頁 144

439.〔李瑞騰主編〕　　〈無題——擬古之七：「園丁集」〉——手稿／九歌出
　　　　　　　版社蔡文甫捐贈　神與物遊——國立臺灣文學館典藏精選集
　　　　　　　（三）　臺南　國立臺灣文學館　2012 年 12 月　頁 25

440.〔陳萬益選編〕　　〈潮州魚翅〉、〈溫州街到溫州街〉賞析　國民文選・
　　　　　　　散文卷 2　臺北　玉山社出版公司　2004 年 8 月　頁 142

多篇作品

441. 鍾怡雯　　記憶的舌頭——美食在散文的出沒方式〔〈潮州魚翅〉、〈紅燒
　　　　　　　蹄參〉、〈佛跳牆〉部分〕　無盡的追尋：當代散文的詮釋與批
　　　　　　　評　臺北　聯合文學出版社　2004 年 9 月　頁 158—162

442. 鍾怡雯　　記憶的舌頭——美食在散文的出沒方式〔〈潮州魚翅〉、〈紅燒
　　　　　　　蹄參〉、〈佛跳牆〉部分〕　20 世紀臺灣文學專題 2：創作類型
　　　　　　　與主題　臺北　萬卷樓圖書公司　2006 年 9 月　頁 122—125

443. 鍾怡雯　　導讀：林文月〈午後書房〉、〈溫州街到溫州街〉　二十世紀臺
　　　　　　　灣文學金典：散文卷（第一部）　臺北　聯合文學出版社　2006
　　　　　　　年 5 月　頁 319

444. 魏郁青　　生活在他方：試論林文月散文中的上海老童年——以〈說童
　　　　　　　年〉、〈上海故宅〉、〈江灣路憶往〉、〈紅大衣〉、〈迷

園〉、〈回家〉等爲觀察篇章　東亞文學脈絡與文化傳承國際研
究生學術研討會　臺北　臺灣大學臺灣文學研究所主辦　2008 年
7 月 2—4 日

445. 黃雅歆　散文創作的互文參照策略——以林文月散文〈秋道太太〉、〈風
之花〉、〈Ａ〉爲例　自我、家族（國）與散文書寫策略：臺灣當
代女性散文論著　臺北　文津出版社　2013 年 3 月　頁 52—69

作品評論目錄、索引

446. 〔編輯部〕　林文月作品評論索引　聯珠綴玉——十一位女作家的筆墨生
涯　臺北　文訊雜誌社　1988 年 7 月　頁 157—158

447. 陳義芝編　林文月散文重要評論索引　新世紀散文家：林文月精選集　臺
北　九歌出版社　2002 年 9 月　頁 317—318

448. 許婉姿　林文月著作評論　林文月散文創作觀及其實踐　東吳大學中國文
學系　碩士論文　沈謙，何寄澎教授指導　2006 年 7 月　頁 171
—174

449. 許婉姿　傳記與訪談（評論引得）　林文月散文創作觀及其實踐　東吳大
學中國文學系　碩士論文　沈謙，何寄澎教授指導　2006 年 7 月
頁 178

450. 〔封德屏主編〕　林文月　臺灣現當代作家評論資料目錄（二）　臺南
國立臺灣文學館　2010 年 11 月　頁 1474—1492

其他

451. 桂文亞　林文月譯《源氏物語》　聯合報　1975 年 4 月 29 日　12 版

452. 彭　歌　玉鬘朦朧月〔《源氏物語》〕　永恆之謎　臺北　聯合報社
1980 年 12 月　頁 54—56

453. 費海璣　《遊仙窟》與《源氏物語》　文訊雜誌　第 5 期　1983 年 11 月
頁 102—105

454. 林以亮　翻譯和國民外交　蒙娜麗莎微笑的嘴角　臺北　有鹿文化公司
2009 年 9 月　頁 238—241

455. 鄭幸麗　《源氏物語》課程心得分享　洪健全基金會會刊　第 77 期　2013 年 5 月　頁 5

456. 簡靜惠　聽聞日本古典文學之美〔《源氏物語》〕　洪健全基金會會刊 第 77 期　2013 年 5 月　頁 5

457. 朱秋而　中譯本《源氏物語》試論——以光源氏的風流形象爲例　林文月 先生學術成就與薪傳國際學術研討會　臺北　臺灣大學中國文學 系主辦　2013 年 9 月 5—6 日

458. 川合康三　林訳《源氏物語》の和歌　林文月先生學術成就與薪傳國際學 術研討會　臺北　臺灣大學中國文學系主辦　2013 年 9 月 5—6 日

459. 曾　鍼　《源氏物語》物哀之美——林文月與豐子愷譯本語言之比較　文 學教育（中）　2013 年第 2 期　2013 年　頁 17

460. 原煒珂　《源氏物語》的豐子愷譯本與林文月譯本　劍南文學（經典教 苑）　2013 年第 4 期　2013 年　頁 91—92

461. 衣若芬　「蕩婦」的愛情自白書——評介《和泉式部日記》　在閱讀與書 寫之間：評好書 300 種　臺北　三民書局　2005 年 2 月　頁 155

462. 蔡華山　書評：《和泉式部日記》　中國時報　1993 年 9 月 3 日　30 版

463. 方　瑜　歲月與詩歌　聯合報　1997 年 4 月 14 日　47 版

464. 方　瑜　歲月與歌詩——評介《伊勢物語》　洪範雜誌　第 64 期　2001 年 4 月　4 版

465. 陳文芬　林文月譯《伊勢物語》‧又寫又畫　中國時報　1997 年 4 月 21 日 23 版

466. 林水福　《伊勢物語》　中國時報　1997 年 4 月 24 日　42 版

國家圖書館出版品預行編目資料

林文月 / 何寄澎編選. -- 初版. -- 臺南市：臺灣文學
館, 2013.12
　面；　　公分. -- (臺灣現當代作家研究資料彙編；39)
ISBN 978-986-03-9149-7 (平裝)

1.林文月 2.作家 3.文學評論

783.3886　　　　　　　　　　　　　　　102024129

【臺灣現當代作家研究資料彙編】39
林文月

發 行 人／　　李瑞騰
指導單位／　　文化部
出版單位／　　國立台灣文學館
　　　　　　　地址／70041 台南市中西區中正路 1 號
　　　　　　　電話／06-2217201　　　　　傳真／06-2218952
　　　　　　　網址／www.nmtl.gov.tw　　　電子信箱／pba@nmtl.gov.tw

總 策 畫／　　封德屏
顧　　 問／　　林淇瀁　張恆豪　許俊雅　陳信元　陳義芝　須文蔚　應鳳凰
工作小組／　　王雅嫺　杜秀卿　汪黛姈　張純昌　張傳欣　莊雅晴　陳欣怡
　　　　　　　黃寁婷　練麗敏　蘇琬鈞
編　　 選／　　何寄澎
責任編輯／　　王雅嫺
校　　 對／　　王雅嫺　林英勳　張傳欣　黃敏琪　趙慶華　潘佳君　練麗敏　蘇琬鈞
計畫團隊／　　財團法人台灣文學發展基金會
美術設計／　　翁國鈞・不倒翁視覺創意
印　　 刷／　　松霖彩色印刷事業有限公司

經銷展售／　　國家書店松江門市（02-25180207）
　　　　　　　國立台灣文學館—雪芙瑞文學咖啡坊（06-2214632）
　　　　　　　南天書局（02-23620190）　　　　唐山出版社（02-23633072）
　　　　　　　府城舊冊店（06-2763093）　　　　台灣的店（02-23625799）
　　　　　　　啓發文化（02-29586713）　　　　三民書局（02-23617511）
　　　　　　　草祭二手書店（06-2216872）　　　五南文化廣場（04-22260330）
網路書店／　　國家書店網路書店 www.govbooks.com.tw
　　　　　　　五南文化廣場網路書店 www.wunanbooks.com.tw
　　　　　　　三民書局網路書店 www.sanmin.com.tw

初版一刷／2013 年 12 月
定　　 價／新臺幣 290 元整
　　　　　　第一階段 15 冊新臺幣 5500 元整　第二階段 12 冊新臺幣 4500 元整
　　　　　　第三階段 23 冊新臺幣 8500 元整　全套 50 冊新臺幣 18500 元整
　　　　　　全套 50 冊合購特惠新臺幣 16500 元整

GPN／1010202813（單本）　　ISBN／978-986-03-9149-7（單本）
　　　　1010000407（套）　　　　　　978-986-02-7266-6（套）

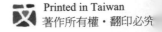